EXPOSITION DE MON SYSTÈME
DE LA PHILOSOPHIE

BIBLIOTHÈQUE DES TEXTES PHILOSOPHIQUES

Fondateur : Henri GOUHIER   Directeur : Jean-François COURTINE

F. W. J. SCHELLING

EXPOSITION DE MON SYSTÈME DE LA PHILOSOPHIE

Sur le vrai concept de la philosophie de la nature

J. G. FICHTE
Sur l'Exposition du système de l'identité de Schelling

Traduits, présentés et annotés par
Emmanuel CATTIN

PARIS
LIBRAIRIE PHILOSOPHIQUE J. VRIN
6. Place de la Sorbonne, Ve

2000

© *Librairie Philosophique J. VRIN,* 2000
Imprimé en France
ISSN 0249-7972
ISBN 2-7116-1453-0

LE TOURNANT

Indications sur la Darstellung de 1801

die Nacht ..., worin, wie man zu sagen pflegt,
alle Kühe schwarz sind...

Vous placez le caractère essentiel de la philosophie en ce qu'elle est «un constant objectiver de l'archétype *(Urbild)*» (que vous admettez encore, de surcroît, comme = à la raison), et dans cette mesure, dites-vous, elle porte le nom de spéculation. Or j'ai affirmé, depuis l'instant où la lumière s'est levée pour moi en philosophie, depuis 1801, où j'ai fait paraître les aphorismes bien connus, et même déjà avant, vers la fin de mon *Système de l'idéalisme*, avec toute la clarté possible, que la philosophie ne consistait en aucune façon en un objectiver de l'archétype, c'est-à-dire en un poser (dans cette mesure, subjectif) de l'archétype ou de l'absolu en tant qu'objectif; que bien plutôt le poser-dans-la-raison n'était pas un poser de l'homme (du sujet), et, comme ce dont la raison est le poser, n'était ni un poser subjectif ni un poser objectif, mais précisément un poser absolu[1].

Le regard en arrière de Schelling sur la *Darstellung* de 1801 ne laisse pas de doute : le livre ouvre pour son auteur une nouvelle époque, refermant du même coup ce qui par différence apparaît comme la période des commencements, lourde peut-être de pressentiments, mais retenue encore dans la nuit des préparatifs. Avec le jour de l'identité, c'est en effet l'époque de la philosophie transcendantale qui se clôt définitivement, si de son côté la philosophie de la nature continue de se développer, à l'intérieur de la nouvelle totalité, sous son nom propre, jusqu'à pouvoir, par métonymie, la

---

1. Schelling à Eschenmayer, Würzburg, 30 juillet 1805, *Briefe und Dokumente (BuD)*, hrsgg. von Horst Fuhrmans, Bonn, Bouvier, 1962-1975, III, 222-223.

désigner entièrement [1]. Il ne s'est pas agi, en tout état de cause, d'une simple « fin », ni, absolument, d'un « commencement » : plutôt sans doute d'une *transformation*, d'un déplacement ou d'une refondation qui commence par affecter le partage même de la philosophie transcendantale et de la *Naturphilosophie* – leur fusion supérieure, déjà latente, à partir d'une *Grundlage*, d'une « assise » nouvelle.

C'est en effet le trait propre de l'*Exposition* de 1801, au moins aux dires du philosophe : tout se passe comme si Schelling livrait avec elle le secret d'un système toujours déjà là, totalité fondant obscurément les fragments du passé, consentis dans l'urgence. *Son* système serait resté, à ce jour, réservé ou secret, il est temps de le porter à la connaissance du public, lui seul donnera le sens et la situation architectoniques des expositions passées. On aperçoit dans ce souci d'auto-interprétation une attitude qui désormais restera pour toujours familière à Schelling, caractérisant une philosophie où la visée est toujours en quelque façon débordée, entraînée par la nécessité de la pensée qu'elle s'efforce de tenir, et qui procède par tentatives ou *expériences*, auxquelles la *Vorlesung*, c'est-à-dire la forme de l'*enseignement*, en laquelle c'est l'idéalisme allemand dans son ensemble qui trouve son mode constitutif de déploiement, aura servi de laboratoire. Et en effet : l'expérimentation conceptuelle dans la pensée de Schelling n'aura d'égale que la constante préoccupation, la résolution en vue du système. Ce double principe, difficile, de l'écriture philosophique schellingienne – expérimentatrice et systématique – ira très loin : jusqu'à cette réserve du dernier Schelling – jusqu'à *ne plus publier*. La hantise de la cohérence dans le déploiement instable de l'œuvre se traduira par la recherche obstinée, dans les livres passés, des traces de l'avenir qui se préparait déjà à chaque fois en sous-main, comme en vertu de la lente nécessité de la Chose même. Dès 1801 Schelling reconnaît quelque précipitation dans la publication du système [2] : il se sent requis par la science, qui n'attend pas, de dévoiler le fond de ses pensées. L'*Exposition de mon système de la*

1. Il y aurait peut-être là comme le revers du déséquilibre initial entre les deux, et de l'émergence d'une *Naturphilosophie* dans le giron du transcendantal, particulièrement dans les essais de l'*Allgemeine Übersicht* de 1797-1798. C'est en tout cas sous le titre de *Naturphilosophie* que le système de l'identité est présenté dans les *Leçons de Munich*, autour de 1836-1837 ; *SW* X (= *Sämtliche Werke*, hrsgg. von K.F.A. Schelling, Stuttgart-Augsburg, Cotta, 1856-1861) ; tr. fr. J.-Fr. Marquet, *Contribution à l'histoire de la philosophie moderne*, Paris, PUF, 1983. Mais Schelling s'insurgera lui-même contre une telle unilatéralité dans l'*Exposé de la philosophie rationnelle pure*, commencé en 1846 (*Leçon seize*, *SW* XI, 372 ; tr. sous la direction de J.-Fr. Courtine et J.-Fr. Marquet, *Introduction à la philosophie de la mythologie*, Paris, Gallimard, 1998, p. 349).
2. *Avertissement*, *SW* IV, 107. Sur la *Darstellung*, pour un exposé qui en réinterprète précisément la portée, cf. encore les *Leçons de Munich*, « La philosophie de la nature », *SW* X, 99 *sq.* ; tr. fr. J.-Fr. Marquet, *Contribution à l'histoire de la philosophie moderne*, p. 116 *sq.*

philosophie est tout entière écrite sous cette injonction, dans cette urgence. «Le moment est venu», comme le pensera Hegel – mais en 1807 [1]. Il l'est déjà, pour Schelling, en 1801. Moment décisif, sans doute, mais lui-même de passage : un autre viendrait, avec la même puissance dans l'appel, où l'identité serait elle-même repoussée, avec toute la tradition, dans le plan, préparatoire seulement, d'une philosophie «négative» qui ne se savait pas comme telle, non pas exactement dépassée en sa nécessité, mais surpassée ou surmontée par un autre commencement, celui qui prendrait au sérieux l'*Existenz* [2]. Ne resteraient alors que les vestiges énigmatiques de ses grandes architectures désertes, où vient s'achever, hormis l'«épisode» hégélien, toute la philosophie dans sa montée négative, et ce n'est pas le moindre paradoxe de leur atmosphère raréfiée – on respire parfois difficilement dans le labyrinthe «géométrique» de la *Darstellung* ! – que d'avoir contraint Schelling à en sortir dans une pensée de l'histoire – fût-elle celle, «supérieure», de l'absolu.

Mais le jour qui se lève en 1801 pour le jeune professeur d'Iéna est celui, radieux, d'une «philosophie absolue», qui se tiendrait désormais de plain-pied avec l'absolu absolument identique, puisqu'en elle c'est l'absolu même qui devrait venir à son auto-présentation. Son premier effet, à moins qu'il ne s'agisse de la cause même qui l'a produite, est de supprimer une difficulté architectonique majeure : le face-à-face «éternel» de la philosophie transcendantale et de la philosophie de la nature.

En 1801 en effet le problème capital de la philosophie schellingienne, dans son rapport ambigu à la *Wissenschaftslehre*, est celui de l'ajointement des *deux* philosophies, transcendantale et «naturelle», comme on pourrait traduire, puisque la tâche d'une *Naturphilosophie* consiste précisément et principiellement à considérer la nature comme *autre chose qu'un objet*. Ce que Schelling, dès l'apparition, à partir de l'assise transcendantale, d'un autre regard sur la nature – dans les contributions à l'*Allgemeine Übersicht der neuesten philosophischen Litteratur* de 1797-1798 [3] –, vise en effet à

1. Moment d'une fin, moment, par conséquent, où quelque chose d'*autre* peut commencer : «... un temps de naissance et de passage à une nouvelle période», portera la *Préface* à la *Phénoménologie de l'esprit*, tr. B. Bourgeois, Paris, Vrin, 1997. Cette conscience de l'époque, où l'histoire tourne et la philosophie, dans une ambiguïté constitutive de son régime propre, s'achève et commence, est absolument commune à Fichte, Schelling et Hegel : l'idéalisme allemand est le déploiement systématique de cette fin, ou de ce commencement.
2. *SW* X, 124-125 ; tr. *Contribution*, p. 145. Cf. récemment le livre de M.-C. Challiol-Gillet, *Schelling, une philosophie de l'extase*, Paris, PUF, 1998, Première partie, «La philosophie négative», particulièrement le premier chapitre.
3. Publiées désormais dans la grande édition de l'Académie de Bavière, mais qui attendent toujours leur traduction, *HKA* (=*Historisch-Kritisch Ausgabe*, im Auftrag der Bayerischen Akademie der Wissenschaften herausgegeben von H. M. Baumgartner,

rejoindre, c'est «le sujet de la nature», comme le rappelle Cassirer[1] : il s'agira de distinguer enfin le *réal* et le *chosal*, de retrouver la productivité par-delà les produits, la *natura naturans* par-delà la *natura naturata* – exactement comme les premières recherches, transcendantales, se proposaient d'atteindre «cela qui ne peut absolument pas être pensé à titre de chose»[2], l'Inconditionné – un *Unbedingtes* qu'il fallait alors penser, en tout et pour tout, comme Moi absolu.

C'est la nature elle-même, l'objectivité ou l'autre côté de l'opposition, de la scission de la conscience, qu'il devient désormais nécessaire de penser aussi comme «sujet», c'est-à-dire comme ce qui a en soi-même le principe de son propre mouvement : l'esprit, si l'on veut, *de* ou *dans* la matière. La première exigence de la philosophie schellingienne naissante, sur le chantier lui-même ouvert de la *Wissenschaftslehre*, exigence que son auteur fait valoir devant et peut-être contre l'idéalisme, est de sortir enfin d'une philosophie *formelle* pour accéder à une philosophie *réelle* : la philosophie, écrit alors Schelling, requiert un double mouvement, «une tendance originaire au réel *(zum Realen)*» et «une capacité à s'élever au-dessus de l'effectif *(über das Wirkliche)*»[3]. Pourvoir la philosophie d'une sorte de sens du réel explique que Schelling reconnaisse, à même le travail du concept, le besoin d'une *intuition qui donne*, plus exactement d'une autodonation qui soit une autoproduction, d'abord pensée comme autoposition du Moi lui-même, puis identifiée à même cette «nature» essentiellement *vivante* – où le produit organique servira en effet de fil conducteur[4]. C'est cet effort pour penser une productivité originaire qui forme l'acte inaugural d'une *Naturphilosophie* : celle-ci se propose de remonter plus haut que l'ensemble des phénomènes, ou plutôt des *produits*, qui sont autant de figures *finies* «présentant» ou «exposant» l'activité *infinie* au repos – l'esprit lui-même. «La matière», écrit Schelling, «n'est rien d'autre que l'*esprit, intuitionné dans*

W.G. Jakobs und H. Krings, Stuttgart, Fromann-Holzboog, 1976 *sq.*) I, 4. Cf. le commentaire d'Adriano Bausola, *Saggi sulla filosofia di Schelling*, Milan, 1960.

1. *Les Systèmes post-kantiens* (SPK), chapitre III, tr. à l'initiative du Collège de philosophie, Presses Universitaires de Lille, 1983, p. 183.

2. *Du Moi, HKA* I, 2, 89 ; tr. J.-Fr. Courtine in *Premiers écrits*, Paris, P.U.F., 1987, p. 67.

3. *Abhandlungen zur Erlaüterung des Idealismus der Wissenschaftslehre, HKA* I, 4, 71. C'est encore le concept «formel» de la liberté idéaliste que Schelling tentera de surmonter dans les *Recherches philosophiques* de 1809, pour penser le «concept réal et vivant» de celle-ci *(SW* VII, 352 ; tr. J.-Fr. Courtine – E. Martineau in *Œuvres métaphysiques*, Paris, Gallimard, 1980, p. 139). Cette préoccupation orientée vers le réel ou le «réal» (sur la distinction, cf. la note de J.-Fr. Courtine et J. Rivelaygue in *Philosophies de l'Université*, Paris, Payot, 1979, p. 163, n. 1) est absolument constitutive du philosopher schellingien dans son ensemble.

4. Sur l'intuition productive, cf. déjà *HKA* I, 4, 90. Sur le paradigme de l'organisme et celui de l'œuvre d'art, cf. Ernst Cassirer, SPK, III, p. 179.

l'équilibre de ses activités »[1]. La philosophie de la nature, dès sa première apparition, est *encore, résolument, une philosophie de l'esprit* : esprit et nature sont traversés par le même *Bildungstrieb*[2]. Dans cette tentative, on le voit, il s'agit pour Schelling de surmonter définitivement l'opposition, laissée irrésolue par Kant même s'il avait indiqué le principe de son dénouement, de la nécessité et de la liberté, c'est-à-dire aussi d'accomplir, selon le projet post-kantien le plus commun, l'unité architectonique de la philosophie théorique et de la philosophie pratique. Le souci systématique est donc bien ce qui dirige encore Schelling dans le travail même par lequel le *Zusammenhang* assuré par la *Wissenschaftslehre* fichtéenne paraît pourtant devoir être le plus fortement compromis : le surgissement de la *Naturphilosophie* ne se comprend précisément qu'à partir de cette tentative d'achèvement architectonique – et cependant il entraînera la philosophie transcendantale dans une zone de turbulences où elle finira par sombrer tout à fait. Le jour de l'identité se lèvera sur cette tension, pour la dénouer enfin, s'en libérer dans les hauteurs d'une philosophie vraiment *rationnelle*, qui mettrait fin à toutes oppositions.

En première apparence au moins, il y a en quelque sorte deux natures, ou plutôt deux considérations de la nature. Il y a la nature telle que la déduit le *Système de l'idéalisme transcendantal* – et la nature telle qu'elle demeure hors de l'aire transcendantale, donnant lieu à la difficulté architectonique majeure d'une *Naturphilosophie* « parallèle » à l'idéalisme transcendantal.

Entre-temps, le double front philosophie transcendantale / philosophie de la nature aura connu un certain nombre de péripéties, qui vont dans leur ensemble à l'affranchissement progressif d'une *Naturphilosophie* en charge désormais de penser en quelque façon l'auto-libération de la nature, son auto-mouvement vers l'esprit[3]. Quel est, en 1801, au seuil de l'émergence de la philosophie nouvelle, l'état de la question, qui est aussi, indissolublement, la question même du rapport Fichte-Schelling, avec laquelle le prologue de l'*Exposition* jugera nécessaire de s'expliquer, fût-ce pour en différer la résolution et la confier à la lente révélation de la Chose même[4] ?

1. *HKA* I, 4, 108. Cf. aussi *Système de l'idéalisme transcendantal* (*STRID*), *SW* III, 453 ; tr. Ch. Dubois, Peeters, Louvain, 1978, p. 107.
2. On se reportera ici à l'*Introduction* des *Ideen*, *SW* II, 55-56, où vient en question « l'identité absolue de l'esprit *en nous* et de la nature *hors de nous* ». La nature est non seulement *expressive* de l'esprit, mais *réalisation* de celui-ci.
3. Cf. en particulier, en 1799, l'*Introduction* à l'*Entwurf*, § 1, traduit plus loin en note 1, p. 31 (*SW* IV, 107).
4. Il est loin d'être exclu cependant que la question du rapport de l'un à l'autre ne se pose assez différemment pour Schelling, attentif à la nécessité d'une *Naturphilosophie*, et pour Fichte lui-même, sortant à peine de l'*Atheismusstreit*. Cf. à ce sujet la *Présentation* de Myriam Bienenstock dans son édition de la *Correspondance* Fichte/Schelling, Paris, PUF, « Épiméthée », 1991.

Dans cette histoire des «époques» de la conscience de soi qu'est le *Système*, la «première» nature apparaît dans le système de la philosophie théorique: celle-ci rencontre en effet l'exigence d'une déduction ou d'une «construction» de la matière à partir des trois forces d'abord identifiées dans le Moi, et seulement «potentialisées» dans la nature (la force attractive ou retardatrice, la force répulsive ou expansive et la force «constructrice», c'est-à-dire la pesanteur, jouant ensemble selon les trois moments représentés par les trois procès naturels: magnétisme, électricité, procès chimique). Ce qui se fait jour dans la philosophie théorique est ainsi la radicale «identité du dynamique et du transcendantal»[1], c'est-à-dire la connexion entre les moments de l'intelligence et les moments de la construction de la matière. Schelling n'a d'ailleurs aucun mal à passer de la *matière* à la *nature* ou à l'*Universum*, pour se joindre à «l'idéalisme leibnizien» et poser que «réellement toutes les forces de l'univers se ramènent à des forces représentatives»[2]. Dans une philosophie «réelle» il s'agira d'en finir avec tout dualisme – particulièrement la scission esprit/matière. Non seulement la nature, sous le regard du philosophe transcendantal, n'est «rien d'autre que le Moi», mais une certaine nature, *organique*, «démontre» l'idéalisme transcendantal: comme «la plante est un symbole de l'intelligence», celle-ci est «l'absolument organique»[3], c'est-à-dire, à l'instar de l'organisme, à la fois cause et effet de soi-même, productrice et produit de soi. La vie de la nature et la vie de l'esprit sont fondamentalement *la même vie*[4]. Il n'y a pas ici la moindre métaphore – ou bien il faudra dire que c'est la première qui est l'«image» de la seconde, non l'inverse.

Comment, à présent et d'une part, cette «nature» de la philosophie transcendantale théorique vient-elle s'articuler avec la nature de la *Naturphilosophie* – et celle-ci, d'autre part et du même coup, avec la philosophie transcendantale? C'est la question centrale de la *Préface* et de l'*Introduction* du *Système* de 1800. L'émergence de l'identité est une certaine façon de répondre à cette question, qui relevait encore d'une «Architectonique de la raison pure».

Si le système en son concept ne se tient – tout en effet est ici question de *Haltung*, de «tenue» – que sous la forme de l'unité, il y a pourtant bien *deux sciences*, qui l'une et l'autre considèrent le même, et ne peuvent l'une sans l'autre exposer *intégralement* cette identité à laquelle l'idéalisme de son côté conclut dans la construction. Il reste par conséquent une opposition

1. *STRID, SW* III, 452; tr. p. 105.
2. *STRID, SW* III, 452; tr. p. 106.
3. *STRID, SW* III, 490; tr. p. 139.
4. Sur ce thème, cf. *STRID, SW* III, 496; tr. p. 144.

dans le système, qui le partage en deux versants : la *Darstellung* s'ouvrira sur ce visage de Janus. Davantage, cette opposition, en 1800, n'a rien d'accidentel – n'est justement pas un « reste » seulement : elle est « éternelle » au contraire, et les deux sciences « ne passeront jamais en une seule »[1]. Ce qui commande la séparation est « un fondement assez profondément enfoui dans la chose même *(in der Sache selbst)* »[2] – cette Chose même qui se présentera encore elle-même, de son propre mouvement d'auto-exposition, dans le nouveau régime discursif de la *Darstellung*[3]. Quel est ce fondement ? Rien d'autre que cela même que prouve l'idéalisme transcendantal, particulièrement en sa déduction de la matière, c'est-à-dire le parallélisme du Moi et de la nature : celui-ci comme celle-là mettent en œuvre une certaine « suite » ou « gradation » *(Stufenfolge)* des mêmes intuitions à des puissances différentes. C'est l'identité même qui exige ici la dualité des séries. Cependant on observera que l'idéalisme transcendantal garde l'aplomb de la démonstration : il lui revient en effet de manifester « la réalité absolument égale des deux sciences d'un point de vue théorique »[4], en sorte que, par un déséquilibre conscient, l'égalité théorique se trouve réfléchie dans l'une des deux parties du système seulement. Si toutefois l'égalité est conservée, c'est qu'il revient au même de « faire de l'objectif ou du subjectif le terme premier »[5]. Les deux possibilités sont indifféremment ouvertes à la philosophie – ou plutôt celle-ci devra nécessairement parcourir les deux chemins. Égalité cependant – et la réserve est d'importance –, *au moins* d'un point de vue *théorique* – et l'on s'aperçoit que le partage philosophie transcendantale / philosophie de la nature se complique de l'ancienne (kantienne) opposition, à même le transcendantal, de la philosophie théorique et de la philosophie pratique, celle-là même dont les entreprises fichtéenne et proto-schellingienne, pour autant qu'elles se rejoignaient[6], avaient programmé l'unification. Par là, la situation architectonique d'ensemble devient presque inextricable : les deux sciences se valent théoriquement, seule la philosophie pratique commandera de partir du subjectif, c'est-à-dire tranchera en faveur de l'idéalisme transcendantal, ce qui veut dire corrélativement que la philosophie de la nature est seule purement théorique, dans ses « fondements et démonstrations », cependant que l'idéalisme « n'a pas de fondement purement théorique »[7]. On se

1. *STRID*, *SW* III, 332 ; tr. p. 3.
2. *STRID*, *SW* III, 332 ; tr. p. 3.
3. Cf. la fin de l'Avant-propos, *SW* IV, 114. Mais aussi déjà l'article en réponse à Eschenmayer, *SW* IV, 83 (notre traduction à la fin de ce volume).
4. *STRID SW* III, 331 ; tr. p. 3.
5. *STRID SW* III, 332 ; tr. p. 3.
6. Ce dont nous ne décidons pas ici.
7. *STRID SW* III, 332 ; tr. p. 3.

demandera dans ces conditions ce que veut dire exactement l'«égale réalité» théorique des deux sciences, si, d'une part, l'idéalisme est bien le système d'une décision pratique, si, d'autre part et corrélativement, la *Naturphilosophie* à elle seule, comme le précise Schelling, n'aurait jamais abouti à l'idéalisme. L'indépendance théorique de la philosophie de la nature n'est d'ailleurs que le reflet de la *Selbständigkeit* – résolument non fichtéenne[1] – de la nature elle-même, conformément au projet original d'une *Naturphilosophie*, qui est de refléter spéculativement l'auto-construction de la nature : « La nature, semble-t-il, existerait même s'il n'y avait rien pour la représenter »[2]. Non sans paradoxe donc, l'entière *autonomie* théorique de la philosophie de la nature ne reçoit pourtant sa légitimité systématique que dans l'*autre* série, l'idéalisme transcendantal pratiquement fondé, qui avec elle forme la philosophie en sa totalité nécessairement double. Aux termes du *Système*, toutefois, les deux pôles se regardent, chacun conduisant à l'autre[3], « dérivant » jusqu'à l'autre : en vertu de cette montée de l'une vers l'autre, les deux « sciences », les deux lignes de la philosophie n'en compromettent pas l'unité architectonique, mais l'accomplissent au contraire – la *Naturphilosophie* ne paraissant cependant pouvoir rejoindre l'idéalisme qu'à la condition que celui-ci fût d'autre part déjà systématiquement déployé ! En 1800, on le comprend, les deux massifs n'avaient pas encore trouvé le concept stable de leur *Zusammenhang*.

En 1801 le pas au-delà a d'emblée le sens d'un dégagement : les deux sciences sont reconduites à l'état de « profils » d'un seul et même système qui en est l'assise fondamentale et qu'il s'agit aujourd'hui d'exposer, elles auront, au bout du compte, servi de préparatifs à l'exposition de celui-ci, lequel en retour, non sans paradoxe, aura fait office, dans l'ombre où il se réservait encore, de table d'orientation. On relèvera en effet un certain nombre de traces de la « philosophie supérieure » dans les livres passés[4]. Mais la conscience du tournant reste la plus forte, et la plus juste : si l'*Exposition* fait en un sens la lumière sur ce qui l'a devancée, l'éclairage est pourtant résolument nouveau. Comment comprendre exactement le passage ? La réponse à Eschenmayer n'est pas sans fournir quelques

1. Ceci, bien que la considération fichtéenne de la nature soit très loin d'être aussi indifférente qu'on l'a cru à l'équilibre du système : cf. en particulier la déduction du corps dans le *Fondement du droit naturel selon les principes de la Doctrine de la science*, IIe section, tr. A. Renaut, Paris, PUF, « Épiméthée », 1984. Mais, aux yeux de Fichte, l'essentiel du travail en ce domaine a déjà été accompli par Kant.

2. *STRID*, Introduction, § 1, *SW* III, 340 ; tr. p. 7.

3. Ainsi : « La théorie achevée de la nature serait celle en vertu de laquelle la nature entière se dissoudrait en intelligence », ce que manifestent déjà la « matérialité équivoque » de la lumière, l'immatérialité du magnétisme ou la pure légalité de la gravitation (*STRID*, Introduction, § 1, *SW* III, 341 ; tr. p. 8).

4. Sur cette question, cf. l'exposé de Xavier Tilliette, *Schelling*, t. I, p. 243 *sq*.

indices, lorsqu'elle programme la dé-subjectivation du regard philo-sophique en vue d'une philosophie de la nature « subsistant pour soi »[1], autrement dit affranchie de l'idéalisme transcendantal – ou du moins de cet idéalisme « dérivé » qu'est l'idéalisme du Moi.

Si un *idéalisme de la nature* est possible, c'est au prix d'un arrachement par rapport à la Moïté elle-même, c'est-à-dire au cercle de la conscience, en vertu d'une « abstraction » qui seule donnera de ressaisir l'originairement inconscient, l'objet en son « originaire surgissement »[2], l'objet d'avant le *Gegenstand* (l'ob-jet de la conscience). L'*impératif théorique* de la philo-sophie de la nature consiste en une dépotentialisation de l'objet même de la philosophie : remonter plus haut, en quelque façon, que le philosopher lui-même en tant qu'il a initialement le sujet pour objet, revenir du *philosopher sur le philosopher* qu'est l'idéalisme transcendantal, incontestablement « premier pour nous », à la *philosophie même*. Or cet impératif est l'impé-ratif *du théorique* lui-même, de la pure *théôria* : c'est à la théorie pure que Schelling prétend accéder en dépassant l'idéalisme de la Doctrine de la science. Se déprendre du subjectif, libérer le théorique du pratique – voilà qui reviendra à dégager le pur sujet-objet du sujet-objet de la conscience qu'est le Moi, pour « faire surgir » – là est la tâche originale ou le « pro-blème » d'une philosophie de la nature – celui-ci à partir de celui-là[3]. Il s'agira de passer d'une identité à l'autre, de l'identité sujet-objet (idéal-réal) absolument sans puissance qu'est la nature, à l'identité sujet-objet à la plus haute puissance qu'est le Moi. L'abstraction qui est ici requise ne concerne cependant pas d'abord et tout uniment l'objet, comme si elle le présupposait, mais l'organe même, ou plutôt l'acte, qui le donne : l'intui-tion intellectuelle. La nature, sujet-objet originaire, n'est rien d'autre que l'acte de l'intuition intellectuelle dé-subjectivé. Désubjectivation qui libè-rera la philosophie elle-même de « la puissance idéaliste » à laquelle la Doctrine de la science l'avait d'emblée transportée. Ce n'est pas à dire que la Doctrine de la science s'effondre : tout au contraire elle est par là fondée sur un plus haut, en même temps qu'elle est présupposée comme ce qui rend la philosophie « subjectivement possible ». Le système de la philosophie s'assure effectivement de son unité à partir de cela même qui paraissait le dédoubler, le menacer : « il y a *une seule* série », écrit Schelling[4]. La philo-sophie de la nature a désormais la préséance théorique sur la philosophie transcendantale, mais, en conduisant nécessairement jusqu'à celle-ci, elle accomplit l'unité de la philosophie comme philosophie du Même et de

1. *SW* IV, 81.
2. *SW* IV, 85.
3. *SW* IV, 87.
4. *SW* IV, 89.

l'Un, comme tauto-logie et hénologie. Avec la philosophie de la nature comme seule assise fondamentale pour l'idéalisme, et dans cette mesure « idéalisme originaire », le philosophe, rendu à la *théôria*, et en un certain sens – celui de l'ancienne Physique – redevenu grec, s'efface devant la Chose même dans son autodéploiement, devant *la philosophie même* où celle-ci s'auto-expose. La philosophie est philosophie absolue de l'absolu.

Fichte, on le comprend, restera pour le moins perplexe devant ce que Schelling lui décrira comme « une abstraction de la Doctrine générale de la science ». La Doctrine de la science n'est pas « la philosophie elle-même » ! Est nécessaire, lui écrit Schelling, une « Physique (au sens des Grecs) » qui assurera « la démonstration matérielle de l'idéalisme », où il sera « fait abstraction de l'activité subjective (*intuitionnante*), qui pose le sujet-objet comme identique avec *soi* dans la conscience de soi, alors que c'est précisément par cet acte-de-poser-comme-identique que la conscience de soi devient = à Moi (la Doctrine de la science ne supprime jamais cette identité et elle est, précisément pour cette raison, idéale-réaliste). Il reste, après cette abstraction, le concept du sujet-objet *pur* (simplement objectif). Celui-ci est principe de la partie théorique ou, ainsi que je crois pouvoir la nommer à bon droit, réaliste de la philosophie »[1].

De Berlin où la querelle de l'athéisme l'avait chassé, Fichte répondra : il y a cercle, lorsque l'on veut expliquer le Moi par cela même – la nature – qui ne s'explique qu'à partir de lui[2]. La Doctrine de la science n'est pas achevée en effet : mais ce qu'il reste à édifier, ce que les « besoins du temps » commandent de penser, c'est un « système transcendantal du monde intelligible », pour lequel la *Destination de l'homme* de 1800 a déjà aplani le chemin, et non pas une philosophie de la nature où « l'ancienne erreur » de Schelling trouve à revivre. Fichte reste ferme sur le premier principe : « Il n'est pas possible de partir d'un *Être* [...] mais il faut partir d'un *Voir* ». Or ce que Schelling appelle raison est encore un Être : « Tout ce à quoi on rapporte un simple *penser* et, ce qui en découle, à quoi on applique *le fondement réel* est *Être*, même à supposer qu'on le nomme raison ». Quant au mode de l'« exposition », lié indissolublement, « essentiellement », aux « choses » mêmes, le désaccord est insurmontable. Idéalisme et réalisme n'ont aucun sens enfin *avant* la Doctrine de la science, mais par elle seulement[3]. Fichte demandera bientôt à Schelling – et par l'entremise

---

1. Lettre du 19 novembre 1800 ; *BuD* II, 294 ; *Correspondance*, tr. M. Bienenstock, p. 97-98.

2. *Correspondance Fichte/Schelling*, Lettre du 8 octobre/27 décembre 1800, p. 104 *sq.* ; Fichte, *Gesamtausgabe der Bayerischen Akademie der Wissenschaften*, hrsgg. von R. Lauth und H. Jacob, Stuttgart – Bad Cannstatt, Fromann-Holzboog, 1962 *sq.* (*GA*) III, 4, lettre 584a, p. 404 *sq.*

3. *Correspondance*, Lettre du 31 mai 1801, p. 114 *sq.* ; *GA* III, 5, lettre 605, p. 43 *sq.*

de celui-ci à son complice Hegel – de cesser de «faire tant de bruit», et de
ne pas «multiplier les malentendus» autour de la *Doctrine de la science*[1].
La séparation serait alors consommée.

De l'autre côté, la *Darstellung* de 1801 entend donc exposer pour la
première fois ce nouveau «réalisme», plus originaire que l'idéalisme
même, cette archi-fondation, propre à Schelling, de la Doctrine de la
science. La philosophie de la nature en effet, du haut de sa «préséance»
théorique, devra désormais tenir lieu de *philosophie première* – un rôle
réservé jusqu'ici à la Doctrine de la science, qui s'auto-instituait comme
telle, en lieu et place de la métaphysique. S'agissant précisément du partage
de la philosophie transcendantale et de la philosophie de la nature, la
division est pourtant davantage surmontée que supprimée, dans le réin-
vestissement des deux séries, réelle et idéelle (plutôt, désormais, que
«transcendantale»), par l'identité et le système des trois puissances. La
Darstellung se limite à la série réelle, pour des raisons occasionnelles, en
apparence au moins[2]. Mais la construction de celle-ci est précédée d'une
longue introduction destinée à instaurer le point de vue de la raison ou de
l'identité absolue, c'est-à-dire le *seul* point de vue possible pour la philosophie, et à énoncer la théorie des puissances (§ 1-50). Suit la déduction de
la matière, des forces, de la pesanteur et de la lumière (§ 51-67). Puis
l'exposition des procès: la construction du procès dynamique (magnétisme, électricité), du procès chimique, qui est la *Darstellung* complète du
précédent, enfin du procès organique (§ 68-159).

Par delà l'unification architectonique qu'elle programme et s'efforce
d'accomplir, qu'en est-il à présent de la nouvelle métaphysique schellingienne?

Si la philosophie de la nature inaugure la nouvelle période et la présentation historique de la philosophie éternelle, en même temps qu'elle ouvre,
en tant que «Physique», le système lui-même, justifiant ainsi sa parution
dans la *Zeitschrift für spekulative Physik*, c'est pourtant la construction

---

1. *Correspondance*, Lettre du 15 janvier 1802, p. 145; *GA* III, 5, lettre 620, p. 104 *sq.* Sur
la querelle Fichte-Schelling, on lira le chapitre de X. Tilliette dans son *Schelling*, t. I, p. 265 *sq.*
(réd. Paris, Vrin, 1992), ainsi que les travaux de Reinhard Lauth, *Die Entstehung von
Schellings Identitätsphilosophie in der Auseinandersetzung mit Fichtes Wissenschaftslehre*,
Freiburg/München, Verlag K. Alber, 1975.

2. Les *Recherches sur la liberté humaine et les sujets qui s'y rattachent*, en 1809, devront
censément exposer la série idéelle, mais, comme on sait, elles feront dériver le système entier
hors des parages de l'identité. La seule exposition intégrale aura finalement été le *Système de
Würzburg*, c'est-à-dire l'ensemble formé par la *Propädeutik der Philosophie* et le *System der
gesammten Philosophie und der Naturphilosophie insbesondere* de 1804 (*SW* VI).

métaphysique, le «spinozisme de la métaphysique»[1], parce qu'il en transforme radicalement le site architectonique, qui retiendra en effet l'attention. Comment la philosophie commence-t-elle? Avec l'absolu – l'absolu *même*, c'est-à-dire l'autoposition absolue de l'absolu. L'absolu se pose dans ce que Schelling, transgressant, en 1801 du moins, cette première transgression qu'était dans l'héritage kantien l'intuition intellectuelle[2], appelle la *raison* : il s'agit pour le pensant de s'élever à la raison, c'est-à-dire de se déposer soi-même en tant que pensant pour se porter à l'altitude de la raison absolue – c'est-à-dire de la Chose même, par-delà ou plutôt en deçà de la scission sujet-objet, mais aussi du Moi en tant que sujet-objet subjectif seulement. Commencer absolument avec l'absolu, c'est-à-dire avec l'identité rationnelle de l'être et du penser, de l'essence et de la forme, paraîtra, déjà à Fichte et bientôt, pour d'autres raisons, à Hegel, plutôt abrupt. Schelling s'en explique, on l'a vu, d'une façon que les protagonistes jugeront expéditive : il s'agit pour le sujet philosophant de faire abstraction du subjectif, de passer à un autre regard, à la *théôria* supérieure affranchie du temps, qui voit toutes choses *sub specie aeterni*. On comprend déjà que le temps, et le fini, représenteront pour cette philosophie, par-delà la tentative réitérée de leur négation et ce qui apparaîtra de plus en plus comme leur conjuration (le fini n'est *rien* en soi, il n'est que pour la réflexion, ou n'est que dans l'*Erscheinung*), l'énigme la plus difficile à déchiffrer : ce rien reviendra toujours, et contraindra le Système à entrer dans le mouvement compromettant d'une *histoire*, dont Schelling repèrera d'ailleurs les traces dans son premier exposé[3]. Il y a un *trop*, selon Fichte, dans un commencement aussi *déterminé* : on ne voit pas comment on en sortirait, ni pourquoi il serait nécessaire d'avancer plus loin que le commencement même – sauf à réintroduire en contrebande le Pensant, montreur invisible de marionnettes qui simulent la vie et le mouvement automate[4]. Il *manque*, selon Hegel, l'«échelle» propice à la conscience, qu'il ne suffit tout de même pas de regarder de haut. Tout le projet d'une «phénoménologie de l'esprit» comme science du savoir apparaissant ou science de l'expérience de la conscience est le déploiement d'un *autre* commencement – autre en effet «que l'enthousiasme qui commence immédiatement, comme en tirant un coup de pistolet, avec le savoir absolu, et qui en a déjà fini avec d'autres points de vue pour autant qu'il déclare n'en tenir aucun compte»[5].

1. Selon l'expression de Bernard Bourgeois, *Le Droit naturel de Hegel. Commentaire*, Paris, Vrin, 1986, p. 11.
2. Car les *Fernere Darstellungen* la réinjecteront : cf. plus loin note 2 à *SW* IV, 115, p. 45.
3. En particulier dans les *Leçons de Munich*, *SW* X, 99 *sq.*, particulièrement p. 109; tr. p. 116 *sq.*, particulièrement p. 127.
4. Cf. plus loin notre traduction des remarques de Fichte.
5. *La Phénoménologie de l'esprit*, Préface, tr. B. Bourgeois, Paris, Vrin, 1997, p. 85.

Mais de ce commencement il n'est question, pour Schelling, ni de sortir, ni de déroger : y revenir toujours, au contraire, marque la tension propre, et la discipline, de la philosophie absolue, toujours en risque de glisser hors du point de vue, du *non point de vue* absolu de l'identité, dans la fascination de la différence, de l'opposition non surmontée du sujet et de l'objet, de la scission qu'*est* en elle-même la conscience – c'est-à-dire dans une pensée elle-même finie. L'identité est identité de la raison avec elle-même, est le Même que la raison, qui, en tant qu'elle *est* (qu'il est dans son essence d'être), est vérité éternelle. Mais comment la philosophie sortirait-elle de l'identité pure de la raison quand celle-ci, Schelling restant fidèle, en les retraduisant fondamentalement, à ses positions transcendantales premières, *n'est jamais sortie d'elle-même* ? Car pour autant il s'agit bien de le construire, ce savoir, comme originaire connaissance de soi de l'identité absolue, et par là de s'affranchir du « silence éléatique »[1] qui menace le logos philosophique sur l'Un : c'est-à-dire de faire surgir *un certain sens* de la différence, au moins, que Schelling voudra en effet seulement quantitative, la répudiant à niveau essentiel, et qu'il expliquera, à partir de l'identité sujet-objet, en l'appuyant sur le concept de « prédominance » (du subjectif ou de l'objectif).

L'identité est identité de l'identité, c'est là la *forme* de son être, exprimée par A=A, et cette forme de l'être de l'identité est connaissance de soi de l'identité absolue, c'est-à-dire autoposition de l'identité en tant que sujet et objet. L'être et le connaître sont, non pas co-originaires seulement, mais un seul : l'être de l'identité absolue n'est que la connaissance de soi de celle-ci. En soi, donc, tout être est d'une part *l'identité même*, mais d'autre part, selon la forme de l'être, *un connaître*. Or la forme de la subject-objectivité présuppose, en vue de son *actualité* ou de son *effectivité*, la différence quantitative. L'émergence de la différence présuppose le passage, plus exactement le *changement de plan* – puisqu'il ne saurait y avoir ici, rigoureusement, le moindre *Übergang* – de l'essence à la forme : l'être, ou plutôt la *tendance à l'être*, est en quelque sorte le plan d'inflexion, entre l'essence comme identique à la forme et la forme comme actualité de l'être, présupposant, en vue de la connaissance de soi de l'identité, l'identification ou position infinie du sujet et de l'objet, en soi non-opposés et indifférenciables. Ainsi : le regard spéculatif se tourne de l'*identité* pure à l'*indifférence* quantitative, ou équilibre, qui la « représente », puis de celle-ci à *un certain sens* de la différence, celle, non de l'être, mais de la *grandeur* de l'être : par conséquent à la différence comme « prédominance », ou différence seulement quantitative. Le sujet, c'est *la différence de la*

---

1. X. Tilliette, *Schelling*, t. I, p. 329.

subjectivité, le facteur subjectif, donc le même que l'objet, ou plutôt son identité avec lui, à la « prédominance » ou grandeur près. L'objet n'est de la même façon que la *différence de l'objectivité*. Il y aura donc *deux* possibilités pour la différence, comme il y aura deux séries – en une seule ! – pour la philosophie. L'exigence de la différence n'est rien d'autre que l'exigence de l'effectivité pour la forme de l'être de l'identité : selon une ambiguïté que les présentations à venir de la philosophie de l'identité s'efforceront de lever, hésitaion d'ailleurs clairement repérée par Fichte, il y a une nécessité du fini (de la scission infinie du sujet et de l'objet), en même temps qu'il retombe toujours dans son essentielle inconsistance. Car si elle est effective ou en vue de l'effectivité, la différence n'est pas pour autant *dans* l'absolu même : c'est-à-dire qu'absolument elle n'est *rien*. En d'autres termes, la considération du particulier, lorsqu'elle est spéculative, implique bien celle de la totalité, de l'*Universum* en dehors duquel le fini n'est *rien*, mais dans lequel il n'est pas non plus *en tant que fini* : il n'y a donc rigoureusement rien de fini dans l'univers – mais hors de l'univers il n'y a rien ! Le fini, le particulier, la « chose », c'est un reflet, un chatoiement, un fantôme de la réflexion séparatrice, le fait d'un entendement lui-même séparé, exilé ou excentré de la totalité : pour la *raison* tout est un, le Même, le Seul. À partir de là, l'articulation du fini, de l'apparence finie (car l'*Erscheinung* ici est bien *Schein*, en dépit de sa nécessité, qui est celle de l'*Absonderung* elle-même), disposera pour se déployer de la virtuosité des puissances, qui sont autant d'« exposants » de la pure identité : la nature et l'esprit ne sont rien d'autre que les deux grandes puissances du Même, qui se suppriment elles-mêmes dans la totalité. La métaphysique de l'identité infinie enveloppera donc nécessairement une déduction de la finitude (dont la formule est : A=B) : tout fini, en soi identique à l'infini, est une forme déterminée de l'être de l'identité infinie, et à ce titre, selon trois possibilités pour dire son identité avec l'infini, infini en son genre, expressif de l'infini dans sa puissance, ou « totalité par rapport à soi-même ». Totalité qui n'est *rien*, rappelle instamment Schelling, par rapport à l'absolue totalité ! Totalité *relative* seulement, par conséquent, où le fini « expose » par rapport à soi-même la totalité absolue. Dans ces conditions, avec quelle puissance, avec quelle différence commencer ? Puisque toutes les puissances sont coéternelles, on partira de la différence ou puissance même, A=B. Comme l'exigence d'effectivité justifiait la position de la différence sujet-objet, l'exigence de *réalité*, d'*être* ou d'*être-réel* commande la position de A et B en tant que réels ou étant : or A est le subjectif, l'idéel ou le connaissant, qui a à être aussi réel que B. La *totalité relative* A=B, où A est aussi réel que B, est le présupposé qu'il s'agit pour la construction de rejoindre depuis l'*identité relative* (non réelle) de l'idéel et du réel, à travers un devenir-réel du subjectif, avec comme nécessaire moyen terme la *duplicité* relative (non réelle) de A et de B : identité relative et duplicité relative sont en puissance seulement, la seule actualité est celle de la totalité relative, expressive dans sa puissance de l'identité absolue. La construction philosophique est donc bien construction du réel même à partir de ses présuppositions fondamentales. Si l'identité absolue est la totalité absolue ou l'Univers même, il est en revanche nécessaire de distinguer l'identité relative de la totalité relative, de construire celle-ci à partir de celle-là : c'est-à-dire, pour commencer, et conformément au programme d'une *Naturphilosophie*, de *construire la matière*, le premier Existant, avec ses trois forces, la force attractive, la force expansive et la pesanteur. À travers la construction de la matière, il s'agira du même coup d'exposer la genèse ou le passé du Moi, en tant que sujet-objet idéal, à partir du sujet-objet réel qu'est la nature [1]. Mais dans ces conditions le système de l'identité ne se laisse-t-il pas entièrement reconduire au réalisme ? La question, répond Schelling à qui il arrive pourtant d'en admettre la légitimité, n'a aucun sens à hauteur des fondements, c'est-à-dire dans l'élément de la spéculation rationnelle qui sait considérer *l'identité absolue de l'idéel et du réel*, autrement dit l'irréalité spéculative des oppositions abstraites.

C'est pourtant bien ce passage à la différence qui, dans la construction proposée par Schelling, fait éminemment difficulté, et continuera de faire problème dans toute la période de l'identité. On connaît le grief hégélien de « formalisme » monochrome, qui va chercher la différence dans l'intuition et la fait apparaître et disparaître à son gré dans le système :

> Considérer un être-là quelconque comme il est dans l'*absolu* ne consiste en rien d'autre qu'à dire de lui que, certes, on en a parlé maintenant comme d'un quelque chose, toutefois que, dans l'absolu, dans le A = A, il n'y a vraiment rien de tel, mais que tout n'y fait qu'un. Opposer ce savoir un que, dans l'absolu, tout est pareil *(gleich)*, à la connaissance différenciante et accomplie, ou qui recherche et requiert un accomplissement, ou encore donner son *absolu* pour la nuit dans laquelle, comme l'on a coutume de dire, toutes les vaches sont noires, c'est là la naïveté du vide de connaissance [2].

---

1. Pour le rapport entre les deux « puissances », on se reportera particulièrement à l'exposé des *Conférences de Stuttgart* (1810), *SW* VII, 427, tr. J.-Fr. Courtine et E. Martineau, in *Œuvres métaphysiques,* p. 208-209 (sur la supériorité « en dignité » de l'idéal sur le réel, mais la priorité « selon l'existence » du réel par rapport à l'idéal).

2. *La Phénoménologie de l'esprit*, Préface, tr. B. Bourgeois, p. 65. Hegel reviendra plus loin dans la Préface sur la *méthode* du formalisme schellingien, c'est-à-dire sur la construction, qui consiste à ranger dans des boîtes les différences recueillies dans l'intuition et à leur apposer les quelques étiquettes du schéma général : méthode d'épicier, tour de passe-passe ! « Que cette manière de faire s'achève, en même temps, en une peinture absolue d'une

La lumière du Même est-elle vraiment cette nuit de l'indistinction confuse, et la méthode schellingienne cette prestidigitation qui fait surgir l'*Erscheinung* quand elle en a besoin, et la révoque aussi à loisir ? Ce qui est en question dans la critique hégélienne, c'est l'effectivité même du savoir absolu tel que Schelling l'instaure. En quoi est-il un savoir *réel*, et *réellement* un savoir ? Schelling à vrai dire pouvait être surpris : il avait cru parer par avance l'objection de son ancien ami du *Stift*, dans une page particulièrement éclairante des *Fernere Darstellungen*, cinq ans avant la *Phénoménologie de l'esprit* :

> La plupart en effet ne voient dans l'essence de l'absolu rien d'autre que nuit vaine, et ne peuvent rien reconnaître là-dedans ; il s'évanouit devant eux en une simple négation de toute diversité, et il est pour eux une essence purement privative, aussi en font-ils ingénieusement la fin de leur philosophie. Et bien que j'aie traité en suffisance dans la première partie, que j'ai posée comme un bastion contre ceux auxquels la connaissance première manque et qui, parce qu'ils ne connaissent pas l'entrée dans la vraie science, s'égarent eux-mêmes avec des concepts et déterminités finis, du rapport-d'unité de l'absolu et de la connaissance en général, j'entends montrer cependant ici de façon encore plus précise comment cette nuit de l'absolu se transforme en jour pour la connaissance.
>
> C'est seulement dans la forme de toutes les formes que l'essence positive de l'unité est connue, mais celle-là [la forme absolue] est pour nous incarnée en tant qu'Idée vivante de l'absolu, en sorte que notre connaissance est en lui et lui-même est dans notre connaissance, et nous pouvons voir en lui aussi clairement que nous voyons en nous-mêmes, et tout apercevoir dans une lumière en regard de laquelle toute autre, mais particulièrement la connaissance sensible, est profonde ténèbre.
>
> Il n'y a pas un savoir absolu et en dehors de lui encore un absolu, mais tous deux sont un, et en cela consiste l'essence de la philosophie, puisqu'il y a un savoir absolu aussi en dehors d'elle dans une autre connaissance, à ceci près qu'en celle-ci il n'est pas, en tant que savoir absolu, en

seule couleur, tandis que, ayant aussi honte des différences du schéma, elle les enfouit, en tant qu'elles appartiennent à la réflexion, dans la vacuité de l'absolu, afin d'instaurer l'identité pure, le blanc sans forme, c'est là ce qu'on a déjà fait observer plus haut. Ce caractère monochrome du schéma et de ses déterminations dépourvues de vie, dont il a d'abord été question, puis cette identité absolue, à l'instant évoquée, ainsi que le passage d'un terme à l'autre, tout cela, pris en tel ou tel de ses aspects, est à titre égal entendement mort, et à titre égal connaissance extérieure » (p. 129). – On rappellera que Hegel avait en quelque sorte *prévenu* Schelling, avant de lui adresser le livre, en précisant que seuls ses disciples étaient visés : « Dans la *Préface*, tu ne trouveras pas que j'ai été trop sévère pour la platitude qui fait tant de mal en utilisant particulièrement tes formes de pensée et qui abaisse ta science au niveau d'un pur formalisme » (lettre du 1er mai 1807, tr. J. Carrère, *Correspondance*, Paris, Gallimard, rééd. 1990, I, p. 150). La réponse de Schelling est plutôt froide : il prend acte de la restriction hégélienne – « quoique dans ton livre cette distinction ne soit pas faite » (lettre du 2 novembre 1807, tr. J. Carrère, I, p. 178).

même temps l'essentialité et la réalité de l'absolu même ; la connaissance première de la philosophie repose sur l'égalisation *(Gleichsetzung)* des deux et sur le discernement qui voit qu'il n'y a pas d'autre absolu que dans cette forme [dans l'évidence absolue même] et aucun autre accès à l'absolu que cette forme, que ce qui suit de cette forme suit aussi de l'absolu même, et que ce qui est en celle-ci est aussi en celui-là.

L'identification de la forme et de l'essence dans l'intuition intellectuelle absolue arrache au dualisme la dernière scission dans laquelle il se tient, et fonde, en lieu et place de l'idéalisme empêtré dans le monde phénoménal, l'*idéalisme absolu*.

L'essence de l'absolu en et pour soi ne nous révèle rien, elle nous remplit des représentations d'un renfermement *(Verschlossenheit)* infini, d'un silence et d'une retraite *(Verborgenheit)* insondables, comme les plus anciennes formes de la philosophie décrivaient l'état de l'univers avant que celui qui est la vie, par l'acte de sa connaissance intuitive de soi, ne surgît dans une *figure propre*. Cette forme éternelle, identique à l'absolu même, est le jour dans lequel nous concevons toute nuit et les merveilles cachées en elle, la lumière dans laquelle nous connaissons clairement l'absolu, le médiateur éternel, l'œil du monde, qui voit tout et révèle tout, la source de toute sagesse et de toute connaissance[1].

Ainsi *le savoir absolu et l'absolu sont-ils le même*, et la philosophie, comme *idéalisme absolu*, n'est rien d'autre que la connaissance de soi de l'absolu, à laquelle il s'agit, pour le philosophe, de s'élever dans l'intuition intellectuelle, où, dans un arrachement qui définit à lui seul la nécessaire *discipline* du penseur spéculatif, il fait abstraction de lui-même comme sujet. En regard de cette lumière de l'absolu, aveuglante pour celui-là seul qui ne s'est pas encore porté à la hauteur de la pensée rigoureusement entendue, c'est le sensible qui est le règne obscur, et avec lui tout fini. Pour Schelling ainsi, seule une philosophie elle-même finie, enfermée dans une pensée finie, s'effraiera de la « nuit » vide d'un absolu qui en vérité est la lumière même, la vie même.

Hegel pourtant, en 1801, pouvait apparaître – quitte à ce qu'il y ait déjà là une légère méprise – comme le meilleur allié de Schelling. La première publication hégélienne, la *Differenz des Fichteschen und Schellingschen Systems der Philosophie*[2], se proposait en effet, au moment même où paraissait la *Darstellung* schellingienne, de porter au grand jour, contre la confusion d'un Reinhold, et d'arbitrer philosophiquement, à l'intérieur de l'héritage kantien, le différend qui s'esquissait entre Fichte et Schelling. À

---

1. *Fernere Darstellungen aus der System der Philosophie*, SW IV, 403-405.
2. Édition Lasson, *Erste Druckschriften*, Leipzig, Meiner, 1928 ; tr. M. Méry, *Premières publications*, Paris, Vrin, 1952 ; tr. B. Gilson, Paris, Vrin, 1986. Nous citons la traduction Méry, parfois légèrement modifiée.

travers eux il y allait pour Hegel de *la philosophie même*, de son « principe spéculatif », qui n'est autre que l'identité sujet-objet, autrement dit du *rationnel*, déjà à l'œuvre, selon un lieu classique des post-kantiens, dans l'« esprit », au moins, de la philosophie kantienne. Toute la difficulté pour la spéculation est de ne pas « se quitter elle-même et son principe » lorsqu'elle devient système [1], de ne pas redevenir une pensée finie, retombant dans les « finitudes de la conscience », c'est-à-dire sous la loi de la réflexion, de l'opposition non surmontée, elle-même finie, du fini et de l'infini. Infidèle à son principe – l'intuition que Hegel nomme « transcendantale » –, la philosophie de la réflexion fera de celui-ci un conditionné, un sujet-objet *subjectif* seulement, en l'opposant sans réconciliation à la multiplicité : Fichte précisément « livre la raison à l'entendement », lorsque, après avoir établi en sa pureté le principe vrai de toute spéculation, il identifie celui-ci à la conscience pure, en vertu du privilège contingent de l'autoposition de celle-ci, dans une opposition absolue à l'objectivité, et le saisit par là « sous une figure finie ». L'opposition fichtéenne est « purement idéelle », comme son unité restera purement formelle, dans la mesure où le Moi qu'elle oppose absolument à l'objet n'est plus « un réel », mais « seulement un pensé », un produit de la réflexion, abstrait de l'identité absolue [2]. Sous la loi de la scission, la seule synthèse possible devient celle de l'antinomie, dont la résolution est infinie : « le Moi doit *(soll)* être égal au Moi » [3]. La critique philosophique dont Hegel se propose en 1801 de donner un échantillon manifeste ainsi l'inachèvement spéculatif d'un système fichtéen dérogeant à l'exigence qu'il a lui-même contribué à faire prévaloir en philosophie :

> Le principe de l'identité ne devient pas principe du système; dès que le système commence à se former, l'identité est abandonnée. Le système lui-même est une multitude conséquente, entendementale, de déterminités finies *(eine konsequente verständige Menge von Endlichkeiten)*, que l'identité originaire ne peut saisir ensemble dans le foyer de la totalité en une intuition absolue de soi. Le sujet = objet se rend ainsi subjectif; et il ne parvient pas à supprimer cette subjectivité et à se poser objectivement [4].

Schelling au contraire a identifié philosophie et système en gardant fermement en vue le principe d'identité dans la constitution de celui-ci, en posant à la fois le sujet *et* l'objet comme sujet-objet, comme identité, comme l'Absolu même. Il a dans cette identification absolue accompli

1. Lasson, 5 ; tr. p. 80.
2. Lasson, 78 ; tr. modifiée, p. 142.
3. Lasson, 78 ; tr. p. 141.
4. Lasson, 75 ; tr. modifiée, p. 139.

l'exigence essentielle de toute philosophie, la suppression de la scission, qui dans la détresse d'une culture déchirée donne tout son sens et toute sa nécessité au « besoin de philosophie », lui-même, si toutefois on s'en tient à son expression réflexive, « présupposition » de la philosophie, que la philosophie doit surmonter en libérant la conscience de toutes limitations et oppositions, de la scission, c'est-à-dire de la conscience même [1]. La nécessité de la scission n'est qu'en vue de la totalité rationnelle qui dissout en sa vie propre, la vie du sens, les cristallisations réflexives de l'entendement. Mais l'abolition de la scission n'est pas rationnelle, par conséquent fidèle au principe de la spéculation, aussi longtemps qu'elle demeure suppression unilatérale de l'un des opposés : « dès que l'un subsiste, l'autre subsiste aussi » [2]. L'anéantissement doit tomber des deux côtés. Pourtant cette identité est encore elle-même unilatérale, si elle n'est que l'*autre* de la scission, et en tant que telle elle ne rend possible aucun savoir [3]. La scission dès lors est aussi absolue qu'elle :

> La philosophie doit nécessairement rendre justice à la séparation en sujet et objet; mais dans la mesure où elle la pose aussi absolument que l'identité opposée à la séparation, elle ne l'a posée que de façon conditionnée : de même qu'une telle identité – qui est conditionnée par l'anéantissement de l'opposé – est aussi seulement relative. Aussi l'absolu même est-il l'identité de l'identité et de la non-identité; l'opposer et l'être-un sont en même temps en lui [4].

Hegel énonce ici, avant d'en déployer tout le sens en rendant lui-même intégralement justice, dans la *Phénoménologie*, à la scission de la conscience, ce qui dans Schelling n'est présenté qu'en tant que redoublement de l'identité sur elle-même, identité *de* l'identité. La *raison* pose en effet comme identiques l'identité et la non-identité, c'est-à-dire aussi commence par construire l'opposition comme opposition *réelle*, où les opposés sont posés « non seulement dans la forme du connaître, mais aussi dans la forme de l'être » [5], autrement dit encore, l'un et l'autre, dans

---

1. Sur le besoin de philosophie, cf. Lasson, 12 *sq.*; tr. p. 86 *sq.* Cf. le livre remarquable de Franck Fischbach, *Du commencement en philosophie. Étude sur Hegel et Schelling*, Paris, Vrin, 1999.

2. Lasson, 75; tr. p. 139.

3. Dès 1801 il y a dans le texte hégélien comme les éléments de la critique future, différemment orientés toutefois : « L'exaltation mystique (*Schwärmerei*) s'en tient à cet intuitionner de la lumière incolore; une multiplicité est en elle par cela seul qu'elle combat le multiple. À l'exaltation mystique manque la conscience, par rapport à soi-même, que sa contraction est conditionnée par une expansion; elle est unilatérale, parce qu'elle-même s'en tient à un opposé et fait de l'identité absolue un opposé » (Lasson, 76; tr. modifiée, p. 140).

4. Lasson, 77; tr. modifiée, p. 140.

5. Lasson, 79; tr. modifiée, p. 142.

l'absolu. Selon le jeune Hegel, contre ou par-delà le formalisme de Fichte, c'est-à-dire la synthèse formelle, dont l'accomplissement est rejeté à l'infini, de la conscience de soi, Schelling ferait donc bien prévaloir une philosophie réelle, où l'identité est principe *réel* du système. À partir de là deviennent possibles, avec une égale dignité, un système de l'intelligence – une philosophie transcendantale – et un système de la nature – une *Naturphilosophie* –, qui se déploient l'un et l'autre dans une rigoureuse immanence, «renfermés du dedans sur eux-mêmes» (faute d'un très strict parallélisme en effet, on tomberait dans les «hypothèses transcendantes» d'un côté, dans les explications téléologiques de l'autre). Mais l'abstraction absolument requise, dans chacune des deux sciences, de la série parallèle, bien loin d'être unilatérale, est au contraire l'abstraction même de l'unilatéralité, qui accomplit «l'unité intérieure des deux», la raison se posant en un double foyer, comme intelligence et comme nature, de part et d'autre en tant que sujet-objet. Leur scission n'est rien d'autre que l'auto-manifestation de l'absolu même[1], l'auto-construction de l'identité en totalité[2]. Le pas franchi par Schelling, à partir de l'intuition transcendantale subjective d'un Fichte, par la puissance d'une abstraction supérieure à l'abstraction de la conscience empirique constitutive de la philosophie transcendantale, aura donc consisté à surmonter l'extériorité réciproque, irréductible dans l'idéalisme transcendantal, de la conscience de soi et de la matière, du concept et de l'objet, du Moi et de la Nature. La contradiction est devenue la manifestation de soi de la raison. Le besoin de philosophie a atteint son centre. Les «fruits de mort de la scission» ont été élevés à la vie. La raison, écrit Hegel, est devenue maternelle[3].

Ainsi, en 1801, une décision majeure était faite dans l'idéalisme allemand, qui en éclaircissait les chemins. Le conflit entre Fichte et Schelling, en même temps que la première intervention publique de Hegel, exposant lui-même – il n'y a là aucun hasard! – la différence des systèmes de Fichte et de Schelling, donnaient à comprendre, sans que le moindre doute fût désormais possible, qu'un grand tournant spéculatif était pris.

1. «Car se manifester et se scinder sont uns», Lasson, 84 ; tr. p. 147.
2. Lasson, 89 ; tr. p. 151 : identité et totalité forment le double «centre» de l'absolu.
3. Cf. Lasson, 111-113 ; tr. p. 169-171.

F. W. J. SCHELLING

EXPOSITION DE MON SYSTÈME DE LA PHILOSOPHIE

EXPOSITION DE MON SYSTÈME DE LA PHILOSOPHIE
Zeitschrift für speculative Physik, 2. Band, 2. Heft (1801)

En attendant l'édition de l'Académie de Bavière, nous traduisons –
provisoirement, donc – le texte des *Sämtliche Werke* (IV, 105-212 ; réim-
pression Manfred Schröter, III, 1-108), dont nous indiquons la pagination
entre crochets droits dans le texte. Nous l'avons systématiquement comparé
au texte de la *Zeitschrift* (Reprint, Hildesheim, Georg Olms, 1969). Le mode
d'exposition choisi par Schelling est le *mos geometricus*. C'est assez dire
que le paradigme spinoziste, qui accompagnait les péripéties de la philosophie transcendantale et traversait toute la philosophie de la nature comme
« spinozisme de la physique », continue à œuvrer dans la construction du
système, jusqu'à s'afficher sans ambiguïté. Mais l'ordre géométrique n'est
pas la seule empreinte de Spinoza sur le livre [1]. La *Darstellung* suit l'*Éthique*
jusque dans son style. À l'égard du philosopher critique, la transgression est
manifeste. Fichte, qui a annoté le texte jusqu'au § 51, ne s'y est pas trompé [2].
Notre traduction s'efforce naturellement de suivre le texte au plus près.
La difficulté majeure se trouvait dans la restitution des différentes voies par
lesquelles Schelling exprime le *regard* porté sur ce qui est à chaque fois en
question. La méthode de variation des points de vue, ou au contraire de leur
abolition spéculative, constitue en effet le ressort essentiel de la philosophie de l'identité. L'écriture tout entière est ainsi portée par le *als* qui
oriente le miroir spéculatif, la « considération » (*Betrachtung*). De même
les expressions *in Ansehung, in Bezug auf, insofern* ou *sofern*, auxquelles
répondent les modes du *Setzen* ou de la *Darstellung* : *unter der Form der
..., im Ganzen* et *im Einzelnen*, et tout le dispositif des *Potenzen*. Autant que

---

1. Le nom du philosophe d'Amsterdam apparaît six fois dans le cours de la déduction,
presque toujours en des points cruciaux : *SW* IV, 112, 113 (Schelling s'en approche au plus
près par la forme et le contenu), 120 (l'infini n'est pas sorti hors de lui-même), 134 (l'indifférence du connaître et de l'être n'est pas l'indifférence spinoziste du sujet et de l'objet), 136
(le sens des deux attributs spinozistes, la pensée et l'étendue, dans le système de l'identité),
144 (les trois genres de connaissance, tels que Schelling les entend).
2. *Nachgelassene Werke*, III, 371-389. Cf. plus loin notre traduction.

possible, nous avons dans ces variations suivi une règle d'équivalence stricte. La *Darstellung* de 1801 marque aussi la naissance ou l'affermissement, dans l'écriture de Schelling, d'un style spéculatif qui, bien au-delà de l'appareil, voire du carcan jugé parfois artificiel, du *mos geometricus*, retentira encore, plus fluide, dans la dernière philosophie.

Les *SW* donnent en notes (et parfois dans le texte même), à partir des notations manuscrites de Schelling sur son exemplaire, un certain nombre d'additions et corrections que nous reportons et signalons par un [S] (ou entre crochets droits lorsqu'elles figurent dans le corps du texte). Le fils et éditeur de Schelling n'en précise pas la date (M. Vetö – *Le Fondement selon Schelling*, Paris, Beauchesne, 1977, p. 149, n. 80 – propose de retenir la période 1808-1812, et renvoie pour la confrontation entre la version originale et ses amendements aux notes de la traduction des *Recherches sur la liberté* par J. Guttmann, *Of Human Freedom*, Chicago, 1936). Les rares notes du texte original de la *Zeitschrift* sont signalées par un [Z]. Nos propres notes ne portent aucune mention particulière.

Pour des éclaircissements supplémentaires concernant la philosophie de la nature, on se reportera au remarquable volume complémentaire de l'*Historisch-Kritische Ausgabe* (*Wissenschaftshistorischer Bericht zur Schellings Naturphilosophischen Schriften. 1797-1800*, M. Durner, Fr. Moiso, J. Jantzen, Stuttgart, Fromann-Holzboog, 1994, désigné : *EBD*), auxquels nous devons à peu près toutes nos indications sur les difficultés historiques et techniques de la *Naturphilosophie*. L'œuvre de philosophie de la nature restant à ce jour presque entièrement inédite en français, nous traduisons en notes certains extraits d'autres livres de Schelling, parmi les plus éclairants pour la *Darstellung*. Nous utiliserons en notes les autres abréviations suivantes : *HKA = Historisch-Kritische Ausgabe*, im Auftrag der Bayerischen Akademie der Wissenschaften herausgegeben von H.M. Baumgartner, W.G. Jakobs und H. Krings, Stuttgart, Fromann-Holzboog, 1976 *sq*. *SW = Sämtliche Werke*, hrsgg. von K.F.A. Schelling, Stuttgart-Augsburg, Cotta, 1856-1861 ; *BuD = Briefe und Dokumente*, hrsgg. von Horst Fuhrmanns, Bonn, Bouvier-Verlag, 1962-1975.

Sans le pouvoir exactement, le traducteur aimerait dire l'étendue de la dette qu'il a pour toujours contractée, dans l'interprétation de l'idéalisme allemand et la tâche de sa traduction, envers Monsieur le Professeur Bernard Bourgeois.

Il voudrait en même temps remercier, pour leur lecture de ce travail lorsque, inachevé en lui-même, il faisait cependant partie d'un ensemble, Messieurs les Professeurs Jacques Colette, Jean-François Courtine et Jean-François Marquet.

E. C.

AVERTISSEMENT

| Après avoir tenté depuis un certain nombre d'années d'exposer *(darzustellen)* une seule et même philosophie, celle que je tiens pour la vraie, sous deux profils tout à fait différents *(von zwei ganz verschiedenen Seiten)*, comme philosophie de la nature et comme philosophie transcendantale, je me vois aujourd'hui poussé par l'état actuel de la science, plus tôt que je ne le voulais moi-même, à établir *(aufzustellen)* publiquement le système lui-même qui en moi s'est trouvé au fondement de ces expositions *(Darstellungen)* différentes, et, ce que jusqu'à présent je gardais simplement pour moi et partageais peut-être avec quelques rares personnes, à le porter à la connaissance de tous ceux qui s'intéressent à ce sujet [1]. Celui qui

---

1. Le surgissement de la philosophie de la nature en sa nécessité n'avait pas été sans troubler l'orientation fichtéenne transcendantale du jeune Schelling, troublant Fichte par la même occasion. Schelling avait à plusieurs reprises tenté de fixer leur rapport – et du même coup son propre rapport à Fichte – dans l'économie générale du système du savoir. Cf. en particulier le § 1 de l'*Einleitung zu dem Entwurf eines Systems der Naturphilosophie* de 1799 (publiée après l'*Entwurf* lui-même). Le titre en était : « Ce que nous nommons philosophie de la nature est une science nécessaire dans un système du savoir », *SW* III, 271-273 :

« L'intelligence est d'un genre double, productive soit aveuglément et inconsciemment, soit librement et avec conscience ; inconsciemment productive dans l'intuition du monde *(Weltanschauung)*, productive avec conscience dans la création d'un monde idéel.

La philosophie supprime *(aufhebt)* cette opposition, en prenant l'activité inconsciente comme originairement identique à l'activité consciente, et pour ainsi dire issue de la même racine qu'elle : elle trouve la preuve de cette identité *immédiatement* dans une activité décidément consciente et inconsciente à la fois, qui s'extériorise dans les productions du *génie* ; *médiatement, en dehors* de la conscience dans les produits de la *nature*, dans la mesure où on observe en eux tous la plus parfaite fusion de l'idéel et du réel.

Puisque la philosophie pose l'activité inconsciente ou, comme on peut aussi la nommer, réelle, comme identique à l'activité consciente ou idéelle, sa tendance ira originairement à reconduire *(zurückzuführen)* partout le réel à l'idéel, par où surgit ce que l'on nomme philosophie transcendantale. La régularité dans tous les mouvements de la nature, par exemple la géométrie sublime qui est appliquée dans les mouvements des corps célestes, ne s'explique pas par le fait que la nature serait la plus parfaite géométrie, mais, à l'inverse, par le fait que la

commence par concevoir pour lui-même ce système tel que je le propose à
présent, puis qui a le désir de le comparer avec ces premières expositions et
qui est en mesure de le faire ; celui qui va plus loin et saisit les nombreuses
dispositions *(Anstalten)* qui ont été requises en vue de la présentation
(Darlegung) complète et évidente que je suis convaincu de pouvoir à
présent en donner, – celui-là trouvera naturel et rien moins que blâmable
que j'aie effectivement commencé par ces dispositions et que j'aie cherché
à préparer la connaissance complète de cette philosophie, que j'ai effectivement la hardiesse de tenir pour l'unique, en l'approchant sous deux
profils tout à fait différents, avant de me risquer à l'établir elle-même dans
sa totalité[1]. Dans ces conditions personne ne pourra davantage se

plus parfaite géométrie est cela qui produit la nature, mode d'explication par lequel le réel
même est transposé *(versetzt)* dans le monde idéel et ces mouvements transformés
(verwandelt) en intuitions qui ne surviennent qu'en nous-mêmes, et auxquels rien en dehors
de nous ne correspond. Soit que la nature, là où elle est entièrement abandonnée à elle-même,
dans chaque passage de l'état liquide à l'état solide, engendre pour ainsi dire spontanément
des formes régulières, régularité qui semble même devenir encore finalité dans les cristallisations d'un genre supérieur – les cristallisations organiques –, soit que dans le règne animal,
ce produit de forces naturelles aveugles, nous voyions des actions égaler en régularité celles
qui sont advenues avec conscience, ou même surgir des œuvres d'art extérieures achevées
dans leur genre – tout cela s'explique par une productivité inconsciente, mais originairement
apparentée à la productivité consciente, productivité dont nous voyons le simple reflet dans la
nature, et qui doit apparaître du point de vue naturel comme une seule et même impulsion
(Trieb) à l'œuvre de la cristallisation jusqu'au faîte de la formation organique (où sous l'effet
de l'impulsion artistique *(Kunsttrieb)* elle retourne sur l'un de ses versants à nouveau à la
simple cristallisation), bien qu'à des niveaux différents.
   De ce point de vue, puisque la nature n'est que l'organisme visible de notre entendement,
la nature ne *peut* rien produire d'autre que le régulier et le final, et la nature est *forcée* de le
produire. Mais si la nature ne *peut* rien produire d'autre que le régulier, et si elle le produit de
toute nécessité, il suit que même dans la nature pensée comme indépendante et réelle et dans
la relation en retour de ses forces avec l'origine de tels produits réguliers et finaux, on doit
pouvoir prouver la nécessité *pour l'idéel, par voie de conséquence, de devoir aussi en retour
prendre sa source dans le réel et être expliqué à partir de lui.*
   Or, si c'est la tâche de la philosophie transcendantale de subordonner le réel à l'idéel,
c'est en revanche la tâche de la philosophie de la nature d'expliquer l'idéel à partir du réel : les
deux sciences ne font par conséquent qu'une seule science, ne se différenciant que par les
directions opposées de ses tâches ; puisque d'autre part les deux directions ne sont pas
seulement également possibles, mais également nécessaires, il leur revient aussi à toutes deux
une égale nécessité dans le système du savoir ».
   Pour un tracé du développement de la philosophie de la nature dans les années 1796-
1800, cf. X. Tilliette, *Schelling*, t. I, 3ᵉ partie, et sur son rapport avec le massif transcendantal
du système, 4ᵉ partie, chap. 1ᵉʳ, p. 243 *sq.* (Paris, Vrin, rééd. 1992).
   1. La *Darstellung* se propose bien de produire au jour cette philosophie totale de la
totalité, ou « philosophie absolue », qui devrait conjurer le risque de scission menaçant le
système, l'édifice de la *Naturphilosophie* plus ou moins solidement ajointée à la philosophie
transcendantale. On sait pourtant qu'elle restera inachevée, s'arrêtant au bord de la série
idéelle, et que lorsque Schelling, avec les *Recherches* de 1809, prétendra l'achever, il y
introduira une fissure irréparable qui fera dériver tout le système de l'identité. La figure

représenter (représentation qui effectivement a eu cours çà et là, lorsque l'hiver passé | j'ai proposé ce système sous forme de leçons[1]) que j'ai **108** modifié mon système de la philosophie lui-même; car le système qui paraît ici pour la première fois dans la figure *(Gestalt)* qui lui est tout à fait propre est le même que celui que j'ai toujours eu devant les yeux lors des expositions tout à fait différentes qui en furent données, et d'après lequel je me suis pour moi-même constamment orienté dans la philosophie transcendantale aussi bien que dans la philosophie de la nature. Jamais je ne me suis caché à moi-même, ni n'ai caché à d'autres – je l'ai bien plutôt exprimé dans les déclarations les plus explicites, encore dans la *Préface* de mon *Système de l'idéalisme*[2], en plusieurs endroits de cette Revue, etc. – que je ne tiens ni ce que je nomme philosophie transcendantale, ni ce que je nomme philosophie de la nature, chacune pour soi, pour le système de la philosophie lui-même, ou pour davantage qu'une exposition unilatérale de celui-ci. S'il s'est trouvé des lecteurs et des critiques qui ne s'en sont pas aperçu, ou pour lesquels de telles déclarations n'ont pas constitué un signe sur mon intention véritable, c'est là non pas ma faute, mais la leur, de même qu'il n'a pas non plus tenu à moi que le désaccord, exprimé haut et fort, avec la façon habituelle de se représenter l'idéalisme, qui était déjà réel à travers la philosophie de la nature, n'ait été à ce jour remarqué que par le sagace Eschenmayer[3], et ait été toléré même par les idéalistes. – J'ai toujours

constante, ou la hantise, de la double philosophie réapparaîtra, radicalement transformée, dans la dernière philosophie, avec le couple philosophie négative/philosophie positive : cf. en dernier lieu le livre remarquable de M.-C. Challiol-Gillet, *Schelling, une philosophie de l'extase*, Paris, PUF, 1998.

1. Walter Schulz donne le programme des cours de Schelling à Iéna dans l'édition Meiner du *Système de l'idéalisme transcendantal* (Hambourg, rééd. 1992), *Einleitung*, IX : « Hiver 1798/99 : philosophie de la nature et introduction à l'idéalisme transcendantal. – Été 1799 : le système de l'idéalisme transcendantal dans son ensemble et philosophie de la nature. – Hiver 1799/1800 : physique organique d'après les principes de la philosophie de la nature et sur les principes de la philosophie de l'art. – Hiver 1800/1801 : philosophie de l'art. Philosophie de la nature et idéalisme transcendantal. – Été 1801 : Propédeutique philosophique d'après son *Système de l'idéalisme transcendantal* et sur le système de la philosophie dans son ensemble ».

2. *System des transzendentalen Idealismus*, 1800. La *Préface* insistait en effet sur « ce parallélisme de la Nature et de l'Intelligence auquel [l'auteur] a été conduit depuis longtemps déjà et dont la présentation complète ne peut être fournie ni par la seule philosophie transcendantale, ni par la seule philosophie de la Nature, mais seulement par ces *deux sciences* qui, pour cette raison même, doivent être les deux sciences éternellement opposées qui jamais ne peuvent se fondre en une seule », *SW* III, 331 ; *Système de l'idéalisme transcendantal*, tr. par Ch. Dubois, p. 3. Cf. notre Introduction, p. 9 *sq.*

3. Adolph Carl August Eschenmayer (1768-1852), auteur des *Principia quaedam disciplinae naturali, inprimis chemiae ex metaphysica naturae substernenda* (Tübingen, 1796 ; version allemande augmentée Tübingen, 1797 : *Säze aus der Natur-Metaphysik auf chemische und medicinische Gegenstände angewandt*), et du *Versuch die Geseze*

présenté *(vorgestellt)* ce que je nommais philosophie de la nature et philosophie transcendantale comme des pôles opposés du philosopher; avec la
présente exposition je me trouve au point d'indifférence, où seul peut se
placer avec toute la fermeté et la sûreté requises celui qui l'a préalablement
construit *(construirt)* à partir de directions tout à fait opposées. – Pour la
plupart de ceux dont le discernement se voit présenter un système philosophique, rien ne peut se rencontrer de plus agréable qu'un mot qui leur est
immédiatement donné, grâce auquel ils croiraient pouvoir enchaîner son
esprit et le conjurer à leur gré. Or si même je disais : ce système que voici est
idéalisme, ou réalisme, ou même un tiers composé des deux, je soutiendrais
peut-être dans chaque cas quelque chose qui ne serait pas inexact, car ce
système pourrait bien être tout cela, selon le regard porté sur lui (ce qu'il est
en soi, abstraction faite de tout «regard» particulier, resterait par là
109 toujours encore irrésolu), | mais par là je ne conduirais personne à la
connaissance effective de celui-ci; car ce que sont idéalisme et réalisme, ce
qu'est par conséquent aussi un tiers possible composé des deux, c'est
justement ce qui n'est encore pas du tout clair, mais doit d'abord être
résolu; et des concepts vraiment très différents sont attachés par différents
esprits à ces expressions. Je ne veux pas anticiper sur l'exposition qui suit,
où ce sujet viendra bien par lui-même à être discuté[1], mais pour l'heure
faire seulement une remarque. Il va de soi que je ne tiens par exemple pour
le système effectif et accompli de l'idéalisme que celui que j'ai établi
(aufgestellt) sous ce nom, car si je tenais autre chose pour ce système,
j'aurais établi cet autre système; de même, il va de soi que je ne donne à
l'idéalisme aucun autre sens que celui précisément que je lui ai donné dans
cette exposition-là. Or la vérité pourrait bien être que, par exemple,
l'idéalisme que Fichte, le premier, a établi *(aufgestellt),* et qu'il soutient
encore aujourd'hui, ait un tout autre sens que celui que je lui donne; Fichte
par exemple pourrait avoir pensé l'idéalisme en un sens entièrement
subjectif, moi au contraire en un sens objectif; Fichte pourrait se tenir avec

magnetischer Erscheinungen aus Säzen der Naturmetaphysik mithin a priori *zu entwickeln,*
Tübingen, 1798, était à l'époque l'un des principaux interlocuteurs de Schelling. Il avait
publié en 1801 dans la *Zeitschrift für speculative Physik* un essai intitulé *Spontaneität =
Weltseele oder über das höchste Princip der Naturphilosophie* (t. II, 1ʳᵉ livraison). Cf. plus
loin l'essai de Schelling, *Sur le vrai concept de la philosophie de la nature,* qui servit
d'«Appendice» et de réponse à l'écrit d'Eschenmayer. Sur la théorie de la chimie
d'Eschenmayer, (comme «doctrine des états qualitatifs de la matière et des processus
qu'entreprend la nature pour les transformer réciproquement», *Säze,* p. 1 *sq.*), cf. l'exposé de
M. Durner, *HKA,* «*Theorien des chemischen Prozesses*», p. 44 *sq.* Sur la théorie du
magnétisme, cf. l'exposé de Francesco Moiso, «*Transcendentale Begründung der Magnet-
lehre in Eschenmayers Naturmetaphysik*», in *HKA,* p. 216 *sq.*
    1. Promesse dont on ne peut considérer qu'elle aura été tenue, la question même se
trouvant supprimée dans la note au Supplément du § 51, voir note 2, p. 77 (Z) à *SW* IV, 144.

l'idéalisme au point de vue de la réflexion, moi au contraire je me serais placé avec le principe de l'idéalisme au point de vue de la production : pour exprimer cette opposition de la façon la plus intelligible, l'idéalisme dans le sens subjectif devrait soutenir que le Moi est tout, l'idéalisme dans le sens objectif, à l'inverse, que tout est = Moi, et que rien n'existe que ce qui est = Moi, ce qui constitue sans aucun doute des perspectives *(Ansichten)* différentes, même si, on ne le contestera pas, les deux sont idéalistes [1].

1. Le concept *spécial* d'intuition productive était en effet central dans le *Système* de 1800, très exactement en vue de l'achèvement même de l'idéalisme, qui est aussi – Fichte l'avait déjà dit de la *Wissenschaftslehre* – l'accomplissement conséquent du réalisme (à la fois « l'idéalisme le plus parfait » et « le réalisme le plus accompli », *SW* III, 430 ; S 84). Par intuition productive, Schelling entendait une intuition à la deuxième puissance, intuition de l'intuition, par laquelle le Moi s'intuitionne comme sentant (la sensation étant la première puissance de l'intuition), c'est-à-dire reprend en soi sa passivité et devient objet à soi-même comme sujet. L'intuition productive, inconsciente et aveugle, est la troisième activité qui met en rapport, dans l'équilibre flottant de leur opposition, l'activité réelle du Moi (le Moi en soi) et son activité idéelle (fixée comme activité de la chose en soi). Le produit commun de ce flottement entre le Moi et la chose est la *matière*, où l'on retrouve les trois activités du Moi, comme autant de *forces*, et les trois niveaux du procès dynamique (force expansive et répulsive : magnétisme, force attractive et retardatrice : électricité, force productive et créatrice : processus chimique), dans une « identité du dynamique et du transcendantal », en sorte que la matière « est entièrement une construction du Moi », ou même « n'est rien d'autre que l'esprit intuitionné dans l'équilibre de ses activités », et que ces « trois moments de la nature » sont « trois moments de l'histoire de la conscience de soi » (*SW* III, 452-453 ; S 105-107). Par là, notait Schelling, est mis fin une fois pour toutes au dualisme : la matière n'est elle-même que « l'esprit éteint », et l'esprit « la matière saisie dans son devenir ». – Dans ces conditions, et de façon *générale*, l'idéalisme qui se tient « au point de vue de la production » présentera, sous le titre d'une « histoire de la conscience de soi », les actions synthétiques ou « époques » par lesquelles le Moi se pose comme conscience de soi : c'est-à-dire autant de *productions*, d'où naissent à chaque fois autant de *produits*. Pour le *Système* de 1800, le Moi ne saurait pourtant se rejoindre *lui-même* en son activité ou sa productivité originaires, par-delà tout produit, que par un acte de réflexion, en vertu d'« une spontanéité absolue », par lequel il sort du cercle de la production en s'égalant au philosophe qui le prenait d'abord pour objet dans sa productivité inconsciente. Cet acte de dégagement ou de séparation, cette *Absonderung* du Moi s'arrachant à ses produits, est ce que Schelling, après Kant et Fichte, nomme *abstraction*. C'est avec celle-ci, et d'une façon générale avec le *jugement* comme partage originaire (*Urteil*), que commence toute séparation, au premier chef celle du concept (qui n'est rien d'autre que l'agir de l'intelligence séparé de son objet) et de l'objet, médiatisés par le schème. Au plus haut degré, l'abstraction est abstraction *absolue*, qui est aussi « le commencement de la conscience », et renvoie à un acte d'autodétermination, « un acte de l'intelligence sur soi-même », le vouloir originaire, imposant du même coup le passage à la philosophie pratique (*SW* III 532 ; S 176). Aux *synthèses* de la production succède ainsi l'*analyse* propre à la réflexion. L'idéalisme kantien, avec sa doctrine des catégories, s'est tenu au « point de vue de la réflexion », manquant la production, c'est-à-dire ne remontant pas assez haut dans les « époques » de la conscience de soi. Cf. *SW* III, 455-456 ; S 109 : « Puisque toute notre philosophie se tient au point de vue de l'intuition, et non à celui de la réflexion auquel Kant par exemple se trouve avec sa philosophie, nous déduirons donc *comme* actions et non pas comme concepts d'actions, ou comme catégories, la série d'actions de l'intelligence qui s'ouvre maintenant. En effet, c'est la tâche d'une époque ultérieure de la conscience de soi [que

– Je ne dis pas qu'il en est effectivement ainsi ; je pose seulement le cas comme possible ; mais si je posais qu'il en était ainsi, le lecteur n'expérimenterait vraiment absolument rien avec le mot d'idéalisme quant au contenu propre d'un système établi *(aufgestellten)* sous ce nom, mais il devrait, au cas où il s'y intéresserait, se décider pourtant à l'étudier et d'abord à prendre garde à ce qui est en effet proprement compris ou affirmé sous ce nom. De ce que l'on a appelé jusqu'ici réalisme, il pourrait bien ne

d'expliquer] comment ces actions accèdent à la réflexion ». – Quant à la différence entre l'idéalisme fichtéen comme idéalisme subjectif et l'idéalisme schellingien comme idéalisme objectif, elle allait être bientôt énoncée par l'ami – pour quelques années encore – Hegel, dans sa première publication, la *Differenzschrift* (Iéna, juillet 1801), texte capital pour comprendre la situation de la *Darstellung* et la genèse de toute la philosophie de l'identité (cf. pourtant la lettre de Schelling à Fichte du 3 octobre 1801, *GA* III, 5, lettre 613, p. 80 *sq* ; tr. M. Bienenstock, Fichte/Schelling, *Correspondance*, Paris, PUF, « Épiméthée », 1991, p. 124 *sq.*, ici p. 133 : « Tranquille sur l'issue et sûr, pour ma part, de ma cause, je laisse provisoirement de bon gré à chacun le soin de découvrir lui-même ce qu'est notre relation ; mais je ne peux pas non plus prendre ses bons yeux à qui que ce soit, ou chercher à la déguiser d'une quelconque façon. Ainsi, il vient seulement de paraître ces jours-ci un livre d'un excellent esprit, qui a comme titre : *Différence du système fichtéen et schellingien de la philosophie*, auquel je n'ai aucune part, mais que je n'ai pas non plus pu empêcher de quelque manière que ce soit »). Dans la lecture hégélienne, qui allait être décisive pour l'histoire ultérieure de l'idéalisme allemand au moins jusqu'à Kroner (*Von Kant bis Hegel*, 2 Bde., Tübingen, Mohr, 1921), Schelling a complété le sujet-objet subjectif de Fichte par le sujet-objet objectif qui aura rendu possible la *Naturphilosophie*, pour les unir en un troisième principe, supérieur (éd. Lasson, Meiner, Leipzig, 1928, I, 6 ; tr. Méry, Paris, Vrin, 1952, p. 81). Cf. aussi Lasson, I, 75 ; tr. p. 139 : « Pour que l'identité absolue soit le principe de tout un système, il est nécessaire que sujet et objet soient *tous deux* posés comme sujet-objet. L'identité, dans le système de Fichte, ne s'est érigée qu'en un sujet-objet subjectif. Celui-ci a besoin de se compléter en un sujet-objet objectif, en sorte que l'Absolu s'expose en chacun des deux, se trouve au complet seulement dans les deux ensemble comme suprême synthèse en leur anéantissement, dans la mesure où ils sont opposés ; de sorte que, comme leur point absolu d'indifférence, il les implique tous deux, les engendre tous deux et s'engendre à partir de tous deux ». Ce qui veut dire, au premier chef, un dépassement de la réflexion d'entendement dans la spéculation rationnelle, la pensée comme activité absolue de la raison (cf. III, Lasson, I, 17-21 ; tr. p. 90-93), qui est l'unité de la réflexion et de l'intuition transcendantale, l'identité de la séparation et de l'être-un – c'est-à-dire le dépassement de Kant, qui lui « non plus, n'avait pas alors pu hausser la raison au concept perdu d'une authentique spéculation » (Lasson I, 38 ; tr. p. 108). Fichte, dans son sillage, s'est bien élevé à la spéculation vraie : la réflexion philosophique devient avec lui intuition transcendantale – mais celle-ci reste « quelque chose de subjectif » : « [...] Or, pour saisir purement l'intuition transcendantale, elle [la réflexion philosophique] doit encore faire abstraction de ce terme subjectif, de manière à n'être à ses yeux, en qualité d'assise fondamentale de la philosophie, ni subjective ni objective, ni conscience de soi en opposition à la matière, ni matière en opposition à la conscience de soi, mais au contraire identité absolue, ni subjective, ni objective, bref intuition transcendantale pure » (Lasson I, 93 ; tr. p. 154, modifiée). Pour un commentaire, voir Bernard Bourgeois, *Le Droit naturel de Hegel. Commentaire*, Paris, Vrin, 1986, p. 10 *sq.*, et, pour une tentative critique, Reinhard Lauth, *Hegel critique de la Doctrine de la Science de Fichte*, Paris, Vrin, 1987, et *Die Entstehung von Schellings Identitätsphilosophie in der Auseinandersetzung mit Fichtes Wissenschaftslehre*, chap. 3, Verlag Karl Alber, Freiburg-München, 1975.

pas en aller autrement que de l'idéalisme; | et il me semble presque –   110
comme si l'exposition qui suit en était la preuve – que l'on a jusqu'à ce jour,
dans toutes les vues portées à la connaissance du public, complètement
méconnu et mal entendu le réalisme dans sa forme la plus sublime et la plus
accomplie (je veux dire : dans le spinozisme)[1]. Je dis tout ceci à la seule fin

---

1. C'est là un *lieu* majeur de l'idéalisme allemand, depuis le *Pantheismusstreit* de 1785 et les *Lettres à M. Moses Mendelssohn sur la doctrine de Spinoza* de Jacobi, relayées – ou repoussées – par Kant, *Qu'est-ce que s'orienter dans la pensée?* (1786, *AK* VIII; cf. la traduction commentée d'Alexis Philonenko, Paris, Vrin, rééd. 1978; cf. aussi *Critique de la raison pratique*, *AK* V, 102, *Œuvres philosophiques*, Paris, Gallimard, 1985, II, p. 541-542). Le thème est réorchestré par Fichte dans le sens de la grande alternative philosophique idéalisme/dogmatisme, et de la *décision* pratique qu'elle requiert, *Grundlage der gesammten Wissenschaftslehre* (1794), I, § 1 (*SW* I, 100; tr. A. Philonenko, Paris, Vrin, rééd. 1990, p. 24) : « Ainsi établi son système est pleinement conséquent et irréfutable, parce qu'il se développe en un domaine où la raison ne peut le suivre »; § 3 (*SW* I, 122; tr. p. 38) : « La partie théorique de notre Doctrine de la science qui est développée uniquement à partir des deux derniers principes, étant donné que pour le moment le premier n'a qu'une valeur régulative, est, en fait, comme on le verra, le spinozisme systématique; à ceci près toutefois que la substance suprême et unique est le Moi de chacun ». Voir l'article de Reinhard Lauth, « Spinoza vu par Fichte », *Archives de philosophie*, 41, 1978, p. 43, n. 88. Cf. aussi Hölderlin, lettre à Hegel du 26 janvier 1795, *GSA* VI/1, 154-156; *Œuvres*, Paris, Gallimard, 1967, p. 339 *sq.* et *GSA* IV/1, 207-208; *Œuvres*, p. 1143-1145. – S'agissant de Schelling, la référence à Spinoza est constante depuis les premiers essais de philosophie transcendantale, particulièrement le *Vom Ich* de 1795, préparatoire à une future « réplique » à l'*Éthique* de Spinoza (tr. J.-Fr. Courtine, in *Premiers écrits*, Paris, PUF, 1987, avec la Postface du traducteur). L'*Einleitung zu dem Entwurf eines Systems der Naturphilosophie* de 1799 ramène de son côté toute la *Natur-philosophie* sous l'inspiration de Spinoza. Cf. § 2, « Caractère scientifique de la philosophie de la nature » : « La philosophie de la nature, en tant qu'elle est l'opposé de la philosophie transcendantale, est principalement séparée de celle-ci en ce qu'elle pose la nature (non pas sans doute en tant que produit, mais en tant qu'elle est à la fois productive et produit) comme ce qui est indépendant, aussi peut-elle être désignée de la façon la plus succincte comme le *spinozisme de la physique* ». L'effort qui se déploie dans la *Darstellung* de 1801 en vue de surmonter le dualisme menaçant la philosophie peut être interprété, sous cet angle, comme tentative en vue de passer d'un « spinozisme de la physique » à un « spinozisme de la méta-physique », selon l'expression de Bernard Bourgeois (*Le Droit naturel de Hegel. Commentaire*, p. 11). Les *Leçons de Munich* sur l'histoire de la philosophie moderne, en 1835 ou 1837, résonneront encore du premier choc de 1795 avec Spinoza, traçant du même coup, à travers l'évocation d'un système de la liberté qui serait, quarante ans après le *Vom Ich*, comme la réplique de et à l'*Éthique*, une continuité étonnante dans la carrière de Schelling : « En un sens, le système spinoziste restera même un modèle constant. Le vrai sommet (de la philosophie), ce serait un système de la liberté qui aurait cependant la même grandeur, la même simplicité, qui serait le pendant parfait du spinozisme. C'est pourquoi le spinozisme, en dépit de nombreuses attaques et de multiples « réfutations », n'est jamais vraiment devenu du passé, n'a jamais jusqu'à présent été réellement vaincu, et si, au moins une fois dans sa vie, on n'a pas plongé dans ses abîmes, on ne peut guère espérer parvenir au vrai et à la perfection en philosophie » (*Contribution à l'histoire de la philosophie moderne*, *SW* X, 35-36; tr. J.-Fr. Marquet, Paris, PUF, « Épiméthée », 1983, p. 49). Nous relèverons dans la suite les références ou allusions spinozistes plus ou moins cachées dans le texte de Schelling. – Sur la réception allemande de Spinoza, on se reportera au recueil *Le Crépuscule des Lumières. Les documents de la Querelle du panthéisme (1780-1789)*, textes réunis et traduits par

que premièrement le lecteur qui d'une façon générale veut s'instruire de ma philosophie se décide avant tout à lire l'exposition suivante dans le calme et la réflexion, non comme l'exposition de quelque chose qui lui serait déjà connu, où seule la forme de l'exposition pourrait l'intéresser, mais comme l'exposition de quelque chose qui lui serait provisoirement entièrement inconnu ; – libre à chacun alors d'assurer qu'il a aussi pensé la même chose depuis longtemps ; – et à vrai dire je demande que ce que je nomme philosophie de la nature, on le juge aussi seulement en tant que philosophie de la nature, ce que je nomme système de l'idéalisme transcendantal, seulement aussi en tant que système de l'idéalisme, mais, ce qu'est mon système de la philosophie, que l'on veuille bien en faire l'expérience *(erfahren)* à partir de ce qui suit seulement ; deuxièmement, que l'on juge mes expositions de la philosophie de la nature et de l'idéalisme, mais particulièrement l'exposition qui suit de mon système de la philosophie, simplement à partir d'elles-mêmes, et non à partir d'autres expositions, que l'on ne demande pas si elles s'accordent avec celles-ci, mais si elles s'accordent avec elles-mêmes, et si elles présentent ou non de l'évidence en elles, considérées dans une indépendance complète à l'égard de tout ce qui existe en dehors d'elles ; c'est-à-dire que l'on se décide jusqu'à nouvel ordre à considérer les expositions de Fichte et les miennes chacune pour soi, puisque seul le développement ultérieur peut manifester ce qu'il en est : si et dans quelle mesure nous nous accordons l'un avec l'autre, et de tout temps nous sommes accordés. Je dis *jusqu'à nouvel ordre.* J'ai la conviction en effet qu'il est impossible que nous ne nous accordions pas dans la suite, même si à présent, selon mon égale conviction, ce point n'est pas encore atteint[1].

P.-H. Tavoillot, Paris, Cerf, 1995, aux analyses de S. Zac, *Spinoza en Allemagne. Mendelssohn, Lessing et Jacobi,* Paris, Klincksieck, 1989, et de J.-M. Vaysse, *Totalité et subjectivité. Spinoza dans l'idéalisme allemand,* Paris, Vrin, 1994.
    1. Schelling l'écrivait à peu près à Fichte lui-même dans la grande lettre du 19 novembre 1800 : « Quoi qu'il en soit, croyez bien que si je semble m'éloigner de vous, ce n'est que pour me rapprocher complètement ; et me voyez-vous jamais m'éloigner ne serait-ce que par une tangente du cercle en lequel il vous faut vous inclure avec la Doctrine de la science, je reviendrai tôt ou tard en son centre, enrichi, je l'espère fermement, de nombreux trésors ; et je donnerai par là à votre système lui-même une extension qu'autrement, j'en suis convaincu, il ne pourrait jamais obtenir.
    Cette différence, qui se résoudra, je le dis et le sais par avance, dans l'accord le plus complet, ne peut donc pas nous empêcher de présenter au public quelque chose de commun. Que l'on nous voie prendre des directions qui, peut-être, sembleront différentes, pour aller vers un seul but ; et que l'on ne comprenne pas encore comment ceci peut être possible, stimulera d'autant plus l'activité. Il sera aussi énergiquement mis frein, par là, au textualisme en tout genre ; et vous êtes bien trop au-dessus de l'envie d'avoir un disciple pour ne pas regarder avec plaisir ce chemin propre que je veux prendre et pour ne pas m'y encourager vous-même, lorsque vous serez convaincu qu'il mène au but » *(Correspondance (1794-1802),* tr. M. Bienenstock, p. 102 ; *BuD* II, 294).

– Car, s'agissant d'un homme instruit quel qu'il soit, croit-il qu'un système de cette sorte se développe pour ainsi dire dans l'instant, ou qu'il a déjà atteint son développement intégral ? A-t-on en effet laissé à Fichte le temps de le conduire jusqu'au point où la décision doit se faire qui manifestera que son système n'est pas seulement idéalisme en général | (car cela, j'en ai la conviction, toute philosophie vraiment spéculative l'est), mais qu'il est précisément cet idéalisme-ci ? – Jusqu'à présent Fichte à mon avis n'a entièrement accompli que le plus général [1] ; et, peu importe que ce soit à la joie des uns et au désagrément des autres, selon mon jugement ce qui est advenu jusqu'ici n'est précisément que le commencement de ce qui adviendra encore, de sorte que toute cette affaire est encore loin de sa « fin ». Mais quelle plus grande entrave a rencontré le développement dont je parle que l'importunité du vain peuple, qui, à mille lieues déjà par sa nature de soupçonner quoi que ce soit de la spéculation, fait pourtant entendre sa voix sur ces matières avec la plus aveugle confiance en soi, et avant d'avoir seulement compris de quoi il est question, approuve ou contredit ? À quoi cela doit-il aboutir, lorsque par exemple un Reinhold, qui convient avec la franchise la plus naïve qu'« il n'a su, ni au commencement ni au milieu, ni même peu avant la fin (il dit bien la fin) de la dernière révolution philosophique, ce dont il y allait proprement » – lui qui pourtant avait été au commencement de cette « révolution » un partisan aveugle de Kant, puis avait professé dans une théorie personnelle la philosophie infaillible et catholique, et à l'approche de la fin s'était transporté dans le giron de la *Wissenschaftslehre*, non sans une assurance tout aussi forte de sa plus intime conviction – lorsqu'un tel esprit, après toutes ces preuves de l'imbécillité philosophique qui l'affecte, ne perd pourtant pas le courage, encore une fois et, comme lui-même le pressent parfaitement, pour la dernière, de prophétiser la fin « aujourd'hui venue » de la révolution

Cf. également la lettre du 24 mai 1801 (*Correspondance*, p. 111 ; *BuD* II, 325) : « Désormais je ne serai plus jamais embarrassé de dire : ce que je veux, c'est seulement ceci même que Fichte pense, et vous pouvez considérer mes expositions comme de simples variations sur son thème ».

1. Ceci répond à une position fondamentale du *Système de l'idéalisme transcendantal* par rapport à la *Wissenschaftslehre* de Fichte. Cf. *SW* III, 377 ; S 41 : « La démonstration la plus universelle de l'idéalité universelle du savoir est donc celle qui est établie dans la *Doctrine de la science* par des conclusions immédiates tirées de la proposition *Je suis*. Mais une autre démonstration en est encore possible, la démonstration par le fait, celle qui est établie dans un *système même de l'idéalisme transcendantal* par là qu'on dérive effectivement de ce principe le système entier du savoir ».

112 philosophique?[1/2] – Nous nous détournons de ce spectacle, et | ne rap-
pelons pour l'instant que ceci : tous les éclaircissements plus amples
concernant la relation de notre système à tous les autres, mais surtout au
spinozisme et à l'idéalisme, doivent être cherchés dans l'exposition qui suit
elle-même, laquelle, comme je l'espère, doit aussi mettre fin à tous les

---

1. (Z) Pour quiconque a le sens de la science, ce qui est dit dans le texte sera plus que
suffisant pour motiver notre jugement sur M. Reinhold, et nous craignons d'autant moins de
l'exprimer que dans notre for intérieur nous n'avons jamais eu la moindre considération pour
lui en tant qu'esprit spéculatif, ce qu'il n'a jamais été, et à quoi d'ailleurs il renonce lui-même,
indirectement au moins, à prétendre le moins du monde. Il se condamne lui-même à apprendre, et va, même encore en pleine absurdité, à l'école, et en cela il a effectivement touché
juste. Il n'a jamais eu en philosophie qu'un esprit historique ; sa théorie du pouvoir de
112 représentation repose sur le fondement de la | philosophie kantienne présupposée notoi-
rement vraie, eu égard à laquelle, puisqu'elle n'était elle-même qu'un fait, ne subsistait
naturellement aussi aucune autre déduction qu'une déduction de fait ; depuis cette première et
unique manifestation d'activité philosophique personnelle il n'a pas eu, à l'apparition de
chaque philosophie nouvelle, d'affaire plus pressante que de passer en revue toujours à
nouveau tous les philosophes précédents, spiritualistes, matérialistes, théistes, et quels que
soient les noms qu'ils puissent encore porter, et a toujours trouvé avec bonheur ce qui leur a
manqué à tous, mais jamais ce qui lui manquait à lui-même, ni à quels vains efforts il
s'appliquait pour battre le vieux et noble grain et le séparer de sa paille, un aveuglement qui
n'est dépassé que par celui avec lequel il crut avoir résolu les grands problèmes de la philosophie avec les couples de la matière et de la forme, du représentant et du représenté. Dans une
ignorance aussi abyssale sur le noyau propre de toute spéculation – où il a continuellement
vécu – naturellement rien ne lui parut trop haut pour son jugement, et lorsque cet esprit faible a
l'audace de s'en prendre à Spinoza, à Platon et aux autres figures vénérables, il est surprenant
qu'entre autres il croie dominer aussi Fichte, aussi facilement qu'il crut récemment le
comprendre et s'être intimement assuré de la vérité de sa philosophie. – Les altérations
intentionnelles des assertions et philosophèmes d'un autre, cette droiture ne peut se les
permettre, qui fait des aveux aussi ouverts que ceux mentionnés plus haut ; sinon l'on pourrait
ici dénombrer les dénaturations que quelques-unes de mes propositions ont subies dans
certaine recension de mon *Système de l'idéalisme transcendantal*. Je n'y perdrai certainement
pas mon temps, mais j'autorise au contraire ici en termes formels M. Reinhold à me faire dire
ce que bon lui semble dans les recensions, journaux, etc. ; au demeurant pourtant, à se servir de
mes idées et de ma méthode comme d'un principe « heuristique » (qui doit être de grande
utilité), et même à réfuter l'idéalisme, s'il le faut, y compris avec des idées prises de son
propre fonds, seulement rendues au préalable dûment absurdes, tout cela pour l'honneur de la
vérité et l'achèvement de la révolution philosophique. – Mais que diront certains en
remarquant que cette manière reinholdienne va jusqu'à des dénonciations en forme, des
attaques sur le flanc moral et religieux, comme cela se produit dans l'un des derniers numéros
du *Mercure allemand*? Certainement n'apercevra-t-on ici aussi que le caractère dépeint
ci-dessus, et ne voudra-t-on pas, peut-être, appliquer ici le mot d'or des Xénies :
« Du peuple sentimental je n'ai jamais fait le moindre cas ;
Que l'occasion se présente, il n'en sortira que de *mauvais compagnons* ».
2. Karl Leonhard Reinhold avait dès 1789, dans son *Versuch einer neuen Theorie des
menschlichen Vorstellungsvermögens*, tenté l'accomplissement du programme kantien
d'une métaphysique qui succèderait à la *Critique :* achèvement systématique qui revenait,
selon un lieu qui allait devenir commun, à établir les *fondements* des *résultats* auxquels Kant

malentendus auxquels la philosophie de la nature a particulièrement donné prise, et | auxquels, comme je l'ai déjà remarqué dans un traité de la 113

était parvenu sans en livrer les prémisses. Le souci de fondation radicale de la philosophie transcendantale, et la nécessité, à cette fin, de remonter plus haut que Kant et son propre départ critique, formeront encore la préoccupation initiale de Fichte et du jeune Schelling. Dans un style d'analyse déjà phénoménologique, la philosophie élémentaire de Reinhold partait du principe de conscience et du concept de représentation, plus originaire que les *espèces* de la représentation avec lesquelles Kant aurait commencé. Sur la pensée de Reinhold, cf. Ernst Cassirer, *Les Systèmes post-kantiens,* tr. collective, Lille, P.U.L., 1983; Victor Delbos, *De Kant aux post-kantiens,* Paris, Aubier, rééd. 1992; Martial Gueroult, *L'Évolution et la structure de la Doctrine de la Science chez Fichte,* t. I , Paris, Les Belles Lettres, 1930; enfin le recueil de textes traduits de Reinhold, *Philosophie élémentaire,* tr. Fr.-X. Chenet, Paris, Vrin, 1989. – Après s'être montré récalcitrant, Reinhold s'était pourtant rallié à la *Wissenschaftslehre;* le 14 février 1797, il avait adressé à Fichte une capitulation sans condition: «Il est grand temps pour moi de vous écrire, afin que vous ne l'appreniez point par un autre, l'infinie reconnaissance que je vous dois. J'ai eu enfin le bonheur d'arriver à comprendre votre *Théorie de la Science* ou, ce qui est pour moi la même chose, la philosophie tout court. Elle est là, devant l'œil de mon esprit, comme un tout achevé, un tout qui a son fondement en lui-même, comme la pure exposition de la pure Raison dans sa connaissance d'elle-même, comme le miroir de ce qu'il y a de meilleur en nous tous. Certains passages en sont encore obscurs pour moi, mais depuis longtemps ils ne peuvent plus me dérober la vue de l'ensemble, et ils diminuent chaque jour. À côté de votre philosophie gisent les ruines de mon système, de l'édifice qui m'avait coûté tant de temps et de peine, où je croyais pouvoir demeurer si sûrement et si commodément, où j'abritais tant d'hôtes et de locataires, et d'où, non sans suffisance, je me moquais de tant de Kantiens qui prennent l'échafaudage pour le bâtiment» (*Fichtes Briefwechsel,* I, 547-551, cité et traduit par Xavier Léon, *Fichte et son temps,* I, p. 439-440, Paris, Colin, 1922). Reinhold avait courageusement pris la défense de Fichte dans la *Querelle de l'athéisme,* en publiant en 1799 *Über die Paradoxien der neuesten Philosophie* (cf. X. Léon, *op.cit.,* I, p. 574 *sq.*). Mais la controverse reprit de plus belle en 1801 avec la lettre ouverte de Reinhold à Fichte dans les *Beiträge zur leichteren Übersicht des Zustandes der Philosophie,* et la réponse cinglante de Fichte: «Que vous n'ayez jamais compris ma *Doctrine de la science,* et ne la compreniez pas jusqu'à cet instant, je crois l'avoir suffisamment mis en évidence plus haut. Si vous deviez cependant ne pas comprendre même cet écrit, et si bien d'autres devaient ne pas le comprendre non plus, il suffit à ce sujet, je pense, de proclamer haut et fort au public philosophique, comme je le fais ici: de ce que Monsieur le Professeur Reinhold de Kiel dit de ma *Doctrine de la science,* ne croyez pas un mot. À vrai dire il peut bien croire qu'il comprend tout de fond en comble; mais je vous dis, moi, qu'il ne comprend rien du tout; et vous me ferez, je l'espère, d'autant plus confiance que je comprends mes propres mots au moins aussi bien qu'un étranger. [...] Vous vous souvenez encore qu'il fut un temps où vous considériez la *Doctrine de la science* exactement du même regard qu'aujourd'hui, où vous l'appeliez aussi du même nom, c'est-à-dire la doctrine du Moi, et profériez à son encontre les mêmes sarcasmes; que dans cette mesure votre regard d'aujourd'hui sur la *Doctrine de la science* n'est absolument pas nouveau, mais seulement l'ancienne façon de voir rafraîchie, et toutes les pensées subtiles et spirituelles que votre première livraison renferme sur ce point ne sont que des réminiscences des années 1794 et 1795» (*SW* II, 525). Cf. là encore X. Léon, *op.cit.,* t. II, p. 279-294.

Surtout, ce passage de Schelling a son exact parallèle à la fin de la *Differenzschrift* hégélienne, y compris la réponse à Reinhold sur l'accusation d'«immoralité»: «Mais la volte-face est contingente et odieuse, lorsque dans le *Mercure Allemand* en passant, et plus en détail au cahier suivant des *Contributions,* Reinhold expliquera la particularité de ces livraison précédente [1], j'ai pensé à remédier, depuis plusieurs années déjà, plutôt par l'accomplissement du système lui-même (en effet, qu'une « première esquisse » ne puisse contenir aucun système achevé aurait dû pourtant se comprendre de soi [2]) que par un débat général préliminaire. Aussi ne prendrai-je même plus le moins du monde en considération aucun jugement qui ne s'engage avec moi sur les premiers principes *(Grundsätze)*, exprimés ici pour la première fois, soit pour les attaquer, soit pour désavouer la suite nécessaire, à partir d'eux, d'affirmations particulières. – Quant à la méthode que j'ai appliquée dans la construction *(Construktion)* [3] de ce système, il sera possible d'en parler à la fin de

---

systèmes à partir de l'immoralité, et cela de manière à faire croire que ces systèmes donnent à l'immoralité la forme d'un principe et de la philosophie. On peut appeler une telle volte-face une bassesse, un expédient de l'amertume et ainsi de suite comme on veut, et l'injurier ; car quelque chose de tel est hors la loi. De toute façon, une philosophie dérive de son siècle, et, si l'on veut concevoir le déchirement de ce siècle comme une immoralité, cette philosophie dérive de l'immoralité, mais afin de restaurer par ses propres forces l'homme au milieu des ruines de son siècle, et de rétablir la totalité que le temps a déchirée » (Lasson, I, 98 ; tr. p. 158). Cf. aussi plus loin (Lasson, I, 99 ; tr. p. 159) : « De même qu'en France l'on a trop souvent décrété : *La révolution est finie*, Reinhold aussi a annoncé plusieurs fois la fin de la révolution philosophique. Il reconnaît maintenant la dernière fin des fins, "bien que les funestes conséquences de la révolution transcendantale doivent durer encore quelque temps", et se pose en outre la question de savoir "si de nouveau il se fait encore maintenant illusion, et si cette fin véritable et proprement dite ne pourrait pas toutefois être encore le commencement d'un nouveau tournant". On devrait plutôt se le demander, cette fin, incapable d'être une fin, est-elle davantage capable d'être le commencement de quoi que ce soit ? ». L'article du *Nouveau Mercure allemand*, « L'Esprit de l'époque en tant qu'esprit de la philosophie », avait été publié en mars 1801. Cf. aussi les *Beyträge zur leichtern Übersicht des Zustandes der Philosophie beym Anfange des 19. Jahrhunderts*, Hamburg, 1801. Quant à la recension du *Système de l'idéalisme transcendantal*, elle avait paru le 13 août 1800 dans la *Jenaer Allgemeine Literatur-Zeitung*. Sur la polémique Schelling-Reinhold (et Bardili), cf. X. Tilliette, *Schelling*, I, p. 254 *sq.* On consultera aussi la *Correspondance* Fichte-Schelling, tr. M. Bienenstock. Les Xénies enfin étaient des épigrammes publiées par Goethe et Schiller *(Musenalmanach*, 1797).

1. Cf. plus loin notre traduction de la réponse à Eschenmayer, *Über den wahren Begriff der Naturphilosophie.*

2. Il s'agit de l'*Erster Entwurf eines Systems der Naturphilosophie*, publié en 1799, dont l'*Avant-propos* précisait en effet qu'il était « très éloigné d'établir le *système lui-même* », et qu'il ne proposait qu'une « esquisse » *(SW* III, 3). C'est là, au reste, une figure familière aux premiers essais de Schelling, qui aura plus d'une fois programmé et différé l'exposition systématique. La *Darstellung* aura voulu être celle-ci, mais la note finale est un constat d'échec (cf. plus bas, n. 1, p. 143 (Z) à *SW* IV, 212).

3. Les *Fernere Darstellungen* de 1802 s'expliqueront sur le sens technique de la construction comme méthode de la philosophie : « La construction ne précède pas la démonstration, mais toutes deux sont unes et inséparables. Dans la construction le particulier (l'unité déterminée) est exposé en tant qu'absolu, c'est-à-dire exposé pour soi en tant qu'*unité* absolue *de l'idéal et du réal* ». Plus loin : « En premier lieu, la construction est d'une façon générale l'exposition du particulier dans une forme absolue, la *construction philosophique*, particulièrement, l'exposition du particulier dans la forme purement et simplement

l'ensemble de l'exposition de façon plus déterminée qu'au commen-cement. Concernant le mode d'exposition *(die Weise der Darstellung)*, je me suis donné ici Spinoza comme modèle, non seulement parce que j'avais la meilleure raison – lui dont je crois, quant au contenu et à la chose en question, m'approcher au plus près par ce système – de le choisir aussi comme exemple eu égard à la forme, mais aussi parce que cette forme à la fois autorise la plus grande brièveté dans l'exposition et permet de juger de la façon la plus déterminée de l'évidence des preuves. – Je me suis par ailleurs servi très souvent de la notation générale par formules, telle qu'elle a déjà été appliquée par M. Eschenmayer dans ses traités de philosophie de la nature et dans l'article «Déduction de l'organisme vivant» (dans le *Magazine* etc., de Röschlaub[1]); des écrits que je souhaiterais lus par tous mes lecteurs, partie en raison de leur intérêt propre, partie afin que ceux-ci soient d'autant plus sûrement placés en état de faire la comparaison de mon système de la philosophie de la nature avec le traitement de la philosophie de la nature qu'ils proposent, lequel procède à vrai dire avec une entière nécessité de l'idéalisme qui se tient au simple point de vue de la réflexion. Car il est extrêmement utile, pour saisir en son intimité le système absolu de l'identité que j'établis *(aufstelle)* ici, et qui s'éloigne entièrement du point de vue de la réflexion, puisque celle-ci procède seulement des contraires *(Gegensätze)* et repose sur les contraires, d'apprendre à connaître exacte-ment le système de la réflexion auquel il est opposé. – | D'une façon 114 générale je me trouve avec ce système dans une double relation : aux philosophes du passé et du présent; à ce sujet je me suis déjà expliqué en partie dans cet avertissement, je le ferai plus complètement dans l'expo-sition elle-même, et ce n'est qu'à titre superfétatoire que je fais encore la

considérée – non pas, comme dans les deux branches de la mathématique elle-même, à nouveau idéalement ou réalement – mais en soi, ou dans la forme intellectuellement intui-tionnée». Plus loin encore : «La construction est donc de part en part une connaissance de type et d'essence absolus, et [précisément pour cette raison] n'a rien à faire avec le monde effectif en tant que tel, mais est, en vertu de sa nature, idéalisme [si l'idéalisme est doctrine des *Idées*]. Car précisément ce qui s'appelle ordinairement monde effectif est par elle supprimée» (*SW* IV 407-409). Mais le *Système de l'idéalisme transcendantal* faisait déjà de la cons-truction la méthode même de l'idéalisme, et s'en expliquait ainsi : «Toutes les démonstra-tions que l'idéaliste fournit pour l'existence de choses extérieures déterminées doivent bien plutôt être faites à partir du mécanisme originaire de l'intuition elle-même, c'est-à-dire grâce à une *construction* effective des objets» (Préface, *SW* III, 333; S 4). Cf. l'article publié par Schelling en 1803 dans le *Journal critique de philosophie*, *Über die Construction in der Philosophie* (sur la construction chez Spinoza, Kant, Fichte), *SW* V, 125 *sq.*, tr. Ch. Bonnet, in *Philosophie*, n° 19, Paris, Minuit, 1988.
    1. Johann Andreas Röschlaub (1768-1835) était médecin à Bamberg et s'inspirait des principes de Brown. Correspondant et ami de Schelling, il éditait le *Magazin zur Vervollkommnung der theoretischen und praktischen Heilkunde* (1799-1809), qui avait publié en 1799 quelques *Remarques* de Schelling.

remarque suivante : je ne comprends, parmi les philosophes, que ceux qui ont des principes *(Grundsätze)* et une méthode, qui ne se contentent pas de répéter les pensées des autres, ou aussi bien de brasser un ragoût personnel en mélangeant des ingrédients étrangers ; aux physiciens empiriques, dont on peut savoir à l'avance l'attitude qu'ils prendront à l'égard de la philosophie de la nature. Pour le plus grand nombre, et de loin, ils chercheront à regimber encore un temps, puis adopteront progressivement les expressions, et même sans doute les constructions de la philosophie de la nature, comme des explications probables, ou les porteront au jour sous la forme d'expérimentations, enfin immortaliseront dans leurs manuels jusqu'à la physique dynamique tout entière comme une hypothèse qui n'est pas si mauvaise.

Cela peut suffire en guise d'avertissement. À présent, que seule parle la Chose même.

§ 1. Éclaircissement. J'appelle *raison* la raison absolue, ou la raison pensée comme indifférence totale du subjectif et de l'objectif.

Ce n'est pas ici le lieu de légitimer cet usage de la langue, puisqu'il s'agit simplement d'éveiller en général l'idée que je joindrai à ce mot. – Il suffit donc d'indiquer ici brièvement comment en général on en arrive à penser la raison de cette façon. On y arrive par la réflexion sur ce qui se pose dans la philosophie entre le subjectif et l'objectif, et qui manifestement doit être dans un rapport d'indifférence envers les deux. Le penser propre à la raison peut être imprimé en chacun; pour la penser comme absolue, par conséquent pour arriver au point de vue que je demande, il doit être fait abstraction du pensant. Pour celui qui effectue cette abstraction, | la raison 115 cesse immédiatement d'être quelque chose de subjectif, comme elle est représentée par la plupart, mais elle ne peut pas davantage être elle-même pensée comme quelque chose d'objectif, puisque quelque chose d'objectif ou de pensé ne devient possible qu'en opposition à un pensant, dont il est fait ici complètement abstraction; elle devient donc par cette abstraction l'*en-soi* vrai, qui tombe précisément au point d'indifférence du subjectif et de l'objectif.

Le point de vue de la philosophie est le point de vue de la raison, sa connaissance est une connaissance des choses comme elles sont en soi, c'est-à-dire comme elles sont dans la raison. C'est la nature de la philosophie que de supprimer complètement toute succession et toute extériorité, toute différence du temps et en général celle que la simple imagination[1] mêle au penser, et en un mot de ne voir dans les choses que ce par quoi elles expriment la raison absolue, – et non de les voir pour autant qu'elles sont des objets pour la réflexion se déroulant simplement selon les lois du mécanisme et dans le temps[2].

1. (S) En effet l'imagination (*Einbildungskraft*) se rapporte à la raison comme la fantaisie (*Phantasie*) à l'entendement. Celle-là est productive, celle-ci reproductive. [À partir de là suivent des additions tirées d'un exemplaire personnel de l'auteur. – Note du fils de Schelling].

2. Sur l'émergence du sens spéculatif de la raison, la différence entendement/raison et la signification corrélative de la réflexion et des philosophies de la réflexion, cf. tout le commencement de la *Differenzschrift*, particulièrement Lasson I, 20; tr. p. 93 : « C'est seulement dans

§ 2. Rien n'est en dehors de la raison, et tout est en elle. Que la raison soit pensée de cette façon, comme nous l'avons demandé au § 1, et l'on s'aperçoit aussi immédiatement qu'en dehors d'elle rien ne peut être. Que l'on pose en effet qu'il y a quelque chose en dehors d'elle, alors de deux

la mesure où la réflexion a rapport à l'Absolu qu'elle est raison, et que son acte est un savoir », et sur l'identité selon Schelling, inaccessible à la réflexion séparatrice, c'est-à-dire non spéculative, Lasson, I, 75 *sq.* ; tr. p. 139 *sq.* On lira également l'article du *Kritisches Journal der Philosophie* de 1802, « Foi et savoir ou philosophie de la réflexion de la subjectivité dans l'intégralité de ses formes en tant que philosophies de Kant, de Jacobi et de Fichte ». Que le sujet-objet schellingien soit objectif et non pas seulement, comme dans la *Wissenschaftslehre* de Fichte, subjectif, préserve selon Hegel la philosophie de rester formelle, et appelle une philosophie de la nature. Mais Hegel pensait encore la nécessaire dualité, dans le système du savoir, de la philosophie transcendantale et de la philosophie de la nature, et pouvait citer Spinoza : « L'ordre et la connexion des idées (du subjectif) est le même que l'ordre et la connexion des choses (de l'objectif) » (Lasson, I, 85 ; tr. p. 147-148 ; *Éthique*, II, 7). Cette position était encore, dans le principe et comme on l'a relevé, celle du *Système de l'idéalisme transcendantal*, où Schelling dès la *Préface* évoquait « ce parallélisme de la Nature et de l'Intelligence auquel il a été conduit depuis longtemps déjà et dont la présentation complète ne peut être fournie ni par la seule philosophie transcendantale, ni par la seule philosophie de la Nature, mais seulement par ces *deux sciences* qui, pour cette raison même, doivent être les deux sciences éternellement opposées qui jamais ne peuvent se fondre en une seule » (*SW* III, 331 ; S p. 3). Or l'abstraction du subjectif dans la *Darstellung* a un autre sens, qui est en même temps une déposition de l'objectif, c'est-à-dire de l'opposition sujet-objet elle-même, qui, en soi, n'est rien (dans la langue de Schelling : toute différence est seulement différence quanti-tative). L'effacement du transcendantal ne sera pas compensé par la promesse finale de la construction à venir de la série idéelle (cf. note 1, p. 143 (Z), *SW* IV, 212. L'indifférence du subjectif et de l'objectif a par conséquent ici le sens d'un « *ni ... ni* » plutôt que d'un « *et ... et* », comme dans le texte de Hegel. – On remarquera d'autre part, à la suite des commentateurs (ainsi X. Tilliette, *Schelling*, I, p. 258-259), l'absence de l'intuition intellectuelle dans cette compréhension spéculative de la raison, quand Hegel en marquera encore la nécessité pour un savoir qui n'entende pas rester formel : « Dans l'intuition transcendantale toute opposition est supprimée, et anéantie toute différence entre la construction de l'univers par et pour l'intel-ligence d'une part, et de l'autre son organisation intuitionnée en tant qu'objectif, apparaissant comme indépendant. La production de la conscience de cette identité est la spéculation, et, parce qu'en elle idéalité et réalité ne font qu'un, elle est intuition » (Lasson, I, 32 ; tr. p. 102, modifiée). Mais les *Fernere Darstellungen* de 1802, comme le souligne encore X. Tilliette, réinterprèteront le point de départ spéculatif du système de l'identité dans les termes de l'intuition intellectuelle : « L'intuition intellectuelle, non seulement passagèrement, mais constamment, en tant qu'organe immuable, est la condition de l'esprit scientifique en général et dans toutes les parties du savoir. Car elle est d'une façon générale le pouvoir de voir l'universel dans le particulier, l'infini dans le fini, tous deux réunis dans une unité vivante » (*SW* IV 362). Et plus loin : « Il y a par conséquent une connaissance immédiate de l'absolu (et *seulement* de l'absolu, parce que dans son cas seulement cette condition de l'évidence immédiate : l'unité de l'essence et de la forme, est possible), et cette connaissance est la première connaissance spéculative, le principe et le fondement de la possibilité de toute philosophie.

Nous nommons cette connaissance : intuition intellectuelle. *Intuition* : car toute intuition est un poser du penser et de l'être comme identiques, et c'est dans la seule intuition, d'une choses l'une : ou bien il est pour elle-même en dehors d'elle ; elle est par conséquent le subjectif, ce qui est contraire à l'hypothèse ; ou bien il n'est pas pour elle-même en dehors d'elle, elle est donc à cet en-dehors-d'elle comme l'objectif à l'objectif, elle est par conséquent objective, mais ceci est à nouveau contraire à l'hypothèse (§ 1).

Il n'y a par conséquent rien en dehors d'elle, et tout est en elle.

façon générale, qu'est la réalité : dans le cas donné le simple *penser* de l'absolu, une fois posé d'autre part que celui-ci est déterminé selon son Idée comme ce qui *est* immédiatement par son concept, n'est aucunement encore une vraie connaissance de l'absolu. Celle-ci n'est que dans une intuition, qui pose absolument comme identiques le penser et l'être et, pour autant qu'elle exprime formellement l'absolu, devient en même temps expression de son essence. Nous nommons cette intuition *intellectuelle*, parce qu'elle est intuition-de-la-raison et, *en tant que* connaissance, est en même temps absolument une avec l'objet de la connaissance » (*SW* IV, 368-369). Les *Fernere Darstellungen* reprennent cependant la nécessité de l'abstraction du subjectif dans l'intuition intellectuelle (*SW* IV, 360).

On notera d'autre part que, dans l'avenir de la philosophie de l'identité, le temps deviendra *image vivante*. Cf. le *Bruno*, s'inspirant du *Timée* (37d) (*SW* IV, 265 ; tr. J. Rivelaygue, Paris, L'Herne, 1987, p. 97-98) : « Car l'image de la pensée infinie, image toujours mobile, éternellement fraîche dans son écoulement harmonieux, c'est le temps, et cette égalité relative d'une chose est elle-même l'expression du temps en elle. Ainsi là où cette égalité devient vivante, infinie et agissante, et se manifeste comme telle, elle est le temps lui-même, et en nous, à dire vrai, ce que nous appelons conscience de soi ».

Quant à la note manuscrite de Schelling sur l'imagination, c'est seulement à partir des *Fernere Darstellungen* et du dialogue *Bruno* que la philosophie de l'identité trouvera à s'exprimer dans les termes de l'image et de l'*Einbildungskraft*. Celle-ci est in-formation de l'Idée dans le sensible, la *Phantasie* désignant la faculté de l'esprit (voir J. Rivelaygue, « Le tout sous la forme de l'art », Présentation au *Bruno*, p. 26 *sq.*). Cf. l'explicitation de la distinction dans les leçons sur la *Philosophie de l'art* (*SW* V, 395 ; tr. C. Sulzer et A. Pernet, Grenoble, Millon, 1999, p. 88) : « Par rapport à la *Phantasie* je définis l'*Einbildungskraft* comme cela où les productions de l'art sont reçues et formées, la *Phantasie*, comme ce qui les intuitionne extérieurement, les projette pour ainsi dire hors de soi, pour autant qu'elle les expose aussi. C'est le même rapport entre la raison et l'intuition intellectuelle. C'est dans la raison et pour ainsi dire de la matière de la raison que sont formées les Idées, l'intuition intellectuelle est ce qui expose intérieurement. La *Phantasie* par conséquent est l'intuition intellectuelle dans l'art ». Cf. le chapitre « Le modèle et l'image » du livre de Jean-François Marquet, *Liberté et existence. Essai sur la formation de la philosophie de Schelling*, Paris, Gallimard, 1973, et l'article de J.-Fr. Courtine, « De l'*Universio* à l'*Universitas* : le déploiement de l'unité », in *Extase de la raison*, Paris, Galilée, 1990. On se souviendra du texte de la *Philosophie de l'art* où Schelling s'explique sur le sens de l'*Einbildungskraft* (*SW* V, 386 ; tr. p. 76) : « Par l'intermédiaire de l'art la création divine est exposée objectivement, car celle-ci repose sur la même information (*Einbildung*) de l'idéalité infinie dans le réel sur laquelle repose aussi celui-là. L'excellent terme allemand d'*Einbildungskraft* [imagination] signifie proprement la force d'uniformation (*Ineinsbildung*) sur laquelle en fait repose toute la création. Elle est la force par laquelle quelque chose d'idéal est en même temps aussi quelque chose de réel, l'âme corps, la force de l'individuation, qui est la force proprement créatrice ».

Remarque. Il n'y a aucune philosophie si ce n'est du point de vue de l'absolu, dans toute cette exposition aucun doute n'est toléré à ce sujet [1] : la raison *est* l'absolu, dès qu'elle est pensée comme nous l'avons déterminé (§ 1) ; la présente proposition vaut donc seulement sous cette hypothèse.

116   *Explication*. Toutes les objections à cette proposition ne pourraient | provenir que du fait que l'on est habitué à voir les choses, non comme elles sont dans la raison, mais comme elles apparaissent *(erscheinen)* [2]. C'est pourquoi nous ne nous arrêtons pas à leur réfutation, puisque doit être montré dans la suite comment tout ce qui est est selon l'essence identique à la raison et un avec elle. D'une façon générale la proposition établie n'aurait pas du tout besoin d'une preuve ou d'une explication, mais vaudrait bien plutôt comme un axiome, si tant de monde n'était tout à fait inconscient de ceci, que d'une façon générale il ne pourrait y avoir quelque chose en dehors de la raison que pour autant qu'elle le poserait elle-même en dehors d'elle, mais cela, la raison ne le fait jamais, seul le fait au contraire le faux usage de la raison, qui est lié à l'incapacité à pratiquer l'abstraction exigée plus haut et à oublier en soi-même le subjectif [le séparé, l'individuel].

§ 3. *La raison est absolument une et absolument identique à elle-même* [3]. Si cela n'était le cas, en effet, il devrait y avoir à l'être de la raison encore un autre fondement qu'elle-même ; car elle-même contient seulement le fondement de son propre être *(den Grund, daß sie selbst ist)*, mais non de l'être d'une autre raison *(daß eine andere Vernunft sey)* ; la raison ne serait donc pas absolue, ce qui est contraire à l'hypothèse. *La raison est*

1. Le problème le plus difficile de la philosophie – et peut-être le plus constant de la philosophie de Schelling, depuis le *Vom Ich* et les *Lettres philosophiques* –, est moins celui de l'autoposition ou autodonation de l'absolu dans l'intuition intellectuelle que celui de l'existence même du *fini*, puisque, selon un *Satz* qui reviendra constamment, il n'y a pas de passage, pas de dérivation de l'infini au fini. Le système de l'identité retrouve la question, qui était déjà celle, transcendantale, du jeune Schelling, avec une acuité nouvelle, en raison du commencement avec l'absolu d'une philosophie où c'est l'absolu même qui, de part en part, s'auto-expose.
2. L'opposition de l'en soi et de l'*Erscheinung*, qui donne en 1801 de comprendre que dans l'absolu ou en soi *il n'y a pas* de différence, ou que tout fini n'est que phénomène pour la conscience finie, se révèlera pourtant elle-même insuffisante, et dans la suite Schelling aura souci de rendre plus complètement justice à la finitude : le *Bruno* construira un concept du fini intemporel, une théorie du reflet et une théorie de l'âme qui justifient la connaissance finie.
3. *Sich selbst gleich* : dans Schelling comme dans la *Phénoménologie de l'esprit* de Hegel, la *Gleichheit* ne désigne pas une identité purement quantitative, c'est-à-dire une *égalité* mathématique, mais à peu près la même chose que l'*Identität*. C'est pourquoi nous adoptons la même traduction pour *gleich* et *identisch*, au risque de rendre la *Darstellung* plus monolithique encore qu'elle ne l'est. Cependant il nous arrivera parfois – en particulier, lorsque nous y renvoyons, dans le texte des *Fernere Darstellungen* – de traduire *Gleichheit* par « mêmeté ».

donc une au sens absolu. Que l'on pose cependant le contraire de la seconde détermination, c'est-à-dire que la raison n'est pas identique à elle-même, alors ce par quoi elle n'est pas identique à elle-même, pourtant, puisque rien n'est *en dehors d'elle (praeter ipsam)* (§ 2), devrait être à nouveau posé en elle, par conséquent exprimer *(ausdrücken)* l'essence de la raison[1], et puisque d'autre part tout n'est en *soi* qu'en vertu de ce par quoi il exprime l'essence de la raison (§ 1), même cela serait, considéré en soi, ou par rapport à la raison même, à nouveau identique à elle, un avec elle. *La raison est donc une* (non seulement *ad extra*, mais aussi *ad intra*, ou) en elle-même, c'est-à-dire qu'elle est absolument identique à soi-même.

§ 4. La plus haute loi pour l'être de la raison, et, puisque rien n'est en dehors de la raison (§ 2), pour tout être (pour autant qu'il est compris *(begriffen)* dans la raison), *est la loi d'identité,* qui par rapport à tout être s'exprime par A = A.

La preuve suit immédiatement du § 3 et des précédents.

| *Supplément 1.* C'est pourquoi, par toutes les autres lois, s'il y en a, rien 117 n'est déterminé tel qu'il est dans la raison ou en soi, mais seulement tel qu'il est pour la réflexion ou dans le phénomène *(Erscheinung)*.

Supplément 2. La proposition A = A est l'unique vérité qui est posée *en soi,* partant sans aucune relation au temps. J'appelle éternelle une telle vérité, non au sens empirique, mais au sens absolu[2].

§ 5. Éclaircissement. Le A situé à la première place, je l'appelle cependant, pour le différencier, le sujet, le A situé à la seconde place, le prédicat.

§ 6. La proposition A = A, pensée d'une façon universelle, ne dit ni que A en général, ni que A en tant que sujet *ou* en tant que prédicat, *est.* Mais

---

1. La métaphysique de l'expression, voire de l'entre-expression, trouvera son développement le plus accompli dans le *Bruno* de 1802. – La clef de voûte de l'édifice de l'identité dans l'*Exposition* est constituée par les deux concepts d'*essence* et de *forme*. L'essence désigne la loi de l'identité elle-même, A=A, l'identité pure selon laquelle toutes choses sont unes, la forme est le rapport des deux termes, d'abord identique à l'essence, mais aussi ce en quoi l'essence ou l'identité va être posée comme existante, c'est-à-dire forme de la différence (quantitative), qui s'exprimera comme A=B. Cf. J.-Fr. Marquet, *Liberté et existence*, II, 1, « L'essence et la forme », p. 207-237.

2. C'est sur l'absoluité d'une vérité sans rapport au temps que s'ouvrira le *Bruno* : « Il nous faut donc admettre dans tous les cas comme une proposition assurée qu'à cette connaissance qui en général se rapporte au temps ou à l'existence temporelle des choses, supposé même qu'elle n'ait point elle-même une origine temporelle et qu'elle s'applique au temps infini comme à son contenu entier, il ne saurait advenir de vérité absolue ; celle-ci en effet suppose un mode de connaissance supérieur, indépendant de tout temps, sans aucun rapport avec lui, existant en soi, enfin purement et simplement éternel » (*SW* IV, 221 ; tr. J. Rivelaygue, p. 43-44). – En arrière-fond de toute la philosophie de l'identité – mais particulièrement de son inauguration par la *Darstellung* – se tient la cinquième partie de l'*Éthique* et le *sub specie aeternitatis*.

*l'unique être qui est posé par cette proposition est celui de l'*identité même, *laquelle par conséquent est posée de façon complètement indépendante de A en tant que sujet et de A en tant que prédicat.* La *preuve* pour la première affirmation est établie dans la *Doctrine de la science*, § 1, la deuxième partie de la proposition suit, de soi-même, de la première, et se trouve déjà contenue en elle. Car puisqu'il est fait abstraction de l'être de A lui-même en général, et pour autant qu'il est sujet et prédicat, reste, comme l'unique dont il ne peut être fait abstraction, ce qui est par conséquent proprement posé par cette proposition, l'identité absolue elle-même [1/2].

§ 7. L'unique connaissance inconditionnée est celle de l'identité absolue. En effet la proposition A = A, parce qu'elle seule exprime l'*essence* de la raison (§ 3), est aussi (§ 4, Supplément 2) l'unique proposition inconditionnellement certaine, mais immédiatement par cette proposition est aussi posée l'identité absolue (§ 6). Par conséquent, etc.

Remarque. C'est simplement afin de prouver l'inconditionnalité de cette connaissance que la série de propositions précédente fut placée anté-
118 rieurement. | Car cette connaissance *elle-même* n'est proprement pas prouvée, précisément parce qu'elle est inconditionnée [3].

1. (S) La proposition A = A n'a pas *besoin* de démonstration. Elle est le fondement de toute démonstration. Ce qui est posé par elle est seulement cet être-posé inconditionné lui-même. À quoi, à présent, cet être-posé inconditionné se montre extérieurement, voilà qui est complètement indifférent pour celui-ci. – Cet A situé à la place du sujet et cet autre à la place du prédicat ne sont pas ce qui proprement est posé, mais ce qui est posé est seulement l'identité entre les deux.

2. Ces premiers §(4-6) entendent donc éclaircir le sens du principe d'identité qui donne son nom au système. Schelling part expressément de la *Wissenschaftslehre,* plus exactement repart de *ce qui avait servi* à poser le premier principe, la *Tathandlung* au fondement, pour Fichte, de la conscience : c'est-à-dire de la proposition A est A comme proposition absolument certaine, où ni le A sujet, ni le A prédicat, n'est posé, mais seulement le rapport des deux = X, qui en effet reconduisait pour Fichte à l'autoposition originaire du Moi. C'est donc, comme Schelling s'en explique dans la note, l'identité ou l'indifférence des deux qui est posée, l'identité de l'identité, l'identité présupposant et identifiant la différence des deux, qui est ainsi identité de l'identité et de la différence, comme Hegel le premier l'exprimera dans la *Differenzschrift* en commentant Schelling. Aussi l'identité A=A s'exprimera-t-elle plus loin comme A=B, c'est-à-dire comme identité absolue et différence relative ou quantitative seulement, toute la difficulté, avec l'identité absolue, étant d'en sortir plutôt que d'y accéder, puisque c'est la possibilité même du discours qui se trouve menacée ou, à tout le moins, embarrassée.

3. Sur l'impossibilité de prouver l'inconditionné, cf. déjà le *Vom Ich,* § III, *HKA* I, 2, 90; tr. J.-Fr. Courtine in *Premiers écrits,* p. 66 : « Quand il s'agit de l'inconditionné, il faut que coïncident le principe de son être et le principe de son penser. Il est purement et simplement *parce qu'*il est; il est pensé purement et simplement *parce qu'*il est pensé. L'absolu ne peut être donné que par l'absolu et, s'il doit être absolument, il faut que lui-même précède tout penser et tout représenter, et par conséquent qu'il soit réalisé non point d'abord et seulement par des démonstrations objectives, c'est-à-dire parce que l'on sort de sa sphère propre, mais seulement *par soi-même* ». L'identité est d'abord identité de l'être et du penser : cf. *infra* § 8.

§ 8. L'identité absolue est absolument (schlechthin), et est aussi certaine que l'est la proposition A = A. Preuve. En effet elle est immédiatement posée avec cette proposition (§ 6).

Supplément 1. L'identité absolue ne peut être pensée comme posée par la proposition A = A, mais elle est posée en tant qu'*étant* par cette proposition. Elle est par conséquent par cela qu'elle est pensée, et *il appartient à l'essence de l'identité absolue d'être* [1].

Supplément 2. L'être de l'identité absolue est une vérité éternelle, car la vérité de son être est identique à la vérité de la proposition A = A. Or (§ 4, Supplément 2) *etc* [2].

§ 9. La raison ne fait qu'un avec l'identité absolue. La proposition A = A est la loi de l'être de la raison (§ 4). Or par cette proposition l'identité absolue aussi est immédiatement posée en tant qu'étant (§ 6), et puisque l'être de l'identité absolue ne fait qu'un avec son essence (§ 8, Supplément 1), par conséquent la raison (§ 1), non seulement selon l'être mais aussi selon l'essence, ne fait qu'un avec l'identité absolue elle-même.

Supplément. L'être de la raison (au sens déterminé au § 1) *est par conséquent tout aussi inconditionné* que celui de l'identité absolue, ou encore : *l'*être *appartient tout autant à l'essence de la raison qu'à l'essence de l'identité absolue.* La preuve suit immédiatement de ce qui précède.

§ 10. L'identité absolue est absolument (schlechthin) infinie [3]. *– Si en effet elle était finie, le fondement de sa finitude ou bien se trouverait en elle-même, c'est-à-dire qu'elle serait la cause originaire (Ursache)* d'une détermination en soi, donc à la fois le produisant et le produit, et partant elle ne serait pas identité absolue ; ou bien il ne se trouverait pas en elle-même, mais en dehors d'elle. Mais rien n'est en dehors d'elle. Si en effet quelque chose était en dehors d'elle, par quoi elle pourrait être limitée, elle devrait être à cet en-dehors-d'elle comme l'objectif à l'objectif. Mais ceci est absurde (§ 1). Elle est par conséquent infinie, aussi certainement qu'elle est, c'est-à-dire qu'elle est absolument infinie.

| *§ 11. L'identité absolue ne peut* en tant qu'*identité jamais être* 119 *supprimée (aufgehoben).* En effet il appartient à son essence d'être ; mais

---

1. Sur l'être (*Sein*) et l'existence (*Existenz*), cf. *infra* note 1 (S) à *SW* IV, 126, p. 60. L'exploration de l'essence de l'identité absolue va reprendre – de loin – les premières propositions de l'*Éthique* et la compréhension de la substance : cf. ici *Éthique*, I, prop. 7 : « À la nature de la substance il appartient d'exister » (tr. A. Guérinot, Paris, Ivrea, 1993).

2. Cf. *Éthique*, I, prop. 19 («Dieu, autrement dit tous les attributs de Dieu, sont éternels »), prop. 20 (« L'existence de Dieu et son essence sont une seule et même chose ») et corollaire I (« Il suit de là : 1° Que l'existence de Dieu, de même que son essence, est une vérité éternelle »).

3. Cf. *Éthique*, I, prop. 8 : « Toute substance est nécessairement infinie ».

elle n'*est* que pour autant qu'elle est identité absolue (§ 6, 8, Supplément 1). Elle ne peut par conséquent en tant que telle jamais être supprimée, car sinon l'être devrait cesser d'appartenir à son essence, c'est-à-dire que serait posé quelque chose de contradictoire. Par conséquent, etc.

§ 12. Tout ce qui est est l'identité absolue même[1]. *En effet elle est infinie, et elle ne peut en tant qu'identité absolue jamais être supprimée (§ 10, 11), par conséquent tout ce qui est doit nécessairement être l'identité absolue elle-même.*

Supplément 1. Tout ce qui est est en soi un. Cette proposition est la simple inversion de la précédente, et suit par conséquent immédiatement de celle-ci.

Supplément 2. L'identité absolue est l'Unique qui soit absolument ou *en soi*, par conséquent tout n'est en soi que pour autant qu'il est l'identité absolue même, et pour autant qu'il n'est pas l'identité absolue même, cela en général n'est pas *en soi*[2].

§ 13. Rien, selon l'être en soi, n'a pris naissance (ist entstanden). En effet tout ce qui est en soi est l'identité absolue même (§ 12). Mais celle-ci n'a pas pris naissance, mais est absolument, par conséquent est posée sans aucune relation au temps et en dehors de tout temps, car son être est une vérité éternelle (§ 8, Supplément 2), partant aussi tout est absolument éternel selon l'être en soi.

§ 14. Rien, considéré en soi, n'est fini. La preuve est tirée du § 10, de la même façon que celle de la proposition précédente.

Supplément. Il s'ensuit que du point de vue de la raison (§ 1) il n'y a aucune finitude, et que considérer les choses en tant que finies revient à ne pas les considérer comme elles sont en soi. – Il s'ensuit de même que considérer les choses en tant que différentes ou multiples veut dire ne pas les considérer *en soi* ou du point de vue de la raison[3].

---

1. Comparer avec *Éthique*, I, prop. 15 : « Tout ce qui est, est en Dieu, et rien, sans Dieu, ne peut ni être ni être conçu ».

2. *Éthique*, I, prop. 14 : « Excepté Dieu, nulle substance ne peut être donnée ni conçue », et Corollaire I : « Il suit de là très clairement : 1° Que Dieu est unique, c'est-à-dire (selon la définition 6) que dans la Nature des choses il n'est donné qu'une seule substance, et qu'elle est absolument infinie [...] ».

3. C'est en particulier à l'éclaircissement du sens de la finitude que la philosophie de l'identité travaillera dans les exposés qui suivront, en construisant notamment, dès le *Bruno*, un concept du fini éternel ou intemporel, organiquement un avec l'infini, dont le phénomène est l'expression ou le reflet dans le temps. Cf. *Bruno*, *SW* IV, 249 ; tr. p. 78 *sq.* : « Or non moins que l'infini en soi et pour soi, le fini en soi et pour soi dépasse aussi tout temps, et il ne pourrait pas gagner en infinité grâce au temps, vu qu'il en est exclu par son concept, pas plus qu'il ne peut perdre sa finitude par une négation du temps ». Voir le commentaire de J.-Fr. Marquet, *Liberté et existence*, II, 3, « Le problème de la chute ».

Explication. L'erreur fondamentale de toute philosophie est la | présup- 120
position qui veut que l'identité absolue soit effectivement sortie hors de soi
(aus sich herausgetreten), et l'effort pour rendre compréhensible la façon
dont se produit cette sortie[1]. L'identité absolue n'a précisément jamais
cessé d'être telle, et tout ce qui est est, considéré en soi – non pas davantage
le phénomène *(Erscheinung)* de l'identité absolue, mais l'identité absolue
elle-même, et puisque c'est d'autre part la nature de la philosophie que de
considérer les choses comme elles sont en soi (§ 1), c'est-à-dire (§ 14, 12)
pour autant qu'elles sont infinies et sont l'identité absolue même, la vraie
philosophie consiste donc en la preuve que l'identité absolue (l'infini) n'est
pas sortie de soi-même, et que tout ce qui est, pour autant qu'il est, est
l'infinité même, une proposition qu'entre tous les philosophes apparus
jusqu'à ce jour seul Spinoza a reconnue, bien qu'il n'en ait pas conduit la

---

1. Reprise d'une question déjà ancienne de Schelling – sans doute, d'un bout à l'autre, *la* question schellingienne capitale –, apparue dès le *Vom Ich* et les *Lettres philosophiques*. Voir en particulier la *Troisième Lettre*, *HKA* I, 3, 59-60; tr. p. 163-164 : « Si c'était uniquement avec l'Absolu que nous avions affaire, aucun conflit entre systèmes différents n'aurait jamais pu éclater. C'est seulement dans la mesure où nous sortons de l'Absolu qu'un antagonisme peut surgir à son propos, et c'est uniquement en raison de cet antagonisme *originel* au sein même de l'esprit humain que le conflit peut éclater entre les philosophes. Si l'homme, et pas seulement le philosophe, parvenait un jour à quitter le domaine dans lequel il s'est engagé en sortant de l'Absolu, alors toute philosophie disparaîtrait, en même temps que ce domaine lui-même. Il ne résulte en effet que de cet antagonisme et ne conservera de réalité qu'aussi longtemps que celui-ci durera. Celui par conséquent pour lequel il importe au premier chef d'aplanir le conflit entre les *philosophes*, il lui faudra précisément partir de ce point d'où procède le conflit de la *philosophie* elle-même, ou encore – ce qui revient au même – de l'antagonisme *originel* tel qu'il est présent dans l'*esprit* humain. Or ce point n'est autre que *la sortie hors de l'Absolu*; car au sujet de l'Absolu, nous tomberions tous d'accord si nous n'avions jamais quitté la sphère qui lui est propre; et si nous ne l'avions jamais quittée, nous n'aurions aucun autre terrain de dispute ». Et plus loin, *Sixième Lettre*, « l'énigme » qui « tourmentait » Spinoza, « la question de savoir comment l'Absolu peut sortir de soi-même et s'opposer un monde » (*HKA* I, 3, 78; tr. p. 180). Pour le jeune Schelling, c'est fondamentalement *la même question* que celle, kantienne, de la possibilité des jugements synthétiques *a priori*, ou que la question fichtéenne du *Vom Ich* : « Comment le Moi en vient-il à sortir de lui-même et à s'opposer purement et simplement un Non-Moi? » (*HKA* I, 2, 99; tr. p. 77). – Or la réponse schellingienne est elle-même constante: de l'infini au fini pas de passage. « Je crois que ce passage de l'infini au fini constitue précisément le problème de *toute* philosophie, et pas seulement d'un système particulier [...] *Aucun* système ne peut réaliser ce passage de l'infini au fini [...] ». Le non-passage devient lui-même, dans l'idéalisme comme, au reste, pour Spinoza, une exigence absolue ou un *Sollen* pour la raison (*HKA* I, 3, 83; tr. p. 185-186). – Constance si forte que l'*Exposition* supprime ici le problème même de la *sortie* hors de l'absolu (selon ce que Judith Schlanger a très justement appelé « un véritable blocage de l'interrogation », *Schelling et la réalité finie*, Paris, PUF, 1966, p. 149) – un absolu pensé comme absolument intransitif : mais cette philosophie qui entend se tenir entièrement sous le signe de l'absolu se destine par là même à retrouver avec une acuité particulière l'énigme de la finitude.

preuve à son terme, et ne l'ait pas non plus énoncée si clairement qu'il n'eût été à cet égard presque universellement mécompris[1].

§ *15. L'identité absolue n'est que sous la forme de la proposition A = A,* ou encore, cette forme est posée immédiatement par l'être de celle-ci. En effet elle *est* seulement de façon inconditionnée et ne peut être de façon conditionnée, or l'être inconditionné ne peut être posé que sous la forme de cette proposition (§ 8). Par conséquent avec l'être de l'identité absolue est immédiatement posée aussi cette forme, et il n'y a pas ici de passage, pas d'avant ni d'après, mais absolue simultanéité *(Gleichzeitigkeit)* de l'être et de la forme même.

Supplément 1. Ce qui est posé en même temps que la forme de la proposition A = A est aussi posé immédiatement avec l'être de l'identité absolue même[2], *cela n'appartient cependant pas à son essence (Wesen), mais seulement à la forme ou à la façon (Art) de son être (Seyn)*[3]. La preuve de la première partie de la proposition suit immédiatement de ce qui précède. La seconde partie de la proposition est prouvée de la manière suivante. La forme de la proposition A = A est déterminée par A en tant que sujet et A en tant que prédicat. Mais l'identité absolue est en celle-ci posée indépendamment de A en tant que sujet et de A en tant que prédicat (§ 6). Par conséquent, ce qui est posé en même temps que la forme de cette | proposition n'appartient pas non plus à l'identité absolue même, mais seulement à la façon ou à la forme de son être.

Supplément 2. Ce qui appartient simplement à la forme de l'être de l'identité absolue, mais non à elle-même, n'est pas posé en soi. En effet seule l'identité absolue elle-même d'après son *essence* est posée en soi. Par conséquent, etc.

§ *16. Entre le A qui dans la proposition A = A est posé en tant que sujet et celui qui est posé en tant que prédicat (§ 5), aucune opposition n'est en soi possible.* En effet, pour autant que tous deux sont sujet et prédicat, ils n'appartiennent pas à l'essence, mais seulement à l'être de l'identité

---

1. Sur Spinoza, voir aussi la *Septième Lettre* : « Il était parti d'une substance infinie, d'un objet absolu – « Aucun passage ne prendra place entre l'infini et le fini » ; – où l'on reconnaît l'exigence de toute philosophie. Spinoza l'interpréta conformément à son principe : le fini ne devait se distinguer de l'infini qu'en raison de ses limites propres ; tout ce qui existe ne devait être que modification de ce même infini ; il ne devait donc y avoir aucun passage, aucun conflit, mais cette seule *exigence* que le fini *s'efforce* de s'identifier à l'infini, et de sombrer dans l'infinité de l'objet absolu » (*HKA* I, 3, 84 ; tr. p. 186). Schelling a constamment à l'esprit la proposition 18 de la Iʳᵉ partie de l'*Éthique* : « Dieu est cause immanente, mais non transitive, de toutes choses ». Cette proposition de l'*Éthique* désigne sans doute le lieu majeur de la philosophie ou *des philosophies* schellingienne(s).

2. (S) Ce qu'il est possible d'en déduire est par conséquent aussi éternel que l'identité absolue.

3. Sur la forme et l'essence, cf. plus haut note 1 à *SW* IV, 116, p. 49.

absolue, tandis que, pour autant qu'ils appartiennent à l'essence de l'identité absolue même [ou sont l'identité absolue même], ils ne peuvent être
pensés comme différents. Il n'y a par conséquent entre les deux aucune
opposition *en soi*.

Supplément 1. C'est un seul et même A total qui est posé à la place du
sujet et à celle du prédicat.

*Supplément 2. L'identité absolue n'est que sous la forme d'une identité
de l'identité.* En effet l'identité absolue n'est que sous la forme de la
proposition A = A (§ 15), et cette forme est posée en même temps que son
être. Mais dans la proposition A = A le même est posé identique à soi-
même, c'est-à-dire qu'est posée une identité de l'identité. L'identité absolue n'est par conséquent qu'en tant qu'identité d'une identité, et ceci est la
forme, inséparable de l'être même, de son être [1].

*§ 17. Il y a une connaissance originaire de l'identité absolue, et celle-ci
est immédiatement posée avec la proposition A = A.* En effet il y a une
connaissance de l'identité absolue en général (§ 7). Or rien n'est en dehors
de l'identité absolue, par conséquent cette connaissance est dans l'identité
absolue même. Mais cette connaissance ne suit pas immédiatement de son
essence, car il suit seulement de celle-ci que l'identité absolue *est*, elle doit
donc suivre immédiatement de son être, partant appartenir à la forme de son
être (§ 15, Supplément 1). Mais la forme de son être est aussi originaire que
son être même, et tout aussi originaire est tout ce qui est posé avec cette
forme (*ibid.*). Par conséquent il y a | une connaissance originaire de 122

---

1. Pour un commentaire sur « l'identité de l'identité » et l'« identité de l'identité et de la
non-identité » de la *Differenzschrift* (Lasson, I, 77), cf. Richard Kroner, *Von Kant bis Hegel*,
Tübingen, Mohr, 1921, t. II, p. 166, et Bernard Bourgeois, *op. cit.* L'identité comme identité
de l'identité est la *forme* sous laquelle l'identité absolue *est*, ce qui autorise le passage (qui
n'en est pas un) de la pure *essence* à la connaissance de soi de l'absolu, comme *forme* de son
être, et par là toute la dérivation qui suit, jusqu'à la différence quantitative. Par là aussi est
avérée, avec l'identité, dans l'absolu, de l'essence et de la forme, l'identité de l'être et du
connaître (comme auto-connaître) de l'absolu. L'exposition de l'absolu est toujours auto-
exposition de l'absolu, qui est toujours à la fois le sujet et l'objet de toute *Darstellung*. La
philosophie est elle-même philosophie absolue *de* l'absolu. – On sait que, au lieu même où il
lui adressera ses plus vives critiques, entraînant par là la rupture de leur amitié, Hegel insistera
fortement, contre Schelling et cependant dans une certaine direction de sa pensée, sur
l'essentialité de la forme même : « Si la forme est énoncée comme égale à l'essence, c'est,
précisément pour cette raison, se méprendre que de croire que la connaissance pourrait se
contenter de l'en-soi ou de l'essence, mais s'épargner la forme, – que le principe absolu ou
l'intuition absolue rendraient superflus la réalisation de la première [l'essence] ou le développement de l'autre [la forme]. C'est justement parce que la forme est aussi essentielle à
l'essence que celle-ci l'est à elle-même qu'il ne faut pas saisir et exprimer une telle essence
simplement comme essence, c'est-à-dire comme substance immédiate, ou comme pure
intuition de soi du divin, mais tout autant comme forme et dans toute la richesse de la forme
développée ; c'est seulement par là qu'elle est saisie et exprimée comme quelque chose
d'effectif » (*Phénoménologie de l'esprit*, Préface, tr. B. Bourgeois, Paris, Vrin, 1997, p. 69).

l'identité absolue, et puisque cette connaissance appartient à la forme de son être, elle est déjà immédiatement posée avec la proposition A = A [c'est-à-dire un attribut de l'identité absolue même].

§ 18. *Tout ce qui est est selon l'essence, pour autant qu'il est considéré en soi et absolument, l'identité absolue même, mais, selon la forme de l'être, un connaître de l'identité absolue.* La première partie de la proposition suit du § 12, la seconde du § 17. Car si la connaissance de l'identité absolue appartient immédiatement à la forme de son *être*, mais que cette forme est inséparable de l'être, alors tout ce qui est est selon la forme de l'*être* une connaissance de l'identité absolue.

Supplément 1. La connaissance originaire de l'identité absolue est par conséquent en même temps *son être* selon la forme [1], et inversement chaque être est selon la forme aussi un connaître – (non pas un être connu) – de l'identité absolue.

Supplément 2. Il n'y a rien d'originairement connu [séparé du connaissant], mais le connaître est l'*être* originaire même, considéré selon sa forme.

§ 19. *L'identité absolue n'est que sous la forme de la connaissance de son identité avec soi-même.* En effet son connaître est aussi originaire que la forme de son être (§ 18), – bien plus : est la forme de son être même (*ibid.* Supplément 1). Mais celle-ci est la forme d'une identité de l'identité (§ 16, Supplément 2). Or il n'y a pas d'identité en dehors d'elle, par conséquent son connaître n'est aussi qu'une connaissance de son identité avec soi-même, et puisqu'elle n'est que sous la forme du connaître, elle n'est que sous la forme de la connaissance de son identité avec soi-même.

Supplément. La totalité de ce qui est est en soi ou selon son essence l'identité absolue même, et selon la forme de son être la connaissance de soi *(Selbsterkennen)* de l'identité absolue dans son identité. – Cela s'ensuit immédiatement.

§ 20. *La connaissance de soi de l'identité absolue dans son identité est infinie.*

123   En effet elle est la forme de son être [de l'être de | l'identité absolue]. Mais son être est infini (§ 10). Par conséquent ce connaître aussi est un connaître infini [donc impossible à différencier].

§ 21. *L'identité absolue ne peut se connaître infiniment soi-même sans se poser infiniment en tant que sujet et objet.* Cette proposition est claire par elle-même.

§ 22. *C'est la même identité également absolue qui selon la forme de l'être, quoique non selon l'essence, est posée en tant que sujet et en tant*

---

1. (S) Infinie seulement en elle-*même*, donc impossible à différencier de l'être.

qu'objet. En effet la forme de l'être de l'identité absolue est identique à la forme de la proposition A = A. Mais en celle-ci c'est un seul et même A total qui est posé à la place du sujet et du prédicat (§ 16, Supplément 1). C'est donc une seule et même identité qui selon la forme de son être est posée en tant que sujet et en tant qu'objet. Puisque d'autre part elle n'est posée en tant que sujet et objet [de façon qu'il soit possible de les différencier] que selon la forme de son être, elle n'est jamais posée ainsi *en soi*, c'est-à-dire selon son essence [1].

Supplément. Il ne se trouve entre le sujet et l'objet aucune opposition en soi [par rapport à l'identité absolue].

§ 23. Entre le sujet et l'objet il n'y a [en général] pas d'autre différence possible que quantitative [2]. *En effet : 1/ aucune différence qualitative entre les deux n'est pensable. – Preuve.* L'identité absolue *est*, indépendamment de A en tant que sujet et objet (§ 6), et elle *est* dans les deux de façon également inconditionnée. Or puisque c'est la même identité également absolue qui est posée en tant que sujet et objet, il n'y pas de différence qualitative. D'après cela : 2/ puisque aucune différenciation entre les deux n'est possible sous le rapport de l'être même (car elle *est* en tant que sujet et objet de façon également inconditionnée et donc la même aussi selon l'essence), il ne reste qu'une différence quantitative, c'est-à-dire une différence telle qu'elle ne trouve place que sous le rapport de la *grandeur* de l'être, c'est-à-dire de telle façon qu'à la vérité c'est un Seul également identique qui est posé, mais avec une prédominance de la subjectivité [du connaître] ou de l'objectivité [de l'être] [3].

1. (S) Si cette forme n'est pas un connaître, elle ne peut en général être différenciée *qua* forme.

2. (S) Si celle-ci est effective, cela reste ici entièrement non décidé.

3. La différence quantitative, exprimée plus loin sous la forme de l'identité A=B, est en 1801 la seule issue à l'aporie du fini : à partir de l'indifférence du sujet et de l'objet, toute différence est reconduite à la forme, aucune ne tient à l'essence, ou encore : toute différence relève de l'*Erscheinung*, il n'y a *en soi* aucune différence, ou enfin : toute différence est seulement quantitative, c'est-à-dire implique un déséquilibre ou, selon un concept corrélatif et porteur de la différence, une « prédominance » ou un « excès », *Übergewicht*, du subjectif ou de l'objectif – c'est-à-dire la différence sujet-objet elle-même. C'est à ce prix que la forme se différencie elle-même de l'essence. Les concepts de « prédominance » et d' « équilibre », avec l'appareil des « puissances », remontent dans Schelling à la première *Naturphilosophie*. Cf. les *Ideen zu einer Philosophie der Natur* de 1797, rééditées en 1803 : « Si le secret de la nature consiste en ceci, qu'elle maintient des forces opposées en équilibre ou en conflit constant, jamais décidé, alors ces mêmes forces doivent nécessairement, aussitôt que l'une d'elle maintient une prédominance *constante*, détruire ce qu'elles maintenaient dans l'état précédent » (*SW* II, 74). Mais Schelling aura d'abord suivi ici (cf. *Ideen, SW* II, 234) la *Dynamique* kantienne, avec ses deux forces d'attraction et de répulsion (celle-ci s'exprimant aussi comme « élasticité originaire » de la matière), dont l'équilibre détermine le degré ou la *grandeur intensive* du réel ou du phénomène, c'est-à-dire son degré de remplissement de l'espace. Cf. *Histoire générale de la nature et théorie du ciel* (1755) et *Premiers principes*

124 | *Explication*. Nous prions le lecteur de nous suivre dans ces démons-
trations, au moins provisoirement, avec la confiance qu'elles seront
entièrement compréhensibles, dès que l'on oubliera complètement les
concepts dans l'acception qu'ils ont reçue jusqu'ici, particulièrement en ce
qui concerne les concepts courants de « subjectif » et d'« objectif », et que
pour chaque proposition on pensera exactement cela même dont nous
voulons savoir que le lecteur le pense, – un avertissement que nous lançons
ici une fois pour toutes. Il est du moins d'autant plus clair pour chacun
jusqu'à nouvel ordre que nous n'admettons aucune opposition entre sujet et
objet (car ce qui est posé à la place du premier et du second est vraiment le
même Identique ; sujet et objet sont donc par essence un), mais seulement
éventuellement une différence de la subjectivité et de l'objectivité mêmes,
qui, puisqu'elles appartiennent à la forme de l'être de l'identité absolue,
partant à la forme de tout être, forment un ensemble, non pas peut-être sur le
même mode, mais de telle sorte qu'elles peuvent être posées réciproquement comme prédominantes, – toutes choses que nous n'affirmons
cependant pas encore ici, mais que nous établissons seulement en tant que
pensée possible. En vue d'une plus grande clarté, nous ferons encore la
remarque suivante. Puisque dans la proposition A = A c'est un seul et même
A qui est posé à la place du prédicat et à celle du sujet, c'est que, sans doute
possible, absolument aucune différence n'est posée, mais bien plutôt une
absolue indifférence des deux, et la différence, partant la différenciation
des deux, ne pourrait devenir possible que si l'on posait ou bien la subjectivité prédominante ou bien l'objectivité prédominante, par où ensuite A
= A se changerait en A = B (B posé en tant que signe de l'objectivité) ; or il
pourrait advenir que celle-ci ou son contraire soit ce qui prédomine, car
dans les deux cas la différence intervient[1]. Si nous exprimons cette
prédominance de la subjectivité ou de l'objectivité par des puissances du
facteur subjectif, il s'ensuit que, une fois posé A = B, c'est déjà aussi une
puissance positive ou négative de A qui est pensée, et que $A^0 = B$ doit

---

métaphysiques de la science de la nature (1786), II. Pour un commentaire, cf. J. Vuillemin,
Physique et métaphysique kantiennes, Paris, PUF, 1955, IIe partie. – Mais puisque la totalité
absolue est caractérisée par l'indifférence quantitative, c'est en-dehors de la totalité seulement, c'est-à-dire dans le singulier, que surgira la différence quantitative, les différences se
supprimant réciproquement dans le tout (cf. *infra*, § 25 *sq.*), ou, selon l'expression causale de
l'identité (cf. plus loin § 36), le fini constituant infiniment avec le fini la totalité infinie.
Comparer ici *Éthique*, I, prop. 28 : « Toute chose particulière, autrement dit toute chose qui est
finie et possède une existence déterminée, ne peut exister ni être déterminée à produire un
effet, si elle n'est déterminée à exister et à produire un effet par une autre cause, qui est finie
aussi et possède une existence déterminée ; et à son tour cette cause ne peut de même exister ni
être déterminée à produire un effet, si elle n'est déterminée à exister et à produire un effet par
une autre, qui est finie aussi et possède une existence déterminée, et ainsi à l'infini ».
      1. (S) Avec la différence quantitative intervient aussi la quantité en général.

équivaloir à $A = A$ [= 1] même, c'est-à-dire exprimer l'indifférence absolue. On ne peut concevoir absolument aucune différence autrement que de cette façon.

§ 24. La forme de la subject-objectivité (Subjekt-Objektivität) n'est pas | actu, *si une différence quantitative entre les deux n'est pas posée.*   125

Preuve. En effet elle n'est pas *actu*, si la subjectivité et l'objectivité ne sont pas posées *en tant que* telles. Or toutes deux ne peuvent être posées en tant que telles, à moins qu'elles ne soient posées avec une différence quantitative (§ 23) [ce n'est que par là en effet qu'elles sont différenciables]. Par conséquent la forme de la subject-objectivité n'est pas *actu* ou effectivement posée, si une différence quantitative entre les deux n'est pas posée[1].

§ 25. Par rapport à l'identité absolue aucune différence quantitative n'est pensable.

En effet celle-ci est identique (§ 9) à l'indifférence absolue du subjectif et de l'objectif (§ 1), il n'y a donc lieu de différencier en elle ni l'un ni l'autre.

Supplément. La différence quantitative n'est possible qu'*en dehors* de l'identité absolue.

Cette proposition est la simple inversion de la précédente, et elle est certaine même s'il n'y a rien en dehors de l'identité absolue.

§ 26. L'identité absolue est absolue totalité. – En effet elle est tout cela même qui est, ou : elle ne peut être pensée séparément de tout ce qui est (§ 12). Elle n'est donc qu'en tant que tout, c'est-à-dire qu'elle est absolue totalité.

Éclaircissement. J'appelle univers *(Universum)* l'absolue totalité[2].

---

1. La différence quantitative porte donc l'*actualité* de la forme, c'est-à-dire de la connaissance de soi de l'identité absolue. Toutes les différences se laissent reconduire à l'unique différence sujet-objet, elle-même de l'ordre de l'*Erscheinung* ou de la finitude. On dira à la fois que le fini n'est *rien*, et pourtant qu'il exprime actuellement la connaissance de soi de l'identité absolue, dont il est un *analogon*. La philosophie de l'identité est aussi une métaphysique de l'expression ou de l'analogie, dont la loi sera énoncée au § 39, cf. ci-dessous *SW* IV, 132. On passera de cette façon à la matière comme totalité *relative*. Sur cette « ambivalence » de la *Darstellung*, cf. Judith Schlanger, *Schelling et la réalité finie*, p. 121-122. La difficulté essentielle demeure de savoir à quelle nécessité répond l'expression formelle ou finie, puisqu'il ne saurait s'agir de celle d'un procès, et que l'identité absolue reste en elle-même, n'est jamais sortie de soi.

2. Sur l'*Universum*, cf. plus loin, *SW* IV, 167, l'addition de Schelling. Les *Fernere Darstellungen* s'expliqueront bientôt sur l'*Universum* et sa connexion avec la raison : « Comment l'absolu en soi-même et pour soi-même peut à vrai dire être unité absolue, en laquelle absolument rien n'est différenciable ni différencié, et comment, précisément pour cette raison qu'il est en soi *un*, il est *tout* pour le reflet (*Reflex*) et passe (*übergehe*) en un univers ou en une totalité absolue – cela ne peut rester dissimulé à personne, pourvu qu'il ait conçu le connaître absolu et en lui *l'unité réale et en même temps l'opposition idéale du réal et de l'idéal*. Ici gît ce qu'il est convenu d'appeler le secret de l'unité dans la multiplicité et de la multiplicité dans l'unité.

Supplément. La différence quantitative n'est possible qu'en dehors de l'absolue totalité. Cette proposition suit immédiatement des § 26 et 25, Supplément 1.

§ 27. Éclaircissement. Ce qui est en dehors de la totalité, je l'appelle à cet égard un être *particulier* ou une chose *particulière.*

§ 28. *Il n'y a pas d'être particulier ou de chose particulière en soi.* En effet l'unique *en-soi* est l'identité absolue (§ 8). Mais celle-ci n'est qu'en tant que totalité (§ 26) [par conséquent seule la totalité est l'en-soi].

126   *Remarque.* Il n'y a donc rien en soi non plus en dehors de la totalité, | et si quelque chose est perçu en dehors de la totalité, cela n'arrive qu'en vertu d'une séparation arbitraire du particulier à l'égard du tout, pratiquée par la réflexion, mais en soi n'a pas du tout lieu, puisque tout ce qui est est un (§ 12, supplément 1), et qu'il est dans la totalité l'identité absolue même (§ 26).

§ 29. *La différence quantitative de la subjectivité et de l'objectivité n'est pensable que sous le rapport de l'être particulier, mais non en soi, ou sous le rapport de l'absolue totalité.* – La première partie de la proposition suit immédiatement des § 27 et 26, Supplément, la seconde des § 25 et 26.

§ 30. *Si la différence quantitative trouve effectivement place sous le rapport de la chose particulière, l'identité absolue, pour autant qu'elle est, doit être représentée (vorzustellen) en tant qu'indifférence quantitative de la subjectivité et de l'objectivité.* La preuve suit immédiatement de ce que l'identité absolue est absolue totalité (§ 26) [1].

Que nous concevions tout en son sens vrai seulement en tant qu'absolu et comme il est prédéterminé dans cette identité de l'idéal et du réal – non la plus haute, mais absolument l'unique –, cette exigence se trouve déjà dans le fait de tout concevoir en tant que rationnel ; car la raison est pour le monde-copie (*die abgebildete Welt*) cette même indifférence qui, considérée en soi et absolument, est l'absolu même. Il n'y a d'univers que pour la raison, et concevoir quelque chose rationnellement veut dire : le concevoir avant tout en tant que membre organique du tout absolu, en connexion nécessaire avec lui, et par là en tant que reflet de l'unité absolue » (*SW* IV, 390). – Voir l'article de J.-Fr. Courtine, «Le déploiement de l'unité : de l'*Universio* à l'*Universitas* », repris in *Extase de la raison.*

1. (S) Je veux conduire de façon encore plus déterminée la déduction selon laquelle l'identité absolue est nécessairement totalité. Elle repose sur les propositions suivantes :

1/ la proposition A = A énonce un être, celui de l'identité absolue ; mais cet être est non-séparé de la forme. Il y a donc ici unité de l'être et de la forme, et cette unité est la plus haute existence (*Existenz*).

2/ L'être qui suit immédiatement de l'essence de l'identité absolue ne peut être que sous la forme A = A ou la forme de la subject-objectivité. Mais cette forme même n'est pas, si subjectivité et objectivité ne sont pas posées avec une différence quantitative. Car sont-elles posées toutes deux comme également infinies, et il n'y a alors absolument aucune différenciation possible, puisqu'il n'y a pas non plus d'opposition *qualitative* ; la forme est détruite *qua* forme ; ce qui est l'un *et* l'autre avec une égale infinité coïncide avec ce qui n'est ni l'un ni l'autre.

| *Explication.* Notre position, exprimée de la façon la plus claire, est   127
donc *la suivante* : si nous pouvions apercevoir dans la totalité tout ce qui est,
nous remarquerions dans le tout un équilibre quantitatif parfait de la
subjectivité et de l'objectivité [du réel et de l'idéal], rien d'autre, par
conséquent, que la pure identité, où rien n'est différenciable, aussi forte que
soit la prédominance qui tombe d'un côté ou de l'autre sous le rapport du
particulier, et qu'ainsi pourtant cette différence quantitative n'est aucunement non plus posée *en soi*, mais seulement dans le phénomène. Car
puisque l'identité absolue, – ce qui *est* absolument et en tout, n'est pas du
tout affectée par l'opposition de la subjectivité et de l'objectivité (§ 6), la
différence quantitative entre ces deux ne peut pas non plus trouver place par
rapport à l'identité absolue ou en soi, et les choses ou les phénomènes, qui
se manifestent à nous comme différents *(verschieden)*, ne sont pas en vérité
différents, mais *realiter* un, en sorte qu'à vrai dire aucun d'entre eux pour
soi, mais tous dans la totalité, | où les puissances *(Potenzen)* opposées se   128
suppriment originairement et réciproquement, exposent *(darstellen)* la

---

3/ La même chose vaut aussi de la forme supérieure de l'existence, qui repose sur l'indifférence absolue du connaître et de l'être. L'absolu ne peut être posé en tant qu'existant que
sous cette forme. Mais s'il y a indifférence effective, il n'y a pas de différenciation possible, et
cette forme n'est pas posée en tant que telle.

4/ L'absolu n'existe donc pas *actualiter*, si une différence n'est posée aussi bien sous le
rapport de cette forme supérieure – idéal et réal – que de la subjectivité et de l'objectivité.

5/ Mais cette différence ne peut être posée sous le rapport de l'*absolu même*, | car l'absolu   127
est immuablement déterminé comme totale indifférence du connaître et de l'être aussi bien
que de la subjectivité et de l'objectivité. Une différence ne peut donc être posée que sous le
rapport de ce qui séparé *(abgesondert)* de l'absolu, et dans la mesure où cela est séparé. C'est
là le particulier. Mais en même temps que le particulier est immédiatement posé aussi le tout.
L'absolu n'est donc posé en tant qu'absolu que par cela qu'il est posé dans le particulier *(im
Einzelnen)* avec il est vrai une différence quantitative, mais dans le tout *(im Ganzen)* avec
l'indifférence. Mais cette différence dans le particulier et cette indifférence dans le tout sont
précisément totalité. Par conséquent l'absolu n'est que sous la forme de la totalité, et cette
proposition : « différence quantitative dans le particulier et indifférence dans le tout » veut
dire précisément identité du fini et de l'infini.

Éclaircissement sur la différence quantitative. – Différence *(Differenz)* qui n'est pas
posée selon l'*essence* (nous n'en établissons absolument aucune de cette sorte), une
différence, par conséquent, qui repose simplement sur la diversité *(Verschiedenheit)* de la
forme, et que l'on peut nommer aussi, pour cette raison, *differentia formalis. Exemple* : la pure
idée du triangle. En celui-ci il n'y a ni triangle isocèle ni triangle non isocèle, ni triangle
équilatéral ni triangle non équilatéral. Chacune de ces formes est une différence quantitative
de l'idée du triangle. Mais précisément l'idée du triangle ne peut exister que dans la totalité de
ces formes, en sorte qu'il est certes toujours posé dans le particulier avec une différence, mais
dans le tout avec l'indifférence. – La différence quantitative n'est donc posée en général que
par l'*acte de séparation (Absonderungsakt)* et sous le rapport de celui-ci.

pure identité sans trouble elle-même[1]. Mais cette identité n'est pas le produit, mais l'originaire, et elle n'est produite que parce qu'elle *est*. Elle est donc bien en tout ce qui est. La force qui s'épanche dans la masse de la nature est selon l'essence la même que celle qui s'expose dans le monde de l'esprit, à ceci près qu'elle doit combattre là avec la prédominance du réel comme ici avec celle de l'idéel, mais même cette opposition, qui n'est pas opposition selon l'essence mais selon la simple puissance, ne se manifeste comme opposition qu'à celui qui se trouve en dehors de l'indifférence et n'aperçoit pas l'identité absolue même comme l'originaire[2]. Elle ne se manifeste en tant que produit qu'à celui qui s'est lui-même séparé *(abgesondert)* de la totalité, – et dans la mesure où il s'est séparé ; pour celui qui ne s'est pas écarté du centre de gravité absolu, elle est *l'être premier* et l'être qui n'a jamais été produit, mais est de la même façon que quelque chose en général seulement est, en sorte que même l'être particulier n'est possible qu'à l'intérieur de celle-ci, mais qu'en dehors d'elle, donc effectivement et véritablement, et non pas dans une séparation seulement pensée, il n'est rien. Mais comment il est possible que quelque chose se sépare ou soit séparé en pensée de cette absolue totalité, c'est une question qui ne peut encore recevoir de réponse ici, puisque nous prouvons bien plutôt qu'une telle séparation n'est pas possible en soi, et qu'elle est fausse du point de vue de la raison, et même (comme on peut s'en rendre compte) à la source de toutes les erreurs[3].

§ 31. L'identité absolue n'est que sous la forme de l'indifférence quantitative du subjectif et de l'objectif [par conséquent aussi du connaître et de l'être].

Remarque. On affirme donc absolument ici ce qui a été posé dans la proposition précédente conditonnellement seulement.

Preuve. En effet l'identité absolue n'*est* que sous la forme de la subject-objectivité (§ 22). Mais cette forme même n'est pas *actu*, si n'est pas posée

---

1. Les puissances sont désormais – dans le système de l'identité – autant de puissances de la *Darstellung des Absoluten*, sous lesquelles l'absolu *s'expose* et s'actualise dans la différence, qui en elle-même n'est rien, mais dans l'absolu comme totalité compose avec elle-même l'identité infinie. L'absolu n'est pas – et sera en quelque sorte de moins en moins, avec les exposés à venir du système – morne indifférence, mais organisme vivant, *c'est-à-dire lui-même système*.

2. (S) Cette opposition ne se manifeste comme opposition qu'à partir du moment où je sépare *(absondere)*.

3. La finitude est donc liée à cette *Absonderung* énigmatique, qui renvoie elle-même à la réflexion séparatrice. C'est dans le Moi, précisera Schelling plus loin (*SW* IV, 167) que s'accomplit « l'acte suprême de séparation ». Voir le commentaire de J.-Fr. Marquet, *Liberté et existence*, p. 286 *sq.* C'est encore sur l'*Absonderung* que butera en 1804 l'essai *Philosophie et religion*, et à travers lui toute la philosophie de l'identité, avec le problème de la « descendance » *(Abkunft)* des choses finies à partir de l'absolu, *SW* VI, 28 *sq.*

en dehors de la totalité une différence quantitative (§ 24), | mais dans la 129
totalité, donc (§ 26) dans l'identité absolue, l'indifférence quantitative
(§ 25). Partant, l'identité absolue n'*est* que sous la forme de l'indifférence
quantitative du subjectif et de l'objectif.

§ 32. *L'identité absolue n'est pas la cause originaire (Ursache) de
l'univers, mais l'univers même.* En effet tout ce qui est est l'identité absolue
même (§ 12). Mais l'univers est tout ce qui est, etc. [1].

Remarque. La longue et profonde ignorance concernant ces propositions justifierait peut-être un arrêt prolongé sur la preuve selon laquelle
l'identité absolue est l'univers même et ne peut être sous une autre forme
que celle de l'univers. Celui-ci pourrait être particulièrement nécessaire eu
égard à ceux qui sont si assurés et comme endurcis dans les représentations
habituelles qu'ils ne peuvent en être arrachés même par la démonstration
philosophique (pour laquelle elles sont dépourvues de sens). Cependant je
suis convaincu que chacun se persuadera de la vérité de cette proposition,
dès là seulement qu'il considèrera dûment les propositions qui suivent et
s'apercevra qu'elles ont été prouvées de façon irréfutable, à savoir : 1/
l'identité absolue n'est que sous la forme de la proposition A = A, et
puisqu'elle est, cette forme est aussi ; 2/ cette forme est *originairement*,
donc par rapport à l'identité absolue, celle du sujet et de l'objet [de l'être et
du connaître] ; 3/ l'identité ne peut être *effectivement* (*actu*) sous cette
forme – comme cependant on le présuppose, puisque l'identité absolue est
actu de la même façon qu'elle est seulement *potentia* –, si l'indifférence
exprimée dans la proposition A = A n'est pas une indifférence quantitative
[non qualitative] ; 4/ cette indifférence quantitative ne peut être que sous la
forme de l'absolue totalité, donc de l'univers, et d'après cela l'identité
absolue, pour autant qu'elle est (*existit*), doit être l'univers même.

§ 33. *L'univers est aussi éternel que l'identité absolue même.* | En effet 130
elle *est* seulement en tant qu'univers (§ 32), mais elle est éternelle, donc
l'univers est également aussi éternel qu'elle [2].

Remarque. Nous pouvons certes dire à bon droit que l'identité absolue
même est l'univers, mais on ne peut dire inversement que l'univers est

---

1. (S) L'univers n'est pas = le matériel. – L'identité est éternellement à nouveau identité,
un univers pourtant, c'est-à-dire un tout de choses différentes.

2. Sur le concept d'*Universum*, en tant que, lui-même hors du temps, il contient le temps,
cf. particulièrement, avec la note 2, p. 59 (*SW* IV, 125), l'élaboration du *Bruno*, *SW* IV, 278 ;
tr. p. 115 : « Mais de même que, dans un être vivant, l'âme se divise en membres de formes
diverses, qui lui empruntent chacun son âme particulière, et que chaque partie individuelle,
quoique liée au tout, vit cependant pour soi, de même, dans l'univers il en est également ainsi,
afin qu'il soit un dans la pluralité et fini dans l'infinité, chaque partie recevant son temps
particulier, et que le tout d'autre part soit l'image de Dieu, au point de contenir le temps en lui
de façon absolue : ainsi il n'appartient lui-même à aucun temps et constitue un vivant organisé
de manière à ne pouvoir périr ».

l'identité absolue que sous réserve : il est l'identité absolue considérée selon l'essence *et* la forme de son être.

§ 34. L'identité absolue est selon l'essence la même dans chaque partie de l'univers; en effet elle est selon son *essence* complètement indépendante de A en tant que sujet et en tant qu'objet (§ 6), partant (§ 24) complètement indépendante aussi de toute différence quantitative, donc la même dans chaque *partie* de l'univers.

Supplément 1. L'essence de l'identité absolue est indivisible. – Pour la même raison. – Quel que soit donc ce qui est divisé, l'identité absolue n'est jamais divisée [1].

Supplément 2. Rien de ce qui est ne peut être anéanti selon l'être. Car cela ne peut être anéanti sans que l'identité absolue cesse d'*être ;* c'est-à-dire : puisque celle-ci est *absolument,* sans aucune relation à la quantité, elle cesserait aussi absolument d'être, si elle pouvait être supprimée ne fût-ce que dans une seule partie du tout, car pour la supprimer il ne serait pas requis (pour nous exprimer ainsi) de l'anéantir dans le tout plus que dans la partie, donc par l'anéantissement de la partie elle est supprimée en général. Il est par conséquent impossible que quelque chose qui est soit anéanti selon l'être.

§ 35. Rien de particulier n'a le fondement de son être-là (Daseyn)[2] *en soi-même. –* Car sinon l'être devrait suivre de son essence. Or tout est identique selon l'essence (§ 12, Supplément 1). Par conséquent l'essence d'aucune chose particulière ne peut contenir le fondement qui la fait être en tant que cette chose particulière, elle n'est donc pas, en tant que cette chose-ci, par soi-même.

§ 36. Chaque être particulier est déterminé par un autre être particulier[3]. En effet *en tant qu*'être particulier il n'est pas | déterminé par soi-même, parce qu'il n'est pas en soi et n'a pas en soi le fondement de son être (§ 35), ni par l'identité absolue, car celle-ci contient seulement le fondement de la totalité et de l'être pour autant qu'il est compris *(begriffen)* dans la totalité, il ne peut donc être déterminé que par un autre être particulier, qui à son tour est déterminé par un autre, et ainsi de suite à l'infini[4].

Supplément. Il n'y a donc pas non plus d'être particulier qui ne serait en tant que tel un être déterminé et partant limité.

---

1. (S) Divisibilité = quantité : l'identité absolue est indépendante de toute quantité.

2. La traduction de *Daseyn* par être-là n'a pas d'autre visée ici que de le distinguer d'*Existenz.* On en trouvera plus loin trois autres occurrences, à propos de la lumière (§ 100, Explication) et de la matière (§ 150, Supplément), puis de « l'être-là temporel » de l'univers matériel (note de Schelling au § 95).

3. (S) La première assise fondamentale du principe de causalité.

4. Cf. n. 3, p. 57 à *SW* IV, 123, et *Éthique,* I, prop. 28.

§ 37. La différence quantitative du subjectif et de l'objectif est le fondement de toute finitude, et inversement l'indifférence quantitative des deux est l'infinité.

En effet, pour ce qui regarde le premier point, la différence quantitative est le fondement de tout être particulier (§ 29), partant aussi (§ 36) de toute finitude. Or le second suit de soi-même du premier.

Explication. L'expression universelle du fondement de toute finitude est par conséquent (d'après le § 23, Explication) A = B.

§ 38. Chaque être particulier est en tant que tel une forme déterminée de l'être de l'identité absolue, non pas toutefois son être même, qui n'est que dans la totalité.

En effet chaque être particulier et fini est posé par une différence quantitative de la subjectivité et de l'objectivité (§ 37), laquelle à son tour est déterminée par un autre être particulier, c'est-à-dire par une autre différence quantitative déterminée de la subjectivité et de l'objectivité. – Or (§ 22) subjectivité et objectivité en général sont la forme de l'être de l'identité absolue, par conséquent la différence quantitative déterminée des deux est une forme déterminée de l'être de l'identité absolue, mais non, précisément pour cette raison, son être *même*, qui n'est que dans l'indifférence quantitative de la subjectivité et de l'objectivité, c'est-à-dire seulement dans la totalité.

Supplément. La proposition (§ 36) peut donc également être exprimée ainsi : Chaque être particulier est déterminé par l'identité absolue, non pour autant qu'elle est absolument, mais pour autant qu'elle est sous la forme d'une différence quantitative déterminée de A et de B, laquelle | différence   132
est à son tour déterminée de la même façon, et ainsi à l'infini. [Une différence en présuppose une autre].

Remarque 1. On pourrait demander pourquoi précisément cette relation va à l'infini, et nous répondons : pour la même raison qui explique qu'elle prenne place entre le premier et le deuxième, elle prend place aussi entre tous ceux qui suivent, c'est-à-dire parce qu'on ne peut jamais indiquer un point initial où l'identité absolue est passée en une chose particulière[1], puisque ce n'est pas le particulier mais la totalité qui est l'originaire, en sorte que, si la série ne remontait pas à l'infini, la chose particulière ne serait pas contenue dans la totalité, mais devrait être pour soi en tant que chose particulière, ce qui est absurde.

1. Texte allemand : «... *wo die absolute Identität in ein einzelnes Ding übergegangen ist*», où l'on reconnaîtra le motif déjà familier au jeune Schelling, que la philosophie de l'identité ne cessera pas non plus de méditer : pas de passage entre l'infini et le fini, cf. plus haut note 1, p. 53 (*SW* IV, 120).

66

F.W.J. SCHELLING

Remarque 2. Il s'ensuit également que la loi de cette relation n'est pas applicable à l'absolue totalité elle-même, qu'elle tombe par conséquent en dehors du A = A. Mais par toutes les lois de cette sorte rien n'est déterminé comme il est *en soi* ou dans la raison (§ 4, Supplément 1), la même chose vaudra par conséquent aussi pour la loi de cette relation, et inversement.

§ *39. L'identité absolue est dans le particulier sous la même forme que dans le tout, et inversement n'est pas dans le tout sous une autre forme que dans le particulier.*

Preuve. L'identité absolue est aussi dans le particulier, car tout particulier n'est qu'une forme déterminée de son être, et en tout particulier elle est *totalement*, car elle est absolument indivisible (§ 34, Supplément) et ne peut jamais être supprimée *en tant qu*'identité absolue (§ 11). Elle est donc, puisqu'elle n'*est* en général que sous une forme, sous la même forme dans le particulier que dans le tout, et d'après cela aussi n'est pas dans le tout sous une autre forme que déjà dans le particulier.

La preuve peut aussi être tirée des § 19 et suivants; car puisqu'elle est selon la forme de l'être une connaissance de soi infinie, sujet et objet sont aussi à l'infini dans la différence et l'indifférence quantitatives.

| § *40. Tout particulier certes n'est pas absolu, mais infini en son genre* [et pour autant qu'il est infini, il ne tombe pas sous la loi du § 36]. Il n'est pas absolument infini, car (§ 1) il y a quelque chose en dehors de lui, et il est déterminé dans son être par quelque chose en dehors de lui (§ 36). Mais il est infini en son genre, ou, puisque le genre de l'être est déterminé par la différence quantitative de la subjectivité et de l'objectivité (§ 29), et que cette différence à son tour est exprimée par les puissances de l'un des deux (§ 23, Explication), dans sa *puissance*, car il exprime l'être de l'identité absolue pour sa puissance [1] sous la même forme que l'infini [par exemple la divisibilité infinie ou bien plutôt l'indivisibilité], il est donc soi-même infini sous le rapport de sa puissance, quoique non absolument infini.

§ *41. Chaque particulier est par rapport à soi-même une totalité.* Cette proposition est une suite nécessaire et immédiate de la précédente.

Remarque. On pourrait encore demander ici ce qu'est ce même particulier par rapport à l'absolue totalité. *Seulement, par rapport à celle-ci, en tant que particulier il n'est* pas *du tout;* car du point de vue de l'absolue totalité, elle seule est, et en dehors d'elle il n'y a *rien.* – Chaque particulier n'est donc un particulier que pour autant qu'il est pensé sous la loi de la relation déterminée au § 36, mais non pour autant qu'il est considéré *en soi,* ou sous le rapport de ce qu'il a de commun avec l'infini.

133

1. Correction (S): en son genre.

Supplément. La proposition précédente se laisse également exprimer ainsi : Chaque A = B est par rapport à soi-même ou considéré en soi un A = A, par conséquent quelque chose d'absolument identique à soi-même. – Sans cela rien ne serait effectivement, car tout ce qui est n'est que pour autant qu'il exprime l'identité absolue sous une forme déterminée de l'être (§ 38) [1].

§ 42. Éclaircissement. J'appellerai relative la totalité pour autant que le particulier l'expose *(darstellt)* par rapport à soi, non parce qu'elle ne serait pas absolue par rapport au particulier, mais parce qu'elle est seulement relative par rapport à l'absolue totalité.

| *Éclaircissement 2.* Chaque puissance déterminée désigne une diffé- **134** rence quantitative déterminée de la subjectivité et de l'objectivité, laquelle trouve place par rapport au tout ou à l'absolue totalité, mais non par rapport à cette puissance, en sorte que par exemple un exposant négatif de A désigne une prédominance de l'objectivité sous le rapport du tout (donc sous le rapport de A aussi bien que de B), tandis que, précisément pour la raison que cette prédominance est commune aux deux, par rapport à la puissance même dans laquelle elle trouve place, un parfait équilibre des deux facteurs est possible, donc le A = B est un A = A [2].

---

1. On comparera toute cette déduction du particulier avec l'exposé des *Fernere Darstellungen*, retraduisant et réélaborant le rapport où il se tient avec l'absolu dans la langue du *Bild*, du *Gegenbild* et du *Vorbild :* « Par là il est clair, comme en toute construction pourvu qu'elle soit vraie et authentique, que le particulier, en tant que particulier, dans l'opposition avec l'universel, est réduit à néant. Il n'est lui-même exposé dans l'absolu que dans la mesure où il contient lui-même l'*absolu total* exprimé en lui et n'est différencié de l'absolu, en tant qu'universel, qu'idéellement, c'est-à-dire en tant que réplique *(Gegentheil)* différenciée de l'original *(Vorbild)*, mais en soi ou réellement est totalement identique à lui.

Dans cette Mêmeté *(Gleichheit)* ou même absoluité des unités que nous différencions en tant que particulier et universel, repose et se rencontre le secret intime de la création ou de l'uniformation *(Ineinsbildung)* divine (l'information *(Einbildung)*) de ce qui relève de l'original *(vorbildlich)* et de ce qui relève de la copie *(gegenbildlich)*, en laquelle tout être a sa vraie racine ; car ni le particulier ni l'universel n'auraient de réalité pour soi, si tous deux n'étaient formés *(gebildet)* en un dans l'absolu, c'est-à-dire si tous deux n'étaient absolus » *(SW IV, 393-394)*.

2. (S) Le concept de *puissance* peut être saisi de la façon la plus déterminée de la manière suivante. L'*Existant (das Existirende)* est toujours seulement l'indifférence, et rien n'existe véritablement *en dehors de celle-ci :* mais elle existe aussi de façon infinie, et n'existe jamais autrement que sous la forme A = A, c'est-à-dire en tant que connaître et être. Or nous pouvons la considérer ou bien dans le particulier ou bien dans le tout. Elle existe dans le particulier comme dans le tout sous la même forme. Dans le tout, l'opposition sous la forme de laquelle elle existe est alors l'être infini et le connaître infini, et ce qui tombe en ce point – absolu – d'indifférence ne peut, précisément pour cette raison, être ni l'un ni l'autre, ni connaître infini ni être infini, et c'est seulement dans la mesure où il n'est *ni* en tant que l'un *ni* en tant que l'autre qu'il est l'en-soi. D'autre part l'être est infini comme le connaître, et *tous deux,* l'être infini comme le connaître infini, sont exprimés par la proposition A = A. Puisque la proposition les exprime tous deux, l'infini se trouve sous le rapport du connaître aussi bien

135 | *Remarque.* Nous prions les lecteurs de noter exactement cet éclaircis-
sement, dans la mesure où lui seul les met en état de saisir la cohérence
complète *(den gesammten Zusammenhang)* de ce qui suit [1].

que de l'être sous la forme de la proposition A = A. L'indifférence du connaître et de l'être
n'est donc pas *simple* identité de A en tant que sujet et de A en tant qu'objet (Spinoza), mais
l'indifférence de A = A en tant qu'expression de l'être et de A = A en tant qu'expression du
connaître. Une indifférence *qualitative* serait posée, si A en tant que sujet et A en tant qu'objet
étaient opposés. Mais ce n'est jamais le cas, sinon par rapport au fini. Par rapport à l'infini A
en tant que sujet et A en tant qu'objet ne sont pas en opposition, mais bien A = A et A = A,
c'est-à-dire une identité opposée à une autre. Chacun est identiquement infini, donc indivisible, mais précisément parce qu'ils sont identiquement infinis, ils ne sont pas non plus
réunis par une *synthèse*, c'est-à-dire par quelque chose de *subordonné*, mais seulement par le
supérieur (das Höhere), par l'*en-soi* absolu. Mais puisque l'être infini comme le connaître
infini sont sous la forme de la proposition A = A, ce qui par rapport à l'indifférence absolue est
un simple *être* est à son tour aussi posé sous cette forme, c'est-à-dire qu'il est *à son tour par
rapport à soi-même indifférence du connaître et de l'être*. Seulement, que par rapport à
l'absolu il se range, soit simplement sous l'attribut du connaître, soit simplement sous celui de
l'être, soit sous A = A en tant qu'expression de l'être, soit sous A = A en tant qu'expression du
connaître, c'est la puissance qui en décide.
   1. Le concept de puissance était promis à la plus grande carrière spéculative, jusqu'à
investir toute la dernière philosophie. Nous l'avons déjà vu à l'œuvre dans le *Système* de
1800, où il sert à désigner différents niveaux de l'intuition (en sorte que, écrit Schelling, « tout
l'enchaînement de la philosophie transcendantale repose seulement sur une constante
potentialisation de l'auto-intuition, depuis la première, la plus simple, présente dans la
conscience de soi, jusqu'à la plus élevée, l'intuition esthétique », *SW* III, 631 ; tr. p. 261 ;
cf. plus haut, note 1, p. 35 (*SW* IV, 109), mais son entrée en scène dans la *Naturphilosophie*
aura d'abord obéi au projet schellingien d'une construction de la nature comme système
s'auto-organisant, s'élevant soi-même à des niveaux de plus en plus hauts, tentative qui
partirait de la construction de la matière elle-même au lieu de présupposer celle-ci
(cf. *Allgemeine Deduktion des dynamischen Prozesses oder der Kategorien der Physik*, 1800,
SW IV, 3 : « La première tâche de la science de la nature est de *construire la matière* »). Sur
l'usage double, progressif et régressif, du concept de *Potenz* dans l'*Entwurf* de 1799, cf. la
note de J.-Fr. Marquet, *op.cit.*, p. 166 n. 26. Selon la *Deduktion*, la construction de la matière
elle-même (nécessairement « génétique », *SW* IV, 25, § 30) est conduite à partir des trois
forces du procès dynamique, le magnétisme, l'électricité et le chimisme, qui sont pour
Schelling les « catégories générales de la physique » elles-mêmes (*SW* IV, 4, § 4). Ces trois
moments de la construction « n'existent pas eux-mêmes dans la nature effective » (*SW* IV, 43,
§ 41) : la « sphère de l'expérience » présuppose encore, avec ces « procès du premier ordre »,
le procès de la pesanteur, donnant lieu aux « procès du second ordre », répétition de ceux du
premier ordre. C'est la deuxième puissance, où la nature reproduit le produire de la première,
et où chaque moment est lui-même la reproduction du moment correspondant de la première.
L'*Erscheinung* de la force synthétique de la pesanteur, qui « expose » ou « présente » ainsi
« l'activité construisante » elle-même, et à ce titre est un « construire du construire », est la
lumière. L'énigme de la lumière, c'est qu'elle « paraît porter toutes les propriétés d'une
matière, sans pour autant être effectivement matière » (*SW* IV, 46, § 43, avec, comme dans la
Darstellung, la référence à Goethe). De là le passage, qui se laisse entrevoir, à la pensée elle-
même : « Si en effet la nature va une seule fois jusqu'au produire du produire, il n'y a plus
aucune limite à lui poser dans cette direction, et il ne faut pas s'étonner si le *penser* lui-même
est seulement l'ultime jaillissement (*Ausbruch*) de ce en vue de quoi la lumière a fait le
premier pas (*Introduction à la philosophie de la nature*, § II). Mais d'une façon générale, si les

§ 43. L'identité absolue n'est que sous la forme de toutes les puissances.
Cette proposition suit immédiatement de l'Éclaircissement 2, § 42, mis en parallèle avec la proposition selon laquelle l'identité absolue n'est qu'en tant qu'indifférence quantitative de la subjectivité et de l'objectivité (§ 31).

§ 44. Toutes les puissances sont absolument simultanées. En effet l'identité absolue n'est que sous la forme de toutes les puissances (§ 43). Mais elle *est* éternelle, et sans aucune relation au temps (§ 8, Supplément 2). Par conséquent toutes les puissances aussi sont sans aucune relation non plus au temps, absolument éternelles, par conséquent aussi simultanées entre elles [1].

Remarque. Puisque toutes les puissances sont simultanées, il n'y a aucun fondement pour commencer avec l'une ou avec l'autre, aussi ne reste-t-il qu'à prendre pour objet immédiat de la réflexion l'expression universelle de la puissance en général, qui est A = B (cf. § 23, Explication).
– Nous prenons ici la liberté d'insérer quelques propositions que, par souci de brièveté, nous laissons sans la preuve détaillée qui a déjà été conduite

phénomènes dynamiques ne sont que des manifestations de la nature se répétant elle-même à différents niveaux, l'assise (*Anlage*) est déjà disposée par eux en vue de la nature organique, et à partir d'eux il n'y a pas de raison, pour la nature continuant irrésistiblement d'avancer de niveau en niveau, qu'elle s'immobilise, jusqu'à ce qu'elle atteigne le reflet le plus haut et le plus achevé, par lequel elle revient complètement dans sa propre infinité » (*SW* IV, 47, § 43). Dans la philosophie de la nature ainsi, « la potentialisation exprime tout à la fois l'unité et la diversité de la nature, l'autonomie qualitative de ses domaines et leur transparence au même schème d'intelligibilité constitutive » (Judith Schlanger, *op.cit.*, p. 85). Pour un commentaire de l'*Allgemeine Deduktion*, texte capital pour la genèse de la philosophie de l'identité, cf. J.-Fr. Marquet, *op.cit.*, p. 191-200 : « C'est la première fois ... qu'une historicité véritable se fait jour à l'intérieur d'un système qui pourtant, à cette date, n'a pas encore rompu tout lien avec la *Doctrine de la Science* » (p. 197), et plus loin : « La *Déduction* accomplit ce qui n'existait encore, dans l'*Esquisse*, qu'à l'état de programme : laisser la nature s'expliquer elle-même ; c'est pourquoi elle est la première œuvre à poser le problème d'un nouvel organe de la philosophie » (p. 199-200). Ce jaillissement de l'historique, dont la *Darstellung* garde les traces, sera bientôt recouvert ou réprimé par la philosophie de l'identité elle-même, qui en était pourtant l'aboutissement provisoire, en attendant la reprise supérieurement « historique » des puissances dans la dernière philosophie. Quant à la philosophie de l'identité, on se reportera particulièrement à l'élaboration ultérieure du concept de puissance à partir de l'*Einbildung* dans les *Fernere Darstellungen* (*SW* IV, 419-420) : « Je dis par conséquent que chaque puissance, qu'elle soit dans la série réelle ou dans la série idéelle, chacune pour soi, est *à son tour absolue*, que par conséquent en chacune non seulement toutes les puissances se répètent, mais aussi, parce que entre l'unité et l'unité il n'y a pas de différence, et que l'information de l'infini dans le fini et par là de l'essence dans la forme, si elle est absolue, comprend nécessairement aussi celle du fini dans l'infini, de la forme dans l'essence, et inversement, je dis que pour cette raison *dans chaque puissance pour soi est à nouveau exprimée l'indifférence totale de l'essence et de la forme,* simplement assujettie en chacune au schématisme de la puissance particulière, dans la première à celui de la première, dans l'autre à celui de l'autre, etc. ».
1. (S) Toute dérivation causale est par là coupée. Le penser dérive aussi peu de l'être que l'être du penser. La faute de l'idéalisme est de faire d'*une puissance* la première.

ailleurs, en partie dans le *Système de l'idéalisme transcendantal*, en partie dans les Traités de cette *Revue,* auxquels nous renvoyons par conséquent celui qui n'est pas encore familier avec la preuve et veut nous suivre plus loin dans nos démonstrations.

I/ A = B une fois admis en tant qu'expression de la puissance (de la différence quantitative par rapport au tout), dans A = B B est posé en tant que ce qui *est* originairement (donc en tant que principe réel), A au contraire en tant que ce qui n'*est* pas dans le même sens que B, mais connaît B, donc en tant que principe idéel. Que l'on prenne une connaissance exacte 136 de cette proposition | dans mon *Système de l'idéalisme*, p. 77, et particulièrement p. 84[1]. – Cette opposition ne trouve cependant aucune place en soi ou du point de vue de la spéculation. *En soi* en effet A est aussi bien que B, car A comme B est l'identité absolue totale (§ 22), qui n'*existe* que sous les deux formes A et B, mais sous les deux formes identiquement. Puisque A est le principe connaissant, mais B, comme nous le découvrirons, l'illimité en soi ou l'extension infinie, nous avons ici très exactement les deux attributs spinozistes de la substance absolue, la pensée et l'étendue, à ceci près que nous ne pensons jamais ceux-ci simplement *idealiter*, à la façon dont, ordinairement du moins, on comprend Spinoza, mais de part en part comme *realiter* un; en sorte que rien ne peut être posé sous la forme A, qui ne soit en tant que tel et *eo ipso* posé aussi sous la forme B, et rien sous B, qui ne soit immédiatement et précisément pour cette raison posé aussi sous A, la pensée et l'étendue ne sont par conséquent jamais et en rien, pas même dans la pensée et dans l'étendue, eux-mêmes séparés, mais constamment ensemble et un.

II/ Si A = B est en général l'expression de la finitude, il faut penser A comme le *principe* de celle-ci.

---

1. *SW* III, 385 et 390; S p. 47 *sq*; p. 51 *sq.* Le *Système* de 1800 pensait déjà, en effet, la subject-objectivité, en même temps que la nécessité de « tenir écarté » « ce qui est absolument uni dans l'acte de la conscience de soi » : « L'acte de la conscience de soi est à la fois et de part en part idéel et réel. Par lui, ce qui est posé réellement est immédiatement aussi posé idéellement et ce qui est posé idéellement est posé aussi réellement. Cette identité constante de la position idéelle et réelle dans l'acte de la conscience de soi ne peut être représentée dans la philosophie que selon une genèse successive ». L'acte absolu ou synthèse absolue identifie ce qui, dans le Moi, est absolument opposé, le sujet et l'objet, l'activité idéelle, subjective et illimitable, et l'activité réelle, objective, limitable, toutes deux infinies : la philosophie est la « libre reproduction » de cet acte originaire. Mais surtout le *Système* se refermait sur cet Identique dont la seule présentation parfaite tenait dans le « miracle de l'art » (*SW* III, 630; tr. p. 261). – Pour les « Traités » de la *Zeitschrift*, cf. particulièrement, dans le volume I, distribuée en deux livraisons, l'*Allgemeine Deduktion des dynamischen Prozesses oder der Categorien der Physik*, et dans le volume II, Ire livraison, l'*Anhang zu dem Aufsatz des Herrn Eschenmayer betreffend den wahren Begriff der Naturphilosophie und die richtige Art ihre Probleme aufzulösen*, notre traduction *infra*.

III/ B, qui *est* originairement, est l'absolument limitable, en soi illimité, A au contraire le limitant, et puisque chacun est *en soi* infini, il faut penser celui-là comme le positivement infini, et celui-ci comme le négativement infini, donc dans une direction opposée.

§ 45. Ni A ni B ne peuvent être posés en soi, mais seulement le Même unique, en même temps que la subjectivité et l'objectivité prédominantes et l'indifférence quantitative des deux[1].

Preuve. Il n'y a rien en soi hors l'identité absolue (§ 8), or celle-ci est posée à l'infini sous la forme de la subjectivité | et de l'objectivité [A en tant   137
que subjectivité ou A en tant qu'objectivité] (§ 21 *sq.*), par conséquent la subjectivité ou l'objectivité ne peuvent jamais non plus être posées pour soi à l'infini (par exemple dans une partie quelle qu'elle soit), et si la différence quantitative (A = B) est posée, c'est seulement sous la forme du prédominer de l'une sur l'autre, et ceci aussi bien dans le tout que dans le particulier (§ 39). Mais il n'y aucune raison pour que l'une soit posée avant l'autre de façon prédominante. Donc toutes deux doivent être posées simultanément de façon prédominante, et ceci à son tour n'est pensable que si toutes deux se réduisent à l'indifférence quantitative. Par conséquent ni A ni B ne peuvent être posés en soi, mais seulement l'Identique en même temps que la subjectivité et l'objectivité prédominantes et l'indifférence quantitative des deux.

§ 46. Subjectivité et objectivité ne peuvent être posées de façon prédominante que dans des directions opposées. Cela suit immédiatement du § 44, III[2].

Supplément. C'est pourquoi la forme de l'être de l'identité absolue peut être universellement pensée sous l'image d'une *ligne*

$$A^+ = B \quad A = B^+$$
$$A = A$$

où dans chaque direction c'est le même Identique qui est posé, mais dans des directions opposées avec A ou B prédominant, cependant que le A = A tombe lui-même au point d'équilibre. (Nous désignons le prédominer de l'un sur l'autre par le signe +).

Explication. En vue des considérations ultérieures nous ajoutons quelques réflexions générales sur cette ligne.

1. (S) Exprimée autrement, cette proposition donnerait ceci : Ni A en tant que sujet ni A en tant qu'objet ne peuvent être posés *en soi*, mais seulement un seul et même A = A avec l'idéalité prédominante (en tant qu'expression du connaître) et la réalité prédominante (en tant qu'expression de l'être) et l'indifférence quantitative des deux.

2. (S) Nous ne sortons donc jamais de la forme de la subject-objectivité, de A = A. Toute différenciation réside simplement en ceci que dans une direction A = A est posé en tant que connaître infini, dans l'autre en tant qu'être infini.

A/ À travers toute la ligne c'est le même Identique qui est posé, et même dans $A = B^+$ B n'est pas posé *en soi*, mais seulement de façon prédominante. La même chose exactement vaut de A dans $A^+ = B$.

138 | B/ Ce qui vaut de l'ensemble de la ligne vaut aussi de chacune de ses parties particulières à l'infini. – *Preuve*. En effet l'identité absolue est infiniment posée, et posée à l'infini sous la même forme (§ 39). Donc ce qui vaut de l'ensemble de la ligne vaut aussi de chacune de ses parties à l'infini.

C/ La ligne construite est par conséquent divisible à l'infini, et sa construction est le fondement de toute divisibilité à l'infini.

Remarque. Ceci fait voir aussi pourquoi l'identité absolue n'est jamais divisée (§ 34, Supplément). À savoir que dans chaque partie il y a encore les trois points, c'est-à-dire l'identité absolue totale, qui n'*est* que sous cette forme. – Mais précisément le fait que l'identité absolue ne soit jamais divisée rend possible la divisibilité infinie de ce qui n'est pas l'identité absolue, donc (§ 27) est une chose particulière [ce qui est pensé sous le concept de quantité].

D/ J'appelle $A^+ = B$ et $A = B^+$ des pôles, mais $A = A$ le point d'indifférence, ainsi chaque point de la ligne est point d'indifférence, pôle, et ce pôle-ci ou le pôle opposé, selon façon dont on le considère. – En effet puisque la ligne est divisible à l'infini (C), et que la division est libre dans chaque direction, parce que dans chaque direction il y a le même (A), chaque point peut aussi devenir l'un après l'autre point d'indifférence et pôle, et tantôt l'un des deux pôles, tantôt le pôle opposé, selon la façon dont je divise.

Supplément. Ceci fait voir, a/ comment la ligne, abstraction faite de la division que je pratique (*idealiter*), partant considérée *realiter* ou en soi, est l'absolue identité, où absolument rien ne peut être différencié ; b/ comment, puisque cette ligne est la formule fondamentale *(Grundformel)* [de la construction] de l'ensemble de notre système[1], avec lui nous ne sortons *in abstracto* jamais du point d'indifférence.

E/ Les deux pôles peuvent être pensés comme infiniment proches ou infiniment éloignés l'un de l'autre. – Cela suit immédiatement des propositions précédentes.

139 | F/ Par le prolongement de cette ligne à l'infini ne peut jamais surgir davantage que ces trois points. – Cette proposition est la simple inversion d'une partie de la précédente.

§ 47. La ligne construite (§ 46, Supplément) est la forme de l'être[2] de l'identité absolue dans le particulier comme dans le tout. La preuve est

---

1. (S) Elle est au philosophe la même chose que la ligne au géomètre.
2. Correction (S) : de l'existence.

contenue dans ce qui précède, à partir du § 45. – Cette ligne satisfait par conséquent à l'exigence du § 39.

*§ 48. La ligne construite est forme de l'être de l'identité absolue pour autant seulement que A et B sont posés dans toutes les puissances en tant qu'*étant *(seyend)* [en tant qu'identiquement réels] [1]. – En effet l'identité absolue n'est que sous la forme de A et de B, c'est-à-dire que A et B eux-mêmes *sont*, aussi certainement que l'identité absolue est, et puisqu'elle n'est que sous la forme de toutes les puissances (§ 45), A et B sont posés en tant qu'*étant* dans toutes les puissances.

Supplément. De cet *être* [cet être-réel] de A dans toutes les puissances, le *degré* de la subjectivité avec lequel il est (§ 45) doit donc être complètement indépendant, car c'est précisément sur la différence *(Verschiedenheit)* de ce degré que repose la différence des puissances (§ 23, Explication).

§ 49. La ligne construite ne peut, considérée en soi, contenir le fondement d'aucune puissance particulière. – En effet elle est dans le tout comme dans la partie (§ 47); elle exprime par conséquent toutes les puissances comme la puissance particulière.

Supplément. La même chose vaut de la formule A = B, car elle est l'expression de la puissance en général (§ 23, Explication).

*§ 50. La formule A = B ne peut exprimer un être que pour autant que A et B sont posés tous deux en elle en tant qu'*étant [en tant qu'identiquement réels].

Preuve. En effet chaque A = B, pour autant qu'il désigne un être, est par rapport à soi-même un A = A (§ 41, Supplément), c'est-à-dire totalité relative, or n'est totalité relative que | ce qui exprime l'identité absolue pour 140 sa puissance sous la même forme que l'infini (§ 42), mais l'identité absolue n'est dans l'infini que pour autant que A et B sont posés en tant qu'*étant* dans toutes les puissances (§ 50). Par conséquent A = B n'est aussi l'expression d'un *être* que pour autant que A et B sont tous deux posés en tant qu'*étant*.

Supplément. De cet être de A et B, le degré de la subjectivité ou de l'objectivité avec lequel ils sont est cependant complètement indépendant (§ 48, Supplément).

Explication 1. Si nous désignons les deux facteurs opposés de la construction [subjectivité et objectivité] par A et B, A = B ne tombe ni sous A ni sous B, mais au point d'indifférence des deux. Or ce point d'indifférence n'est pas le point absolu, car en celui-ci tombe A = A [en tant qu'indifférence du connaître et de l'être], ou l'indifférence quantitative,

---

1. (S) avec complète indifférence à le penser sous l'attribut de l'un ou de l'autre.

mais au présent point tombe A = B, ou la différence quantitative [du connaître et de l'être]. – Dans A = B A est effectivement posé en tant que simplement connaissant, mais B en tant que ce qui *est* originairement, celui-là donc (§ 44, Remarque 1) en tant que simplement idéel, celui-ci en tant que réel. Il ne peut en être ainsi, car A *est* comme B (*ibid.*), et doit *être* identique à celui-ci non seulement *idealiter*, mais *realiter*, c'est-à-dire *être* de concert avec lui, et c'est seulement dans cette mesure que B est aussi. Si tous deux doivent être posés de façon identiquement réelle, il se produit dans le passage de l'identité relative à la totalité relative nécessairement une duplicité *(Duplicität)* relative, mais celle-ci ne surgit qu'après que tous deux sont *realiter* posés comme identiques. Le schéma suivant servira à rendre ceci accessible à l'intuition :

$$A \qquad\qquad\qquad B$$
$$1.\, A = B$$
$$(\text{identité relative})$$
$$2.\, A \qquad\qquad\qquad B$$
$$(\text{duplicité relative})$$
$$3. \qquad\qquad A = B$$
$$(\text{totalité relative}).$$

Sur ce schéma on peut faire les remarques suivantes. – En lui l'identité 141 relative est différenciée *(unterschieden)* de la totalité relative[1]. | Au contraire l'identité absolue est aussi absolue totalité (§ 26), car en elle A et B ne sont pas du tout posés en tant que différents *(verschieden)*, partant ils ne sont pas non plus posés en tant qu'idéel ou réel. – Dans la mesure où A = B est posé en tant qu'identité relative, est aussi posée comme nécessaire une sortie *(ein Heraustreten)* de A hors de celle-ci ; car il doit certes être posé subjectivement, mais en tant qu'*étant* (§ 50) ou en tant que *réel*. La totalité de *cette* puissance est donc produite au jour par cela que A est posé de concert avec B sous B [exprimée par A = B]. Cet A = B où A est posé avec B en tant qu'*étant*, considéré en et pour soi et complètement à part, est effectivement le A = A de cette puissance, il est A = B, c'est-à-dire objectivité ou subjectivité prédominante seulement par rapport au tout, non par rapport à soi-même (§ 42, Explication 2). Nous demandons de ne pas perdre de vue ces remarques, car bien qu'elles ne servent pour l'essentiel qu'à l'explication de notre méthode, précisément pour cette raison elles n'en sont pourtant aucunement moins nécessaires et indispensables à la compréhension approfondie de la construction de ce système. – Mais la suite servira à manifester plus clairement encore le sens du schéma établi plus haut. Dans

---

1. (S) Toute construction sort de l'identité relative. L'identité absolue n'est pas construite, mais *est* absolument.

A = B (pensé comme identité relative) l'identité absolue n'est posée que sous la forme de la connaissance de soi en général, elle est donc sous le rapport de l'originairement objectif *limitée* par le subjectif, nous appelons la direction dans laquelle B (en tant qu'*extension* infinie) est limité direction vers *l'extérieur*, celle dans laquelle A seul peut être limité direction vers *l'intérieur*. – Or l'identité absolue est posée en tant que connaissance de soi infinie (§ 19-20); il ne peut donc en général rien y avoir non plus en elle (par exemple la limitation *(Begrenztheit)*) qui ne serait aussi posé sous la forme de la connaissance de soi, et ceci devra continuer nécessairement jusqu'à ce qu'elle soit posée sous la forme de la connaissance de soi absolue. Elle devra par conséquent aussi se connaître immédiatement en tant que limitée dans sa subjectivité avec A, en tant que limitée dans son objectivité avec B, et, cette limitation *(Begrenzung)* posée en tant que limitation commune, se connaître dans la totalité relative, s'ensuit donc le passage de l'identité relative à la totalité relative en tant que passage nécessaire immédiatement à partir de l'infinité de la connaissance de soi de l'identité absolue.

| *Explication 2.* La totalité relative est la réalité commune de A et de B 142 (1). En dehors de l'identité absolue est donc aussi posée une tendance générale à l'être ou à la réalité sous le rapport du subjectif. Cette tendance ne peut plus être dans l'identité absolue même, car dans celle-ci il n'y a plus du tout d'opposition entre le subjectif et l'objectif, en elle tombent la plus haute réalité et la plus haute idéalité en une unité indivisible. Par conséquent on peut dire de la réalité, mais non de l'objectivité, qu'elle est à travers l'ensemble de la série le prédominant, car tout, même le subjectif, s'efforce vers elle. – Dans la plus haute réalité même est à nouveau l'absolue totalité, équilibre absolu de la subjectivité et de l'objectivité.

Explication 3. Puisque le schéma noté plus haut est dérivé du concept de puissance en général (A = B), il est nécessairement le schéma de toutes les puissances, *et puisque d'autre part l'absolue totalité n'est construite que par un devenir-réel (Reelwerden) du subjectif dans toutes les puissances, comme la totalité relative l'est par un devenir-réel dans la puissance déterminée*, la succession des puissances elle-même devra à son tour aussi se soumettre à ce schéma.

§ 51. *La première totalité relative est la* MATIÈRE.

Preuve.

a/ *A = B n'est ni en tant qu'identité relative ni en tant que duplicité relative quelque chose de réel.* – En tant qu'identité A = B ne peut être exprimé dans le particulier comme dans le tout que par la ligne (§ 46, Supplément). Mais dans cette ligne A est posé tout au long en tant qu'*étant*. Par conséquent (§ 50, Explication 1) cette ligne présuppose tout au long

A = B en tant que totalité relative ; la totalité relative est donc le *premier présupposé*, et si l'identité relative est, elle n'est que par celle-ci.

La même chose vaut de la duplicité relative. En effet, puisque A et B ne peuvent jamais être séparés l'un de l'autre, la duplicité relative ne serait
143 possible que si l'identité de la ligne A C B |

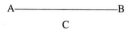

(où A est censé désigner le pôle A $^+$ = B, B le pôle A = B $^+$, C le point d'indifférence) était supprimée, et AC et CB posés en tant que lignes différentes (sous le schéma de l'angle

donc sous la forme des *deux premières* dimensions). Seulement, puisque A C et C B chacun pour soi est à son tour le tout, la duplicité relative tout comme l'identité relative présuppose déjà la totalité relative, et si elle est, elle ne peut être que par celle-ci.

b/ Identité et duplicité relatives sont contenues dans la totalité relative, non certes *actu*, mais bien *potentia*. – En effet toutes deux précèdent cette dernière, non certes *actu* (a), mais bien *potentia*, comme il ressort de la déduction (§ 50, Explication).

c/ Un seul et même A = B est par conséquent posé en même temps sous la forme de la première dimension (de la pure longueur) et des deux premières (longueur et largeur), et à vrai dire sous chaque forme pour soi, ce qui est contradictoire. Les deux opposés doivent donc s'éteindre *(auslöschen)* réciproquement en une troisième dimension (qui apparaît donc ici en tant que condition sous laquelle A et B peuvent être posés dans la totalité relative). Cette troisième dimension doit être de telle sorte que par elle longueur et largeur soient complètement supprimées *(aufgehoben)*, mais que A et B viennent dans la différence relative, car sinon (§ 37) l'infini (comme la suite le montrera, l'espace infini) serait produit, par conséquent la pure troisième dimension doit être produite de telle façon que A et B restent dans la différence quantitative. Mais ceci précisément ne se trouve que dans la matière, car celle-ci représente la troisième dimension sous la forme de l'être particulier. *Par conséquent la matière est totalité relative* en général, et puisqu'elle peut être dérivée immédiatement du A = B, expression de la puissance en général, elle est donc la *première* totalité relative, ou ce qui est posé en premier lieu lorsque la puissance en général est posée.

| *Supplément. La matière est le* primum Existens[1]. – Cela suit de ce qui 144
vient d'être prouvé[2].

Remarque générale.

Nous avons à dessein conduit *cette* preuve de notre proposition, parce
qu'elle est la plus courte ; au demeurant les points suivants importent au
premier chef à cet objet : 1/ que l'on s'assure de l'originarité de la matière et
du fait qu'elle est le premier présupposé : c'est précisément par là qu'il
deviendra parfaitement manifeste que, de même que l'identité, elle n'est
qu'en tant que totalité, et même originairement n'est pas autrement ; 2/ que
l'on se représente clairement l'exigence selon laquelle A et B doivent être
déjà un originairement, non pas simplement *idealiter*, mais *realiter*, pour
apercevoir que cette exigence n'est satisfaite que par la matière ; car l'exigence est = à celle-ci : quelque chose qui en soi se dirige simplement vers
l'intérieur doit devenir réel (A), un retour réel vers l'intérieur, ou un
intérieur qui est en même temps un extérieur, doit donc être posé – cela
n'existe que dans ce que l'on appelle l'intérieur de la matière, et qui ne fait
qu'un avec la troisième dimension ; 3/ que l'on se représente de façon
déterminée l'être-posé quantitatif de A et de B. Que l'on pose | par exemple 145
que A est infini, et retourne infiniment à B, celui-ci serait alors aussi
infiniment refoulé vers l'intérieur, il ne serait alors qu'un Intérieur, mais

1. Schelling reviendra à plusieurs reprises, dans la suite de sa carrière philosophique, sur
cette expression, et donc sur le sens de l'« existant », que les leçons de Munich sur l'histoire de
la philosophie interpréteront de la façon suivante : « Le premier *étant*, ce *primum Existens*,
comme je l'ai nommé, est par conséquent en même temps le premier contingent (hasard
originaire). Cette construction dans son ensemble commence avec la genèse du premier
contingent – non-identique à soi, elle commence avec une *dissonance*, et sans doute doit nécessairement commencer ainsi » (*SW* X, 101 ; *Contribution*, p. 118-119). Cf. aussi *Darstellung des
Naturprocesses, SW* X, 308 (« par là je ne voulais pas dire qu'elle [=la matière] était l'Existant
le plus haut, mais le premier être qui se soit avancé hors de l'Idée [...] »).

2. (Z) Personne, sinon celui qui nous a suivi sans compréhension vraie du sens de notre
système, ne pourrait ici nous interrompre avec la question : ce système est-il donc réalisme ou
idéalisme ? Celui qui nous a compris voit que cette question rapportée à nous n'a absolument
aucune signification. Je veux dire qu'il n'y a pour nous absolument rien en soi que
l'indifférence absolue de l'idéel et du réel, et seule celle-ci *est* au sens propre du mot,
cependant que toute autre chose n'est qu'en elle et par rapport à elle. *C'est donc en ce sens
aussi qu'est la matière, mais elle n'est pas en tant que telle, mais seulement pour autant
qu'elle appartient à l'être de l'identité absolue,* et exprime pour sa puissance l'identité
absolue. À cette occasion – qui nous paraît la plus propice –, nous voulons montrer sur
l'exemple de la matière comment les trois *genera cognitionis* de Spinoza peuvent être
démontrés dans notre système et quelle signification ils ont en lui. Considérer la matière en
tant que telle comme réelle est le plus bas degré de la connaissance ; découvrir en la matière ce
qu'elle a de commun avec l'infini (totalité par rapport à soi-même), donc la connaître en
général seulement en tant que totalité, est le deuxième degré, et enfin connaître que la matière,
considérée absolument, n'est pas du tout, et que seule l'identité absolue est, est le plus haut
degré ou la connaissance authentiquement spéculative.

précisément pour cette raison il *ne* serait *plus* intérieur, puisque ce concept ne trouve place que dans l'opposition, et celle-ci seulement dans la différence quantitative, mais jamais dans l'indifférence. La même chose exactement vaut lorsque nous posons B (ce qui va vers l'extérieur), ou lorsque nous posons finalement les deux, A aussi bien que B, en tant qu'infinis. Il n'y a d'Intérieur *et* d'Extérieur que dans la totalité relative : de même par conséquent que la matière est posée en général, elle est aussi posée avec une différence quantitative de A et B.

§ 52. L'essence de l'identité absolue, pour autant qu'elle est immédiatement fondement de la réalité, est force *(Kraft).* – Cela suit du concept de force. Car tout fondement immanent de la réalité s'appelle force. Mais l'identité absolue, si elle est immédiatement fondement d'une réalité, est aussi fondement immanent. Car elle est en général fondement seulement immanent d'un être (§ 32, 38, Remarque 2). Par conséquent etc.

§ 53. A et B sont posés en tant qu'étant ou en tant que réels immédiatement par l'identité absolue. – La preuve est contenue dans tout ce qui précède, puisque nous avons dérivé le *primum existens* (partant également A et B) en tant qu'étant immédiatement à partir de l'identité absolue même.

Supplément 1. L'identité absolue en tant que fondement immédiat de la réalité de A et de B est donc force (§ 52).

Supplément 2. A et B sont fondement immédiat de la réalité du *primum Existens* [de la première différence quantitative], et puisque tous deux selon l'essence sont identiques à l'identité absolue (car en chacun d'eux est la même identité absolue) (§ 22), ils sont (§ 52) tous deux, A aussi bien que B, des forces[1].

Supplément 3. A et B en tant que fondement immédiat de la réalité du primum Existens *sont, le premier force attractive, le second force expansive.* – La preuve de cette proposition est présupposée. Cf. *Système de l'idéalisme transcendantal*, p. 169 *sq.*[2].

146 | *§ 54. L'identité absolue en tant que fondement immédiat de la réalité de A et de B dans le* primum Existens *est pesanteur (Schwerkraft).*

1. Correction (S) : ils se manifestent tous deux en tant que forces.
2. *SW* III, 440 *sq.* ; S p. 95 *sq.*, *Déduction de la matière* : « Les deux activités qui se maintiennent en équilibre dans le produit ne peuvent apparaître que comme des activités fixées au repos, c'est-à-dire comme des *forces* ». Sur le rapport de la force expansive et de la force retardatrice ou attractive, cf. également l'*Allgemeine Deduktion des dynamischen Processes oder der Categorien der Physik*, *SW* IV, 3 *sq.*, particulièrement le § 5 : « Nous faisons encore cette seule remarque : nous appellerons l'une de ces forces, celle qui va vers le dehors, force *expansive*, l'autre, celle qui doit être pensée comme retournant vers l'intérieur de la nature, force *retardatrice* ou *attractive*. La première, considérée en et pour soi, est un *pur produire*, dans lequel absolument rien ne se laisse différencier, l'autre apporte pour la première fois dans cette identité universelle une *scission*, et par là la première condition de la *production* effective ».

En effet A et B en tant qu'étant dans le *primum Existens* et en tant que fondement immanent de la réalité de celui-ci sont force attractive et force expansive (§ 53, Supplément 3). Mais la force par laquelle ces deux sont posés en tant qu'*étant* et en tant que fondement immanent de la réalité du *primum Existens* [de la première différence quantitative] est la pesanteur [1] (pour les preuves, cf. vol. 1 de cette *Revue*, 2ᵉ livraison, p. 19 et 24 *sq.*) [2]. Par conséquent, etc.

Remarque. Il ne fait guère de doute que ces preuves ont laissé quelques obscurités pour nombre de lecteurs. On pourrait par exemple demander avant tout dans quelle mesure la pesanteur peut bien être pensée aussi comme fondement de la réalité de B, puisque celui-ci *est* originairement (§ 44, Remarque 1). Seulement B n'est pensé comme étant ou objectif que dans l'identité relative, or l'identité relative même n'est rien de réel (§ 51), B devient ainsi, tout comme A, *réel* seulement par cela qu'il est posé de façon objective de concert avec A, partant dans la totalité relative. La pesanteur est d'après cela fondement de la réalité aussi bien de A que de B. – Ensuite il pourrait être difficile à plus d'un de concevoir la relation apparemment différente des forces à l'identité absolue. Nous ne ferons à ce sujet que la remarque suivante : l'identité absolue est fondement immédiat du *primum Existens*, non en soi, mais par A et B, lesquels sont identiques à elle (§ 53, Supplément 2). – Au contraire elle est de façon absolument immédiate et *en soi* fondement de l'*être-réel (Reelseyns)* de A et B, mais précisément pour cette raison l'identité absolue n'*est* pas encore dans la

---

1. (S) La différence quantitative écartée, elle n'est pas pesanteur mais indifférence absolue.

2. *Allgemeine Deduktion des dynamischen Processes*, 1800, *SW* IV, notamment, sur la pesanteur, § 39, p. 38 : « Or puisque la matière n'est redevable de cette propriété, à savoir d'agir en tant que masse sur chaque autre [matière] pareillement en tant que masse, avec la force attractive qui lui est impartie par chaque autre [matière], force qui n'est *en soi* en aucune façon une force pénétrante, qu'à la troisième force, qui unit synthétiquement la force répulsive (en tant qu'elle est celle qui *remplit l'espace*) avec la force d'attraction, nous appellerons à bon droit cette force, en tant qu'elle est celle qui rend possible le *poids, pesanteur*, et considèrerons le poids universel lui-même comme le phénomène originaire par lequel cette force constructrice se fait connaître, dans la mesure, j'entends, où elle livre continuellement la condition sous laquelle la force attractive (qui sans elle agit simplement en tant que force de la superficie) devient une force pénétrante ou agissant sur la masse ». Sur la nécessité, contre Kant, d'une troisième force, synthétique par rapport aux deux autres, force proprement *constructrice*, cf. le *Système de l'idéalisme transcendantal, ibid., SW* III, 444 ; S. p. 98 : « Ce qui construit ne peut être qu'une troisième force, qui synthétise les deux autres et qui correspond à l'activité synthétique du Moi dans l'intuition. C'était seulement en vertu de cette troisième activité synthétique qu'on pouvait comprendre comment les deux activités pouvaient, en tant qu'absolument opposées, être posées dans un seul et même sujet identique. La force qui, dans l'objet, correspond à cette activité sera donc celle en vertu de laquelle ces deux forces absolument opposées l'une à l'autre sont posées dans un seul et même sujet identique ».

pesanteur. Car elle est seulement après que A et B sont posés en tant qu'étant. La pesanteur est précisément pour cette raison posée immédiatement par l'identité absolue, et suit, non de son *essence* [seulement], non plus que de son *être* actuel (car celui-ci n'est pas encore posé), mais bien

147 plutôt [de son essence, pour autant qu'elle | tend à un être, donc] de sa *nature*, mais de celle-ci, absolument, et immédiatement de sa nécessité intérieure, j'entends : de ce qu'elle *est* de façon inconditionnée *(unbedingt)*, et ne peut être que sous la forme de l'être [identique] de A et de B. On voit (à partir de cet être-posé *immédiat* de la pesanteur par l'identité absolue) qu'il est impossible de vouloir fonder la pesanteur en tant que pesanteur ou de l'exposer *(darstellen)* dans l'effectivité, puisqu'elle doit être pensée comme identité absolue, non pour autant que celle-ci est, mais pour autant qu'elle est le fondement de son propre être, donc n'est pas soi-même dans l'effectivité [1].

Éclaircissement. J'appellerai aussi force constructrice la pesanteur et l'identité absolue pour autant qu'elle contient le fondement de son propre être. La raison s'en trouve dans ce qui précède immédiatement.

Supplément 1. Il en ressort que la pesanteur est médiatement le fondement de *toute* réalité, et non seulement de l'être, mais aussi de la durée de toutes choses.

Supplément 2. Ce que nous appelons matière n'est pas en soi matière, mais l'identité absolue même, pour autant qu'elle contient le fondement du premier devenir-réel de A et B.

Supplément 3. Toute matière est originairement fluide – cela suit de la preuve de la proposition 51.

§ 55. *Le principe* subjectif *[ou] connaissant entre aussi dans la matière même, ou devient en elle réel.*

Cela suit de l'ensemble de la déduction qui vient d'être conduite.

1. Intervient ici la distinction capitale de l'existence et du fondement (ou fond) de l'existence qui devait, huit ans plus tard, traverser toutes les *Recherches* et contribuer à emporter la philosophie de l'identité vers les parages d'un abîme, celui de la liberté et de l'histoire. Cf. *Recherches philosophiques sur l'essence de la liberté humaine et les sujets qui s'y rattachent, SW* VII, 357 (tr. in *Œuvres métaphysiques*, p. 141-142) : « La philosophie de la nature de notre temps a établi pour la première fois dans la science la distinction entre l'être (*Wesen*) en tant qu'il existe, et l'être en tant qu'il est seulement fondement de l'existence. Cette distinction remonte à la première exposition scientifique de la philosophie de la nature », et la remarque qui suit sur Spinoza : « Bien que ce soit justement en ce point qu'elle s'éloigne le plus décidément de la voie suivie par Spinoza, on a pu cependant soutenir en Allemagne, jusqu'à ce jour, que ses principes métaphysiques ne font qu'un avec ceux de Spinoza ; et bien que ce soit précisément cette distinction qui introduise aussi la plus nette séparation entre Dieu et la nature, on n'en a pas moins accusé cette philosophie de mêler Dieu à la nature ». Sur la distinction *Grund-Existenz*, cf. Miklos Vetö, *Le Fondement selon Schelling*, Paris, Beauchesne, 1977, p. 145 *sq.* – Cf. aussi, plus loin dans la *Darstellung, SW* IV, 163.

Remarque. Ce devenir-réel du principe connaissant laisse toutefois complètement indéterminé le degré de l'objectivité ou de la subjectivité sous le rapport du tout, c'est-à-dire la puissance de A = B.

§ 56. Dans la matière A et B sont posés avec (sous le rapport du tout*) objectivité prédominante.*

Supplément 1. La matière donc sous le rapport du tout = A = B$^+$ (§ 46, Supplément).

Supplément 2. Si A et B sont posés avec objectivité prédominante, celui-là est par conséquent force attractive, celui-ci force expansive.

| *Remarque.* Ce qui suit de l'entrée du principe connaissant, en tant que   148 principe réel, dans la construction de la matière en général, et particulièrement en ce qui concerne le seul idéalisme pensable (celui qui est en même temps réalisme achevé), cela deviendra assez clair à travers l'ensemble. – Cette idéal-réalité *(Ideal-Realität)* objective de la matière est au demeurant déjà analysée dans mes *Idées pour la philosophie de la nature*, 2e livre, 4e chapitre [1]. Les lecteurs feront bien aussi, dans cette vue particulière, de leur comparer les remarques du *Système de l'Idéalisme transcendantal*, p. 190 *sq.* [2].

1. Cf. *SW* II, 213, « Origine première du concept de la matière à partir de la nature de l'intuition et de l'esprit humain ». Les *Idées* seront rééditées et augmentées en 1803, sous le signe de la nouvelle identité. On consultera particulièrement le « Supplément » au chapitre 4, « La construction de la matière », *SW* II, 225 : « La matière, considérée absolument, n'est par conséquent rien d'autre que le côté réel du connaître absolu, et en tant que telle ne fait qu'un avec la nature éternelle elle-même, dans laquelle l'esprit de Dieu produit de façon éternelle l'infinité dans la finitude ; dans cette mesure elle enferme en elle, en tant que parturition totale de l'unité dans la différence, à nouveau toutes les formes, sans être elle-même identique ou non-identique à aucune, et, en tant que substrat de toutes les puissances, elle n'est elle-même aucune puissance. L'absolu se scinderait véritablement, s'il n'y avait dans l'unité réale, en même temps que celle-ci, aussi l'idéale et celle, où les deux ne font qu'un, qui est reproduite *(die abbildete)*, car seule celle-ci est la vraie réplique *(Gegenbild)* de l'absolu même. Aussi peu l'absolu se scinde-t-il dans la matière (côté réal du produire éternel), tout aussi peu la matière même peut-elle se scinder, dans la mesure où, précisément comme l'absolu en elle, elle se symbolise à nouveau, à présent, en tant que l'en-soi, par les puissances particulières en elle ; c'est pourquoi, dans quelque puissance qu'elle apparaisse, elle apparaît pourtant, toujours et nécessairement, à nouveau comme le tout (des trois puissances) ».
2. *SW* III, 451*sq.* ; S p. 105 *sq.* : « Dans la première époque de la conscience de soi, trois actes ont pu être distingués ; ces trois actes semblent se retrouver dans les trois forces de la matière et dans les trois moments de sa construction. Ces trois moments de la construction nous donnent trois dimensions de la matière et celles-ci trois niveaux du processus dynamique. On en arrive très naturellement à penser que, sous ces différentes formes, ce n'est toujours qu'une seule et même triplicité qui revient ». Cette « identité du dynamique et du transcendantal » est décisive dans la question de l'ajointement architectonique de la philosophie transcendantale et de la philosophie de la nature, les moments de la nature coïncidant encore, dans le *Système* de 1800, avec les moments de l'histoire de la conscience de soi, ce qui justifie pour Schelling la référence à « l'idéalisme leibnizien », puisque « toutes les forces de l'univers se ramènent en définitive à des forces représentatives » *(SW* III, 453 ; S p. 106).

§ 57. Le poser quantitatif de la force attractive et de la force expansive va à l'infini.

Preuve. En effet a/ A et B en général sont posés sous le rapport du tout quantitativement, c'est-à-dire avec la prédominance de l'objectivité et de la subjectivité dans des directions opposées. b/ Mais ce qui vaut du tout vaut aussi de la partie, car l'identité absolue est à l'infini posée sous la même forme (§ 39). C'est donc aussi à l'intérieur de la puissance particulière que A et B sont à nouveau posés quantitativement sous le rapport de cette puissance, donc ici en tant que force attractive et force expansive, et à vrai dire à l'infini, car cette puissance est à son tour en soi ou par rapport à soi-même infinie (§ 40). Par conséquent le poser quantitatif de la force attractive et de la force expansive va à l'infini.

Explication. Que les deux forces ne puissent être posées en général qu'avec une différence quantitative, cela ressort de la preuve du § 51. Il ne peut donc y avoir dans l'effectivité rien de particulier où les deux seraient posées dans un parfait équilibre, et non avec la prédominance relative de l'une ou de l'autre. Cet équilibre ne pourra exister, même sous le rapport de cette puissance, que dans le *tout*, mais non dans le particulier. L'univers matériel sera un équilibre parfait de la force attractive et de la force répulsive, avec pour sa puissance une infinité identique à celle de l'univers absolu sous le rapport du tout, où le premier ne forme qu'un seul pôle (A = B⁺).

149 | *Remarque.* Ceci fait voir l'erreur de ceux qui tiennent l'univers matériel pour l'infinité même.

§ 58. Le principe idéel est en tant que principe idéel illimitable. Cela suit du § 20.

Supplément 1. Il n'est donc limité que pour autant qu'il devient identique au réel, c'est-à-dire devient lui-même réel.

Supplément 2. Par cela qu'il est limité en tant que *réel* (1), il ne peut être limité en tant qu'idéel.

Supplément 3. Par cela qu'il est limité en tant que réel, il est immédiatement posé de façon illimitable en tant qu'idéel (2).

Supplément 4. Mais il ne peut être posé en tant qu'illimitable que dans une puissance supérieure de la subjectivité. – *Preuve.* En effet dans la puissance inférieure il est limité (2, 3).

Supplément 5. Immédiatement par cela que A = B est en tant que totalité relative, est posée cette puissance supérieure, car A = B est un poser quantitatif [limité] de A et B à l'infini (§ 57).

Cf. notre Introduction, p. 12). La difficulté tient à ceci que l'identité est l'aboutissement de cette structure architectonique évolutive, mais en même temps la relève et la dépose, dans une nouvelle fondation métaphysique qui remonte plus haut que le Moi.

Supplément 6. L'être-posé ou l'être-limité quantitatif de A dans A = B est le poids spécifique[1]. – Cela suit du § 56, Supplément 2.

Supplément 7. Immédiatement par A = B, c'est-à-dire (§ 54) par la pesanteur, le principe idéel, pour autant qu'il est idéel, est posé en tant que A[2]. – Cela s'ensuit du Supplément 3.

Supplément 8. Du point de vue de la totalité il n'y a cependant ici ni avant ni après; car considérées de ce point de vue toutes les puissances sont simultanées[2].

Remarque. Le schéma de cette puissance est le même que celui de la première (§ 50, Explication 3), donc :

$$1. \quad A^2 = (A = B)$$
$$\text{(en identité relative)}$$
$$2. \quad A^2 \qquad\qquad A = B$$
$$\textit{(en opposition relative)}$$
$$3.\, A^2 = (A = B)$$
$$\text{(en totalité relative)}.$$

1. Dans la controverse avec Eschenmayer, le problème du poids spécifique ou densité est lié à celui de la diversité qualitative de la matière, dont la dynamique kantienne, qui s'en tenait à un rapport arithmétique des forces, ne pouvait selon Schelling rendre entièrement compte. Alors que le volume d'un corps est une grandeur extensive, la densité est pour Kant une grandeur intensive (exactement : «le degré de remplissement d'un espace de volume déterminé», *Premiers principes métaphysiques de la science de la nature*, II, *Dynamique*, *AK* IV, 525, OPH II, tr. F. de Gandt, p. 440) et sous la condition de l'homogénéité de la matière elle donne le moyen, dans le dynamisme, d'expliquer les différences spécifiques, cependant que le mécanisme est contraint d'admettre le vide et des «interruptions» entre les matières (cf. J. Vuillemin, *Physique et métaphysique kantiennes*, § 18, p. 174-175). Sur la notion de poids spécifique dans Schelling, cf. *Ideen*, *SW* II, 253 (L. II, chap. 6) : «Même sous la présupposition de la construction à partir des forces, il devrait pourtant être statué, en dehors du rapport arithmétique, encore un autre rapport de celles-ci à l'espace, qui contiendrait le fondement de leurs différences qualitatives. Seulement, d'après la vraie construction, la densité spécifique – ou poids spécifique – ne peut être comprise non plus simplement à partir d'une élévation de la cohésion relative de l'une ou l'autre force, ni sans prendre dans le compte la cohésion en tant que forme. Le poids, d'après ce qui a été montré dans les Suppléments aux deux chapitres précédents, *l'Indifférence des deux unités*, n'est en soi réceptif d'aucune différence quantitative, car tout est un en lui. Le spécifique du poids ne peut par conséquent que se trouver dans la chose, en tant qu'elle est un particulier, mais en tant que *chose*, en tant que *particulier*, elle n'est posée précisément que par la forme, et le poids spécifique, par conséquent, enferme en soi la cohésion exactement de la même façon que la cohésion, de son côté, comprend en soi le poids spécifique, car elle est de cette forme». Sur la qualité comme «inconstructible», et pour la critique de Kant, cf. *Erster Entwurf eines Systems der Naturphilosophie*, 1799, I, 2, *SW* III, 24, note 1, et sur le poids comme présupposant l'«extériorité originaire» des corps, *SW* III, 105. Cf. surtout la réponse à Eschenmayer en *SW* IV, 95, *infra* p. 160 *sq.*, où les qualités sont reconduites à la seconde puissance, au construire du construire, c'est-à-dire à l'opposition de la lumière et de la pesanteur. – Sur la pesanteur, cf. J. Schlanger, *Schelling et la réalité finie*, XIV, p. 80 *sq.*, XVI, p. 87 *sq.*, et M. Vetö, *Le Fondement selon Schelling*, chapitre IV, p. 133 *sq.*

2. (S) Unité, par conséquent, de la lumière et de la pesanteur.

150 | *Explication 1. L'identité relative ne peut pas non plus dans cette puissance être pensée comme subsistante (bestehend).* En effet A = B est posé en tant que totalité relative (§ 51). Mais la totalité relative n'est pas en soi, seule l'est la totalité absolue (§ 26). A = B n'est donc pas totalité pour le principe idéel de la puissance supérieure, c'est-à-dire que ce principe (A²) est posé dans le combat contre l'être de A = B aussi longtemps que celui-ci est posé en tant que totalité.

Explication 2. Puisque cependant l'identité absolue n'est que sous la forme de toutes les puissances (§ 43) [mais que A = B désigne une puissance déterminée], A = B est toujours à nouveau posé par A². Car c'est seulement pour autant que A = B est que A² est aussi. La nature est donc transposée *(versetzt)* par cette opposition en une contradiction *(Widerspruch)* impossible à supprimer jamais [qui par conséquent est procès]. Ce qu'est la nature sera prochainement éclairci[1].

Explication 3. L'opposition entre A² et A = B n'est pas une opposition en soi. Elle n'est en soi ni par rapport à l'absolue totalité ni même par rapport à cette puissance, car même ici, seule à nouveau la totalité relative (Remarque) est le réel.

Explication 4. Le point d'indifférence relatif est dans cette puissance entre A² et A = B. A = B doit être pensé comme le seul facteur identique (comme le seul réel). Nous ne sortons donc pas *in abstracto*, ici non plus, du point d'indifférence (cf. § 46, Explication D, Supplément)[2].

---

1. Détermination pourtant déjà fondamentale du concept de nature, qui la distingue radicalement du Non-Moi fichtéen, où la nature pouvait, en apparence au moins, se laisser entièrement comprendre comme résistance, et qui représente l'acquis de toute la *Naturphilosophie* antérieure, s'efforçant de ressaisir la productivité même qu'est la nature, la *natura naturans*, le réel qui n'est pas pour autant chosal ou, selon la belle expression reprise et commentée par Ernst Cassirer (*Les Systèmes post-kantiens*, chapitre III, p. 184), le « sujet » de la nature, à travers et par-delà ses produits. La nature est fondamentalement scission, activité qui ne connaît pas de repos, « angoisse », écrira plus tard Schelling. Les *Recherches* de 1809 s'engouffreront dans cette brèche, avec le concept de « fond » de l'existence comme « nature en Dieu » (*SW* VII, 358). La pesanteur est elle-même comprise comme la « nature dans la nature » (*Fernere Darstellungen*, § VI, « Construktion der Materie », *SW* IV, 429) ou « l'originaire dans la nature ou bien plutôt *la nature même* » (*Allgemeine Deduktion des dynamischen Processes oder der Kategorien der Physik*, § 37, *SW* IV, 34). – Sur le concept de procès, en son sens premier, qui est chimique, cf. J. Schlanger, *op.cit.*, p. 86 : « La nature tout entière est un procès, un courant autonome de transformations infinies, une oscillation d'altérations et de retours à soi, une totalité qui intègre une temporalité ».

2. (Z) La théorie de ce que nous appelons le processus dynamique tombe sous l'opposition relative de cette puissance. Puisqu'elle a été analysée à plusieurs reprises ailleurs, nous nous permettons d'établir ici certaines propositions sans en répéter les preuves, car il importe d'une façon générale davantage de donner un concept total (*Totalbegriff*) de notre système que de nous attarder sur le détail.

§ 59. Dans la matière en tant que primum Existens [la première différence quantitative de l'être] *sont contenues, sinon selon l'effectivité, au moins selon la possibilité, toutes les puissances.* – En effet la matière est la première totalité relative; ou : dans la matière est compris *(begriffen)* le principe idéel qui, en soi illimitable (§ 58), contient le fondement de toutes les puissances.

| *§ 60. L'objet immédiat de A* ² *est l'être-limité du principe idéel par le*   151
principe réel. – En effet c'est seulement par cet être-limité [être-posé quantitatif de A et B] que A = B est (§ 57). Mais A = B est l'objet immédiat de A ², comme il est clair par soi-même.

Supplément. Puisque A ² est dans le combat contre l'être de A = B (§ 58, Explication 1), ce combat est par là combat contre l'être-limité du principe idéel par le principe réel, donc (§ 58, Supplément 6) contre le poids spécifique, et puisque, en raison de l'être-posé quantitatif de A et B à l'infini (§ 57), seul en général le poids spécifique existe *actu,* contre le poids en général.

§ 61. Explication. J'appelle jusqu'à nouvel ordre[1] nature l'identité absolue en général, pour autant qu'elle existe *actu* sous la forme de l'être de A et B (le sujet-objet objectif).

§ 62. A ² *est la lumière.*

Supplément. La lumière est un intuitionner *(Anschauen)* intérieur, le poids un intuitionner extérieur de la nature. – En effet celle-là a pour objet immédiat le principe intérieur, limité en A = B, de la nature[2].

---

1. (S) Expressément *jusqu'à nouvel ordre*; ce n'est pas encore le concept déterminé. Dans l'ensemble, tout ce qui est simplement *fondement* de la réalité n'est pas soi-même réalité = nature.

2. La lumière est ainsi le principe idéal dans la nature, «activité constructrice de la deuxième puissance» c'est-à-dire un «construire du construire» qui produit idéellement les trois dimensions de l'espace: «Une telle activité est la *lumière*, car elle décrit toutes les dimensions de l'espace, sans que l'on puisse pour autant dire qu'elle le remplit effectivement. La lumière par conséquent n'est pas la *matière* (espace rempli), ni le *remplissement de l'espace* (ou l'activité remplissant l'espace) lui-même, mais le construire du remplissement de l'espace. Nous pouvons être convaincus que nous nous sommes considérablement approchés avec cette proposition de la nature énigmatique de la lumière. Il est difficile de concevoir comment la lumière peut paraître porter toutes les propriétés d'une matière sans pour autant être effectivement matière. Elle porte toutes ces propriétés *idéellement* seulement» (*Allgemeine Deduktion*, § 43, *SW* IV, 45-46). Sur le rapport pesanteur-lumière dans la philosophie de l'identité, on consultera surtout le *Système de Würzburg*, § 103 *sq.*, *SW* VI, 261 *sq.* Cf. particulièrement § 107, «Pour l'explication», VI, 266 : «La pesanteur est par rapport aux choses l'identité absolue ou la raison sans-puissance elle-même, mais la raison dans l'objectivité complète. Si donc elle est d'une part le fondement de toute persistance des choses, elle est aussi, d'autre part, le fondement de la finitude des choses; elle est le dieu souterrain, le Jupiter stygien, qui, séparé pour soi du royaume de la lumière, pose les particularités des choses comme de simples ombres – et idoles. Or à la pesanteur comme principe de la nuit s'oppose la lumière, et elle devient la cause originaire d'un royaume de la

Remarque. A², bien qu'il puisse être objectif pour la puissance supérieure, est pourtant par rapport à la nature même quelque chose d'*absolument intérieur*, et on ne doit penser ici à rien d'extérieur.

§ *63. La pesanteur tend absolument à l'être du produit, qui est désigné par A = B.* – Cela suit du § 54.

Supplément 1. Elle s'efforce donc de conserver ce produit dans son être. Car c'est seulement pour autant que ceci a lieu qu'elle peut produire au jour *(hervorbringen)*, de concert avec la lumière, la totalité relative (§ 58, Explication 3).

Supplément 2. Puisqu'elle est la force constructrice (§ 54, Éclaircissement), elle est déterminée par la lumière à reconstruire [à devenir idéale avec le produit], cependant que la lumière même est ce qui détermine à la reconstruction.

152 | § *64. Après que A = B est posé en tant que totalité relative, partant (§ 58, Supplément 5) A² [la deuxième puissance], en A = B en tant que substrat peuvent être exposées (dargestellt) toutes les formes [idéelles] de l'être, celle de l'identité relative, celle de la duplicité relative et celle de la totalité relative.*

Preuve. Identité relative et duplicité relative ne peuvent jamais être en soi, mais seulement par la totalité relative. (Cela suit de la preuve du § 51). Or A = B *est* en tant que totalité relative. Par conséquent etc.

Supplément. Identité relative et duplicité relative sont donc pour la première fois dans cette puissance *réelles*.

Explication 1. Que l'identité relative soit posée par la totalité veut dire : A et B sont posés tous deux en tant que puissances de A = B (lequel d'après cela reste dans son identité), et en tant que tels dans l'identité relative, *ou* : l'Identique A = B, la pesanteur, à laquelle n'est échu jusqu'à présent aucun être actuel ou empirique [1] (§ 54, Remarque), est posée sous les puissances de A et B en tant qu'*étant*, ces dernières pensées dans l'identité relative. – La même chose vaut de la duplicité relative.

forme et de la vie particulière, qui se dégage de la puissance de la pesanteur. La pesanteur, en tant qu'essence totale, intuitionnée objectivement seulement, de la nature, porte aussi, informées en soi, toutes les idées, mais immergées dans le réel et comme perdues dans la finitude. La lumière est ce qui réveille les Idées endormies ; elles se lèvent à son appel, et se forment dans la matière jusqu'aux formes qui leur sont adéquates et correspondent à leur particularité, et s'arrachent au Rien. De même ainsi que la pesanteur œuvre en ce sens qu'elle dissout toute puissance, c'est-à-dire toute particularité, et qu'elle réduit éternellement tous les êtres à la racine de leur être-là, la lumière en revanche est l'élément potentialisant, ce qui universellement donne âme, non pas le concept de la chose particulière en tant que telle, mais le concept et la possibilité infinie de toutes les choses. La lumière est un *contempler (Schauen)* de la nature, et en contemplant elle *crée* l'être infini ».

1. Correction (S) : n'est échu aucun être actuel, mais un être pur, suivant simplement de façon immédiate de l'essence.

Explication 2. J'appelle l'identité relative [et la duplicité relative] posées par la totalité identité relative [et duplicité relative] [1] *de la deuxième puissance.* – L'identité relative et la duplicité relative de la première puissance n'existent donc pas (Supplément).

§ 65. A et B posés dans l'identité relative de la deuxième puissance [2] *sont posés sous la forme de la ligne (§ 46, Supplément).* – *Tous deux sont posés en tant qu'étant* par la totalité relative (§ 64, Explication 1), partant etc. (cf. la preuve du § 51).

§ 66. Sous la forme de cette ligne la matière est posée en tant qu'identité, non seulement dans le particulier, mais aussi dans le tout. En effet c'est seulement sous la forme de cette ligne que A = A est posé en général (§ 46), or cette ligne est la même dans le particulier que dans le tout (§ 39). Par conséquent etc.

| *Supplément.* Il n'y a d'après cela qu'une seule matière, et toute 153 différence qui peut être posée dans la matière = celle qui est posée à l'intérieur de cette ligne.

§ 67. La forme de cette ligne est ce qui conditionne la cohésion. – En effet, en chaque point de cette ligne, A et B, force attractive et force expansive, sont dans l'identité relative. Il y a donc entre chacun des deux points de cette ligne une force qui résiste à leur éloignement réciproque, c'est-à-dire la cohésion.

Supplément. Le A = B identique posé sous la forme de l'identité relative de A et B (§ 64, Explication 1) est donc *force de cohésion* [3].

Explication. J'appelle A le facteur déterminant, B le facteur déterminé, A également le facteur négatif, B le facteur positif de la cohésion.

§ 68. La forme de cette ligne est celle du magnétisme [4].

Supplément. Cohésion pensée comme active = magnétisme. J'ai déjà conduit ailleurs les preuves de cette proposition. Nous ne ferons donc

---

1. Nous rétablissons là où Schelling se contente d'écrire etc.

2. (S) Ici en effet le substrat indifférent est présupposé.

3. Dans la dynamique kantienne, la cohésion est « l'attraction, pour autant qu'on la considère comme agissant seulement au contact » (*Premiers principes métaphysiques, AK* IV, 526; OPH II, p. 441). Kant la tenait pour une force dérivée. Schelling la pense immédiatement à partir du magnétisme. Cf. l'*Erster Entwurf eines Systems der Naturphilosophie*, I, 2, *SW* III, 29-30 : « Cet effort en vue du remplissement d'un espace commun s'annoncerait dans l'expérience par la résistance à la suppression du remplissement commun de l'espace, il donnerait le phénomène du lien – la *cohésion*. La force avec laquelle il y aurait résistance à cette suppression s'appellerait force de cohésion [Note : Ce qu'est la *cause originaire* de la force de cohésion reste par là encore inexpliqué. Ce sera *la* force par laquelle les actions se lient dans la nature]. *Remarque.* La force de cohésion est par conséquent une force composée, non une force simple, comme la force d'attraction ».

4. Sur le magnétisme, aussi universel que la pesanteur, cf. l'*Entwurf*, II, *SW* III, 111-112, et déjà la *Weltseele, SW* II, 476 *sq.*

encore, pour expliquer la coïncidence de l'aimant avec la ligne construite au § 46, que la remarque expresse suivante : aux extrémités de l'aimant on ne peut trouver un pur M + ou M −, mais les deux à la fois, B et A, seulement avec + ou − prédominant. Cf. *Brugmans, Sur la matière magnétique*, p. 92 [1].

§ 69. La matière dans son ensemble doit être considérée comme un aimant infini. − Comme infini d'après le § 57, comme aimant d'après les § 66, Supplément, et 67.

Supplément 1. En chaque matière est contenue toute autre matière, sinon actu, du moins *potentialiter.* − Cela suit du § 66, Supplément.

Supplément 2. Tout dans le monde matériel est donc sorti d'un Seul.

§ 70. La matière ne peut être posée sous la forme du magnétisme sans être posée en tant que totalité par rapport à soi-même. Cela suit des § 65 et 41, Supplément.

Remarque. Cette totalité par rapport à soi-même est = substance et accident. Dans la proposition A = A l'identité même est | posée en tant que *substance*, mais A et A en tant que simples accidents (formes de l'être) de cette substance. − La substance *est* par conséquent (§ 6) indépendamment des accidents. La substance dans la matière est = (A = B), les accidents sont A et B pensés comme puissances de cet Identique (§ 64, Explication 1). A = B *est* par conséquent originairement et indépendamment de A aussi bien que de B, ces derniers pensés comme puissances, car il est le *primum existens* (§ 51, Supplément).

§ 71. Le magnétisme est ce qui conditionne la figuration (Gestaltung). − Cela suit du § 67, Supplément.

Remarque 1. L'identité de la matière est donc aussi une identité de la figure *(Gestalt).* Cela suit du § 65.

Remarque 2. De même que le magnétisme est ce qui conditionne la solidité (§ 67, Supplément), inversement la solidité est la condition du phénomène du magnétisme.

§ 72. L'augmentation et la diminution de la cohésion sont en proportion déterminée, inverse de l'augmentation et de la diminution du poids spécifique. Cela suit du § 58, Supplément 6.

---

1. M ici pour *Magnet* (aimant), que nous conservons pour éviter toute confusion. Les recherches sur le magnétisme et l'action à distance, qui avaient déjà occupé Newton, étaient alors en vogue. Anton Brugmans (1732-1789) était l'auteur des *Tentamina philosophica de materia magnetica* (1765), traduits en allemand en 1784. Brugmans avait émis l'hypothèse que la matière magnétique consistait en deux fluides élastiques, nord et sud, en équilibre dans l'aimant qui en est le conducteur, et répartis aux deux pôles, avec un état intermédiaire neutre. Cf. l'exposé de Fr. Moiso, *HKA* I, *EBD*, p. 191 *sq.* Sur Brugmans, cf. *Von der Weltseele*, *SW* II, 478, *Zeitschrift für spekulative Physik*, Bd. 1., Heft 2., 1800, *SW* IV, 542-543, *Allgemeine Deduktion*, § 12 (*SW* IV, 10) et § 21 (*SW* IV, 15-16).

Remarque 1. L'exposé et l'établissement plus déterminés de cette loi, dont la première découverte lui revient, sont à attendre des *Contributions à l'histoire naturelle du corps terrestre* de M. *Steffens* [1]. Nous ne ferons provisoirement que la remarque suivante. – Le principe idéel se trouve en guerre avec la pesanteur, et puisque celle-ci a la plus grande prédominance en son centre, c'est dans la proximité de celui-ci qu'elle parviendra aussi au plus tôt à unir un poids spécifique considérable avec la solidité, donc à ramener A et B sous sa domination ne fût-ce que pour un moment minime de la différence. Plus ce moment est grand, plus le poids spécifique est surmonté, mais d'autant plus haut est le degré auquel en vient alors aussi la cohésion, jusqu'à un point où, avec la cohésion en diminution, c'est à nouveau le poids spécifique plus grand qui l'emporte, et enfin tous deux à la fois sombrent ensemble. C'est ainsi que selon *Steffens* nous voyons dans la série des métaux tomber le poids spécifique, du platine, de l'or etc. jusqu'au fer, mais la cohésion (active) monter et atteindre son maximum en ce dernier, puis céder à nouveau devant | un poids spécifique considérable (par 155 exemple dans le plomb), et enfin dans les métaux encore plus profondément enfouis diminuer en même temps que celui-ci. – *Steffens* montrera très bien comment de cette façon la nature, puisqu'elle réduit continuellement le poids spécifique, est contrainte de passer par le maximum de cohésion et donc de la faire surgir *en tant que* magnétisme; comment d'autre part les corps spécifiquement les plus lourds du sol terrestre sont concentrés sous l'équateur et à proximité de celui-ci, tandis que les corps spécifiquement plus légers et cohérents (en particulier le fer) le sont aux environs des pôles (celui-ci surtout aux environs du Pôle Nord).

1. Henrik Steffens (1773-1845), avait collaboré à la *Zeitschrift* (*Bd. 1. Heft 1.*, « *Über den Oxydations – und Desoxydations-Proceß der Erde*», 1800). Les *Beyträge zur innern Naturgeschichte der Erde* paraissent l'année même de la *Darstellung*. Sur Steffens, cf. les *Ideen, SW* II, 83, l'*Erster Entwurf, SW* III, 123 et 149, l'*Allgemeine Deduktion*, § 57, *SW* IV, 68. – Ami et disciple, le jeune norvégien avait assisté avec enthousiasme à la leçon inaugurale de Schelling à Iéna en 1798. Schelling s'en souviendra plus tard à Berlin : « Ce fut à l'automne 1798 que je montai pour la première fois en chaire à Iéna, rempli de la pensée que le chemin de la nature à l'esprit devait être possible tout autant que le chemin inverse, de l'esprit à la nature, où Fichte s'était engagé, plein de confiance, dis-je, en cette pensée, mais encore mal instruit des écueils et des dangers de l'exposé public, surtout lorsqu'il est libre. Je ne savais pas encore que la vigueur principale de celui-ci consiste dans la force de l'arrêt, où chaque pensée trouve espace et temps pour se développer, où mots et pensées ne se précipitent pas. Je le saisis alors, seul à la maison dans le crépuscule, peu édifié par mon propre exposé et d'humeur peu sereine, lorsqu'un jeune homme entra chez moi qui s'annonça comme norvégien et dit qu'il s'appelait Steffens, et sur-le-champ me fit connaître qu'il se trouvait au même point que moi, que la même pensée l'occupait; je trouvai donc en lui dès le commencement de ma carrière un allié spirituel, qui ne différait de moi que par une intuition plus vaste de la nature, qu'il avait acquise avant moi en raison de son métier particulier ». Plitt, *Aus Schellings Leben. In Briefen*, I, 244. Cf. la longue lettre de Steffens à Schelling du 1er septembre 1800, Fuhrmans, II, 240 *sq.*

La construction complète de la série de cohésion ne sera cependant rendue possible que par les lois suivantes.

Remarque 2. Je crois pouvoir montrer (bien qu'il puisse peut-être paraître en aller autrement au premier regard) que l'*inclination* de la boussole a de même son fondement dans cette loi.

[Je fais encore une remarque au sujet de la *relation de la cohésion à la pesanteur*. La pesanteur, puisqu'elle est l'essence de l'identité absolue même, tend à l'être pur, absolu. Précisément pour cette raison elle n'*est* pas, mais est simplement fondement de l'être, posée en tant qu'étant par la cohésion seulement. Mais puisqu'elle est forcée d'être sous la forme (forcée, à savoir parce que le seul et même qui est être *pur* est aussi infini *connaître*, et ce qui est mode de celui-là est aussi mode de celui-ci), est aussi posé, de façon absolument nécessaire, un combat entre la pesanteur et la cohésion. Ce combat produit au jour ce que nous appelons poids spécifique. Le spécifique ici est ce qui est déterminé par la cohésion, c'est l'individuel ou le particulier de la chose. Le poids lui-même n'est pas capable de différence quantitative. La synthèse de ce qui en soi n'est pas capable de différence, absolument identique à soi-même, avec ce qui est différent et non-identique à soi-même, constitue ce que nous désignons par poids spécifique. – L'efficace *(Wirkung)* de la cohésion force la pesanteur à poser l'indifférence dans la différence, et à vrai dire l'effort *(Bestreben)* de la pesanteur tend nécessairement à placer dans la différence le moment le plus
156 grand de l'indifférence. Mais l'efficace par laquelle la cohésion | (acte de connaissance) est posée tend à la polarité universelle, donc à la différence, au poser de l'indifférence sous la forme de A et B. Pesanteur et cohésion sont par conséquent opposées; or puisque la cohésion tend à la différence, mais la pesanteur à l'indifférence dans la différence, il y a donc ici une proportion inverse, jusqu'à un certain point; car il vient un certain point où cet acte ne pose plus non plus la cohésion, mais la résolution complète de la cohésion (où elle est entièrement perdue dans les pôles). Or dans ce conflit surgissent tous les rapports possibles dont il est question dans le §].

§ 73. Dans l'aimant, la cohérence relativement plus grande est dans l'ensemble du côté négatif, la cohérence relativement moindre du côté positif.

Éclaircissement. J'appelle côté négatif celui où le facteur négatif est prédominant[1], et inversement. La preuve suit du § 67, Éclaircissement (cf. cette *Revue*, volume 1, livraison 2, page 74[2]).

1. Correction (S) : où le particulier est prédominant.

2. *Allgemeine Deduktion des dynamischen Processes oder der Kategorien der Physik*, *SW* IV, 69.

Supplément 1. Puisque à chaque place nominale de l'aimant on trouve à nouveau la totalité de l'aimant, la même chose vaut aussi de chaque partie de l'aimant.

Supplément 2. Aucun corps ne peut devenir aimant sans être à la fois relativement élevé et diminué dans sa cohésion.

§ 74. Toute différence entre les corps n'est faite que par la place qu'ils occupent dans l'aimant total (§ 66). – Cela suit du § 66, Supplément.

§ 75. Deux corps qui sont différents l'un de l'autre peuvent toujours être considérés comme les deux côtés opposés d'un aimant, et d'autant plus que leur différence relative est plus grande. Cela suit immédiatement des § 74 et 73.

§ 76. Dans l'aimant total l'aimant empirique doit être considéré comme point d'indifférence (pour la même raison qu'au § 74).

| *Remarque.* Quant à ce qui est compris sous le point d'indifférence de l'aimant, cf. cette *Revue*, volume 1, livraison 1, page 111 [1]. 157

Éclaircissement. L'aimant empirique est le fer.

§ 77. Tous les corps sont contenus potentialiter *dans le fer.* – En effet dans le fer tombe le point d'indifférence, par conséquent (§ 46, Supplément) l'identité (le A = A) de toute matière, ce par quoi elle est matière.

§ 78. Éclaircissement. J'appelle l'altération que subit une seule et même substance (A = B) [2] par cela qu'elle est posée dans une direction avec une prédominance relative de A [que le particulier est posé], dans la direction opposée avec la prédominance relative de B [que l'universel est posé], la *métamorphose* de cette substance.

Supplément. Tous les corps sont de simples métamorphoses du fer [3]. Cela suit de l'Éclaircissement, mis en parallèle avec les § 73 et 74 [4].

---

1. *Allgemeine Deduktion*, § 12, *SW* IV, 10 : « En effet, en tout aimant on trouve : a/ un point où seule la force positive manifeste son efficace, force qui à partir de ce point devient en retour progressivement décroissante en un point déterminé = 0.

b/ Un point où le magnétisme n'est ni + ni –, où il y a donc une complète indifférence. Ce point est le point-limite commun des deux forces et correspond au point C déduit plus haut.

Je nommerai ce point, qui est un point zéro, parce que le zéro n'est pas ici un zéro *originaire*, le point indifférent, et rappellerai qu'il n'est pas confondu avec les *points* d'indifférence découverts par *Brugmans*, dont il est complètement différent. Puisque je considère l'aimant comme pure ligne, je ne puis également parler que d'un *point* indifférent ; dans l'aimant réel on nomme la partie indifférente tout entière l'équateur de l'aimant.

c/ Un point où seule la force négative est dominante, force qui, croissant progressivement depuis le point d'équilibre, atteint finalement en lui son maximum ».

2. Correction (S) : qui se produit dans une seule et même substance lorsque.

3. (S) de l'unique indifférence.

4. Cf. *Allgemeine Deduktion*, § 57, *SW* IV, 69 : « Le métallique est précisément le matériau terrestre originaire (*Erdenstoff*), et toute autre matière (*Materie*) ne surgit que par les différentes potentialisations et dépotentialisations de celui-ci. La matière de la terre est entièrement *homogène* ».

§ 79. Il n'y a en soi aucun corps particulier. – § 66, Supplément [1].

§ 80. Chaque corps pensé comme particulier doit être pensé avec en lui l'effort vers la totalité. En effet il n'*est* pas en soi, mais chacun renferme en vertu de la pesanteur (d'après le § 63, Supplément) l'effort pour se contenir[2] en son être. Par conséquent etc.

Supplément 1. Chaque corps particulier en tant que tel s'efforce donc lui-même d'être une totalité, c'est-à-dire (§ 70) un aimant complet.

Supplément 2. Cet effort est d'autant plus grand que le corps est plus éloigné de l'indifférence.

Supplément 3. Toujours deux corps différents s'efforcent à la cohésion *(zu cohäriren),* cela suit du Supplément 1, mis en parallèle avec le § 75.

§ 81. Chaque corps renferme en général l'effort pour élever dans l'ensemble sa cohésion. – En effet | chacun renferme l'effort pour persévérer *(beharren)* dans son identité (§ 80, Supplément 1). Mais le corps n'est une identité que par la cohésion[3] (§ 70). Par conséquent etc.

Supplément. Aucun corps cependant ne peut s'élever relativement dans sa cohésion sinon aux dépens d'un autre[4]. – Cela suit du § 80, Supplément 1, mis en parallèle avec le § 75.

§ 82. Éclaircissement. Le contact de deux corps est le rétablissement de la contiguïté.

§ 83. Toujours deux corps différents qui sont en contact posent en eux de façon réciproque une élévation et une diminution relatives de la cohésion. – Cela suit du § 73, mis en parallèle avec les § 75, 80, Supplément 1.

Supplément 1. Cette altération réciproque de la cohésion par le contact de deux corps différents est l'unique fondement de toute *électricité*[5].

Supplément 2. L'électricité se trouve sous le schéma de la duplicité relative, lequel est exprimé par l'angle

---

1. (S) En effet il n'y a proprement qu'une seule totalité, dans laquelle chaque corps désigne une place déterminée, en sorte qu'il est nécessairement à cette place.

2. *Sich ... zu enthalten,* en écho à l'expression spinoziste *sich zu erhalten,* « se conserver » dans son être.

3. Correction (S) : n'affirme son identité que par la cohésion.

4. (S) En effet il ne s'élève dans la cohésion qu'en vertu de l'effort vers la totalité, donc seulement dans l'opposition avec un autre, avec lequel il a en commun d'être aimant. Mais ceci est impossible sans élévation et diminution relatives simultanées de la cohésion (cf. § 83).

5. Pour une présentation complète des théories de l'électricité, on consultera l'exposé de Francesco Moiso, *HKA, EBD,* 221 *sq.* Dans la *Naturphilosophie* schellingienne, on se reportera à l'*Allgemeine Deduktion,* § 22 *sq.* (*SW* IV, 18 *sq.*).

Supplément 3. Puisque AC et CB en soi sont la même chose, identiques aux deux côtés de l'aimant, dont chacun à nouveau est un aimant, l'électricité retombe donc par là aussi sous le schéma du magnétisme, ou encore l'angle ACB est réductible à la ligne droite ACB (§ 51). – Le contact des corps différents n'est donc requis pour l'électricité qu'en vue de donner le point C de cette ligne, et ainsi il pourrait bien s'avérer que dans l'ensemble de cette puissance tout, donc le magnétisme, l'électricité, etc., se tînt à nouveau de concert sous le schéma du magnétisme. [Nous ne sortons pas du schéma du rectiligne].

| *Supplément 4.* Le rapport de la duplicité relative est = à celui de la 159 *cause* et de l'*effet*[1].

Supplément 5. La déduction elle-même fait apparaître la raison qui explique pourquoi les phénomènes de l'électricité ne se présentent qu'à l'occasion du *contact* et de la *séparation* de deux corps [et pourquoi dans le magnétisme il n'y en a pas d'autres que les purs phénomènes de l'attraction et de la répulsion, parce qu'ici contact et séparation sont impensables].

§ 84. Des corps indifférents qui sont en contact s'efforcent de poser en eux de façon réciproque une diminution de la cohésion; en effet puisqu'en général chaque corps renferme l'effort pour s'élever dans sa cohésion (§ 81), mais que ceci n'est possible que sous la condition d'une diminution de la cohésion dans l'autre (*id.,* Supplément), dès lors de deux corps indifférents qui sont en contact chacun pose en l'autre de façon réciproque cette diminution.

Supplément. La diminution de la cohésion considérée absolument est = à un échauffement, car *relativement,* c'est-à-dire par rapport à l'élévation proportionnelle de la cohésion, elle est = à l'électricité (§ 83, Supplément 1).

§ 85. Toujours de deux corps différents qui sont en contact, celui-ci est électrique-négatif qui subit une élévation relative de la cohésion, celui-là est positif qui subit une diminution égale de la cohésion[2]. – Cela suit des § 73, 75.

Supplément 1. Le pôle de l'aimant (par exemple de la terre) relativement diminué dans la cohésion est le pôle sud, celui qui est élevé est le pôle nord; celui-là donc = + M, celui-ci = – M.

---

1. Correction (S) : pose celui de la cause et de l'effet. – L'identité n'est pas un fondement de détermination pour l'agir; par là est seulement posé l'*être.* De même par conséquent que les corps sont déterminés par l'identité relative (le magnétisme) en tant que substance et accident, ils sont aussi d'après cela déterminés pour le rapport de cause à effet ou le rapport substantiel. Le premier rapport donne l'universel pour le particulier, le second le particulier pour l'universel. De même que la cohésion absolue ou la pure première dimension [est posée] par le magnétisme, de même la seconde – longueur et largeur – l'est par l'électricité.

2. (S) Loi fondamentale de tout procès électrique.

160 | *Supplément 2.* + E = + M, – E = – M.

§ 86. L'électricité est communiquée et conduite selon le même mécanisme que celui par lequel elle est éveillée.

Explication. Soit ABDC

A B D C

un corps, qui de C à D a subi une diminution *relative* de la cohésion par le contact d'un autre, donc est électriquement +, CD se rapporte alors à DB comme deux corps de cohésion différente se rapportent l'un à l'autre, c'est-à-dire que la condition pour qu'il y ait électricité est donnée, et puisque CD renferme la tendance nécessaire à retourner dans son état (§ 63, Supplément 1), il élèvera sa cohésion aux dépens de DB, diminuera donc symétriquement celui-ci (§ 81, Supplément) dans sa cohésion, partant (§ 85) le posera électriquement +. Le même rapport est entre DB et BA. De façon analogue le + E posé en C se propagera de C vers A, de A vers C dans tout le corps, jusqu'à ce que la diminution de la cohésion soit uniforme sur toute la surface.

Supplément. Elle est donc toujours seulement éveillée, et non pas du tout au fond communiquée.

§ 87. Chaleur et excitation électrique sont en proportion inverse [1].

Cela ressort du § 84, mis en parallèle avec 85.

Remarque. On peut en indiquer la raison de façon précise, parce que, là où il y a excitation électrique, sont toujours posées en même temps une élévation et une diminution de la cohésion (§ 83). Donc autant il y a de chaleur [+] en B, autant il y a de non-chaleur positive [–] en A, partant *chaleur zéro.*

§ 88. La chaleur est conduite et communiquée de la même façon que l'électricité, c'est-à-dire (§ 86, Supplément) qu'elle n'est pas du tout communiquée au sens habituel du mot.

Explication. Si le corps ABDC (§ 86) est échauffé en DC, c'est-à-dire

161 diminué dans sa cohésion, il élèvera à nouveau sa cohésion | aux dépens de DB, et ainsi de suite, la diminution de la cohésion, c'est-à-dire la chaleur, paraîtra donc propagée de CD en DB et au-delà.

Supplément 1. Un corps n'est échauffé que pour autant qu'il est conducteur, et inversement il n'est conducteur que pour autant qu'il est lui-même échauffé.

---

1. (S) En effet : condition de celle-là, contact de corps indifférents, de celle-ci : contact de corps différents.

2. Chaque procès de conduction calorifique est un procès de refroidis-sement [c'est-à-dire un procès d'élévation de la cohésion] relativement au corps conducteur, aussi la force de conduction doit-elle être estimée d'après l'énergie avec laquelle un corps se refroidit lui-même (et non avec laquelle il en refroidit un autre par une diminution propre de sa cohésion).

§ 89. Le procès électrique de conduction se produit sous la forme du magnétisme, et c'est un procès actif de cohésion, car il ne se produit pas sans élévation et diminution simultanées de la cohésion entre deux corps différents ou deux points différents du même corps (§ 86), par conséquent (§ 73, Supplément 2) sous la forme du magnétisme, partant aussi (§ 68, Supplément) en tant que procès actif de cohésion.

Remarque. Le procès de conduction s'atteste effectivement en tant que cohésion, par exemple dans l'adhérence l'un à l'autre de deux corps électrisés de façon opposée, et cette cohésion est en retour la preuve que la cohésion en général n'est possible que sous la condition du + et du –.

§ 90. Le procès de conduction calorifique (procès de refroidissement) est un procès électrique. – Cela suit déjà du [rapport inversement pro-portionnel de l'électricité et de la génération de chaleur] § 87 (car puisque la production de chaleur est en rapport inverse avec la production d'électri-cité, la suppression de chaleur ne sera également possible qu'au moyen d'un procès électrique [c'est-à-dire que le refroidissement sera en rapport *direct* avec le procès électrique]), et de façon encore beaucoup plus précise du § 88.

Exemples. Procès de refroidissement de la tourmaline avec inversion de la polarité, qui ici (par un rapport particulier qui s'expliquera ultérieure-ment) fut posée déjà par l'échauffement[1]. – Procès de refroidissement du soufre fondu (où à vrai dire un frottement, c'est-à-dire | un contact en 162 plusieurs points, est nécessaire). – Refroidissement par évaporation, etc. – Le corps échauffé, considéré de façon complètement isolée, à vrai dire

---

1. Les recherches berlinoises d'Aepinus (1724-1802; *Zwo Schriften. I. Von der Aehnlichkeit der elektrischen und magnetischen Kraft. II. Von den Eigenschaften des Tourmalins,* Grätz, 1771) sur la tourmaline ou « pierre de Ceylan » et ses propriétés électri-ques avaient représenté un nouveau stade dans la découverte des sources de l'électricité. Cf. l'ancienne *Histoire de la physique* de Johann Christian Poggendorff (1878), tr. fr. E. Bibart et G. de la Quesnerie, éd. J. Gabay, 1993, p. 543-544. On se reportera aussi, pour plus de précisions, à l'exposé de Fr. Moiso, *HKA* I, *EBD,* p. 182. Schelling prenait déjà l'exemple de la tourmaline dans l'*Allgemeine Deduktion,* § 50, *SW* IV, 55 : « Il y a un corps dont notre théorie du lien de la chaleur avec le magnétisme pourrait paraître tirée par abstraction, ses manifestations s'accordant si exactement avec elle. C'est la *tourmaline,* cette pierre remarquable qui indique le passage du magnétisme à l'électricité et qui, par simple échauf-fement, c'est-à-dire par simple altération de sa cohésion, acquiert une polarité instantanée. Ce corps paraît se tenir au plus près du fer dans la force de cohésion, aussi le magnétisme montre-t-il en lui déjà la tendance à se perdre dans la force de surface, c'est-à-dire l'électricité ».

n'est pas électrique, car il n'y a électricité qu'à l'occasion d'altérations relatives de cohésion. Mais dès qu'un second corps (par exemple le thermomètre) vient s'ajouter, la condition du procès électrique est donnée, et donc le procès est effectivement posé.

§ 91. *De même que la cohésion est une fonction de la longueur, de même toute force de conduction est une fonction de la cohésion.* – Les propositions qui précèdent immédiatement en constituent la preuve.

Supplément 1. De même que la conduction électrique se produit sous la forme du magnétisme, de même la conduction calorifique se produit à son tour sous la forme de la conduction électrique ; par conséquent toute force de conduction, immédiatement ou médiatement, revient au magnétisme[1].

Supplément 2. Toute conduction est effort-vers-l'identité *(Identitäts-bestrebung)* du corps. Ce n'est pas le corps en soi qui est conducteur, mais la pesanteur (§ 63), pour autant qu'elle est forcée d'agir sous la forme de la cohésion.

§ 92. *La pesanteur est posée en tant qu'étant par la cohésion.* – *Preuve.* En effet la pesanteur en soi, en tant que [simple] fondement de l'être réel de A et de B, n'est précisément pour cette raison pas soi-même *actu* (§ 54, Remarque). Or elle est posée *actu* par cela qu'elle est posée en tant que le A = B identique sous les puissances de A et de B – ces derniers pensés dans une identité relative[2] (§ 64, Éclaircissement 1) ; or par l'identité relative de A et de B est posée la cohésion (§ 65-66). Par conséquent etc.

§ 93. *Dans la lumière est l'identité absolue même.* – En effet l'identité absolue en général *est* ou existe immédiatement par cela que A et B en tant que tels sont posés en tant qu'étant (§ 50). Or tous deux sont posés en tant que tels, c'est-à-dire (§ 24) en tant qu'étant avec différence quantitative, |
163 immédiatement par la cohésion, mais aussi, immédiatement avec celle-ci, A[2] (§ 58, Supplément 7) = lumière (§ 62), donc dans la lumière est l'identité absolue même[3].

Remarque 1. Dans la pesanteur (§ 54, Remarque) nous devions sans doute reconnaître l'identité absolue selon l'essence, mais non en tant qu'*étant*, puisqu'en celle-là elle est bien plutôt fondement de son être *(ibidem).* Dans la force de cohésion il n'y a pas l'identité absolue, mais la

---

1. (S) D'une façon générale, presque toutes les propositions qui se présentent ici visent simplement à prouver que tout est assujetti au schéma de la réflexion *(Reflexion)* ou de l'information *(Einbildung)* de l'identité dans la duplicité.

2. (S) C'est-à-dire par là une différence quantitative.

3. (S) Ainsi l'identité absolue est en tant que *fondement* de l'existence = pesanteur, laquelle, cela étant, peut à nouveau être soi-même posée en tant qu'existante par cela qu'elle est posée sous la forme de A et de B avec différence quantitative. Mais seulement *en tant que* pesanteur. C'est seulement parce qu'elle pose A et B en tant que forme d'*un être unique* qu'elle se pose soi-même dans la lumière.

pesanteur (§ 92), qui en soi n'est pas (*ibid.*). Dans la lumière, et dans l'effectivité, c'est l'identité absolue même qui se lève. La pesanteur s'enfuit dans la nuit éternelle, et l'identité absolue même n'ouvre pas complètement le sceau sous lequel elle gît enfermée, bien qu'elle soit forcée, sous la puissance de A et B, et pourtant en tant que le seul Identique, de s'avancer pour ainsi dire vers la lumière [1].

Remarque 2. Tous les physiciens, sans le savoir, attribuent à la pesanteur en tant que telle un simple être pur, au contraire ils considèrent la force de cohésion déjà comme quelque chose d'empirique, c'est-à-dire quelque chose de compris *(Begriffenes)* dans la sphère de l'existence *(Existenz)* actuelle. Toutefois même dans la cohésion la pesanteur n'*est* qu'en tant que fondement de la réalité, non en tant que la réalité même. Dans la lumière au contraire l'identité absolue même est le réel, et non pas simple fondement de la réalité.

Supplément. Puisque la lumière est l'identité absolue même, elle est nécessairement aussi identique selon son essence. – Cela suit immédiatement.

Remarque 3. Remercions les dieux de ce qu'ils nous ont libérés du *spectre* (oui, le spectre) newtonien d'une lumière composée, grâce à ce même génie auquel nous sommes redevables de tant d'autres choses [2]. – De

1. Cf. plus haut note 1, p. 80 (*SW* IV, 147), et note 2, p. 85 (*SW* IV, 151).

2. Il s'agit évidemment de Gœthe, dont la *Farbenlehre* parut pour la première en 1798 (réédition en 1810). On sait que le débat portait sur la composition ou la simplicité de la lumière, Schelling rejoignant Goethe en faveur de la lumière simple. Le livre de Goethe se montrait très agressif envers Newton et le « repaire de chouettes » de la science newtonienne. Cf. *Schriften zur Farbenlehre. 1790-1807,* hrsgg. von M. Wenzel, 2 Bde., Frankfurt/Main, Deutscher Klassiker Verlag, 1991. Schelling avait rencontré Gœthe à Weimar en 1799. Sur la philosophie de la nature de Goethe, on lira l'ouvrage récent de L. Van Eynde, *La libre raison du phénomène. Essai sur la « Naturphilosophie » de Goethe,* Paris, Vrin, 1998. La *Natur-philosophie* fait souvent appel à Goethe : *Von der Weltseele, SW* II, 533 (sur la métamorphose des plantes) ; *Erster Entwurf eines Systems der Naturphilosophie, SW* III, 36 : « Que dire enfin de la *lumière* ? – Qu'elle soit, en suivant *Newton,* composée, originairement déjà, d'un grand nombre d'actions simples différentes les unes des autres, dont l'empreinte totale est seulement la lumière blanche – ou qu'elle soit, en suivant *Goethe, originairement* simple, dans les deux cas la polarité des couleurs en chaque image solaire est la preuve d'une dualité dominante dans les phénomènes de la lumière, dont la cause originaire est encore à découvrir ». Et en note : « Ce qui par-dessus tout prouve l'affinité de la lumière avec l'électricité, ce sont les phénomènes *prismatiques,* comme Goethe les a établis dans ses *Contributions.* Ils ont, à mes yeux du moins, fait la décision – et peut-être la feront bientôt pour d'autres aussi – quant à la fausseté de la théorie newtonienne de la *lumière* blanche en tant que composition de sept rayons colorés, qui sont séparés dans le prisme, et établi qu'il s'agit bien plutôt, avec les phénomènes prismatiques, de quelque chose de largement supérieur à une décomposition simplement mécanique ou même à une décomposition chimique de la lumière ». Cf. aussi l'*Erster Entwurf, SW* III, 172 (sur la métamorphose des plantes) et l'*Allgemeine Deduktion,* § 43, *SW* IV, 47 (sur les *Contributions à l'optique*), § 52, *SW* IV, 59 (sur les phénomènes prismatiques), enfin *Die vier edlen Metalle,* § XXVIII, *SW* IV, 522.

fait, c'est seulement sur la base d'une telle manière de voir, qui affirme
164 l'identité absolue de la lumière, et | réfute les prétendues preuves expéri-
mentales de cette vaine hypothèse en substituant aux expérimentations
artificiellement compliquées et contrefaites de l'école newtonienne les
plus purs, les plus simples verdicts de la nature même, que peut s'ériger tout
ce système de l'identité. Il n'est pas précisément étonnant, mais bien plutôt
tout à fait naturel et éminemment compréhensible, que les physiciens qui
ont juré un attachement servile aux propositions newtoniennes s'opposent
à des tentatives qui mettent en évidence de façon absolument irréfutable
qu'ils se sont trouvés dans la plus insondable erreur sur l'affaire essentielle,
précisément dans la partie de la physique où jusqu'à présent ils s'imagi-
naient en possession de la plus grande évidence, et même presque de
l'évidence géométrique. De telles expériences pourraient tôt ou tard faire
vaciller même parmi le peuple la foi en ces prêtres aveugles de la déesse
voilée [1], et faire naître le soupçon général que cela ne s'est en rien mieux
passé avec toutes les autres parties de la physique proprement dite (à savoir
la partie dynamique de celle-ci), et que la physique vraie doit *commencer*
seulement maintenant à advenir et à s'extraire de l'aberration et de la nuit.
Une histoire à venir de la physique ne laissera pas de remarquer quelle force
retardatrice a exercée, eu égard à la totalité de la science, la représentation
newtonienne de la lumière, et comment au contraire la représentation
opposée, une fois établie et admise pour fondement, ouvre pour ainsi dire la
nature et laisse le champ libre aux *Idées*, qui jusqu'à présent étaient autant
dire bannies de la physique [2].

Explication. On pourra d'après ce qui précède exprimer le rapport de la
pesanteur à la force de cohésion et de celle-ci à la lumière de la façon
suivante. La pesanteur est l'identité absolue, pour autant qu'elle produit au

---

1. Sur la « déesse voilée » – la Nature elle-même –, cf. l'Introduction des *Ideen* (*SW* II,
12) : « Celui qui est immergé dans l'exploration de la nature et dans la simple jouissance de sa
richesse ne demande pas si une nature et une expérience sont possibles. C'est assez qu'elle
existe pour lui ; il l'a effectivement lui-même produite par le *fait*, et la question de ce qui est
possible, seul celui qui ne croit pas tenir *en main* l'effectivité la pose. Des époques entières se
sont noyées dans l'exploration de la nature, et l'on n'en est pas encore fatigué. Quelques-uns
ont passé leur vie à cette occupation et n'ont pas cessé d'adorer aussi la déesse voilée. De
grands esprits, indifférents aux principes de leurs découvertes, ont vécu dans leur propre
monde, et qu'est-ce que toute la gloire du plus fin sceptique en comparaison de la vie d'un
homme qui a porté un monde dans sa tête et la nature entière dans son imagination ? ».
L'image était déjà kantienne : *Critique de la faculté de juger*, § 49 (sur l'Idée esthétique),
tr. A. Philonenko, Paris, Vrin, 1982, p. 146, note de Kant : « On n'a peut-être jamais rien dit de
plus sublime ou exprimé une pensée de façon plus sublime que dans cette inscription du
temple d'*Isis* (la mère *Nature*) : « Je suis tout ce qui est, qui était et qui sera, et aucun mortel n'a
levé mon voile ».
2. Sur le rôle des Idées dans une science *a priori* et leur rapport à l'expérience, cf. l'essai
Sur le vrai concept, *SW* IV, 92, ci-dessous p. 158.

jour *(hervorbringt)* la forme de son être[1]; la force de cohésion est la pesanteur existant sous la forme universelle de l'être (A et B)[2]; la lumière est l'identité absolue même, pour autant qu'elle *est*. Dans la pesanteur | 165 l'identité absolue est simplement selon son essence[3], c'est-à-dire (§ 15, Supplément) abstraction faite de la forme de son être (qui est seulement produite au jour), la lumière est l'exister *(das Existiren)* de l'identité absolue même, et ceci est le fondement de l'être différent de la pesanteur et de la lumière.

2. Pour le plus grand nombre – et de loin –, tout se passe comme si ce qui est idéel existait ou était moins que le réel, aussi font-ils pour ainsi dire moins de cas de celui-là que de celui-ci, de même qu'à l'inverse d'autres dédaignent le réel, comme s'il n'égalait pas la pureté de l'idéel. Ceux-ci peuvent se rendre attentifs à la façon dont ils aperçoivent effectivement dans la lumière déjà un *Principium mere ideale actu existens*.

§ 94. L'identité absolue n'est posée en tant que lumière que pour autant que A et B sont facteurs de cohésion, et inversement A et B ne sont posés en tant que facteurs de cohésion que par la lumière. – Preuve. En effet, immédiatement par cela que A = B est posé, est aussi posé A[2] (§ 58, Supplément 7). Or A = B, par cela que A[2] [la puissance supérieure] est posé, est immédiatement posé en tant que substrat de l'identité relative (§ 64), et il est posé *seulement* en tant que tel, car même la duplicité relative revient à elle (§ 83, Supplément 3), or l'identité relative est la forme de la cohésion (§ 65, mis en parallèle avec le § 67). Par conséquent : 1/ A et B eux-mêmes sont facteurs de cohésion immédiatement par cela que l'identité absolue en tant que A[2] est posée en tant que lumière, 2/ l'identité absolue même n'est *en tant que* A[2] que pour autant que A et B sont facteurs de cohésion.

Explication. Il pourrait sembler à plus d'un que dans la proposition précédente avec sa preuve on a commis un cercle, ceci s'éclaircira lorsque nous nous exprimerons de façon encore plus précise sur le rapport de la lumière et de la pesanteur.

A = B est totalité relative, mais seulement par rapport à la puissance supérieure, car par rapport à soi-même il est absolue totalité (§ 42, Éclaircissement 2). Or dans l'absolue totalité est posée une indifférence complète. | La pesanteur en tant qu'absolue totalité poserait donc une indif- 166 férence complète de la force attractive et de la force expansive. Seulement

1. (S) Plus précisément : produit au jour l'être, où la forme de son existence peut s'avancer *(hervortreten)*.
2. (S) Plus précisément : est la pesanteur, pour autant qu'en elle s'est déjà avancée la forme universelle de l'existence.
3. (S) Aussi l'essence de la matière est-elle proprement = à l'essence de l'infini et n'est exprimée par rien d'autre de façon aussi immédiate.

elle pose à la fois A et B quantitativement à l'infini sous le rapport du particulier (§ 57), et seulement sous le rapport du *tout* (*ibidem*, Explication) dans un complet équilibre; or pour ce poser-là elle est simplement déterminée par la puissance supérieure (par cela qu'elle est totalité seulement *relative*); et parce que, avec ce poser de la force attractive et de la force expansive avec différence quantitative, sont aussi posés des degrés de la cohésion (§ 72), elle n'est pour le poser de la *cohésion* que déterminée par la puissance *supérieure*; aussi la cohésion est-elle posée de la même façon que seul A = B est posé en général en tant que totalité relative, c'est-à-dire aussi originairement que A = B soi-même, et inversement la puissance supérieure (par conséquent l'identité absolue en tant que A^2) est posée par cela que A = B ne peut être posé qu'en tant que totalité relative, partant sous la forme de la différence quantitative (de la cohésion); *il n'y a donc ici effectivement aucun avant ni aucun après, mais absolue simultanéité des puissances en tant que telles* (§ 44). Je dis : en tant que telles, car considéré absolument A = B précède à vrai dire A^2 (c'est le premier fondement de toute réalité, § 54, Supplément 1), mais non considéré en tant que puissance, car toutes les puissances se précèdent réciproquement, comme on peut s'en rendre très facilement compte à partir du § 43.

Supplément. Puisque l'identité absolue n'est lumière (A^2) que pour autant que A et B sont facteurs de cohésion (§), la cohésion est nécessairement aussi la limite de la *lumière même*, et la domination totale de la lumière (partant aussi du procès dynamique) sera restreinte au règne de la cohésion, proposition qui s'avérera bientôt décisive.

§ 95. L'univers matériel est formé (gebildet) par un procès originaire de cohésion. – Preuve. En effet la pesanteur est fondement des choses selon la substance seulement (§ 70, Remarque), mais non selon la forme (l'accidentel). Or la pesanteur même n'est *actu* que sous la forme de la cohésion (§ 92), car par celle-ci elle est posée sous la forme universelle (l'accidentel) 167 de l'être (§ 70, Remarque), A et B, or | l'être actuel de la pesanteur est l'univers matériel (§ 57) : par conséquent le monde matériel est formé par un procès originaire de cohésion[1].

1. (S) Si l'on pose la question de la vraie origine de l'univers matériel, on ne peut dire de lui ni qu'il a un commencement, ni qu'il n'en a pas. Car il est éternel absolument ou selon l'Idée, c'est-à-dire qu'il n'a *absolument* aucun rapport au temps. Toute détermination de temps appartient seulement au connaître fini et réfléchissant, mais en soi toutes choses sont contenues de façon éternelle et intemporelle dans l'absolu. Mais si l'on pose la question de l'acte de séparation (*Absonderungsakt*) par lequel l'univers matériel se sépare du tout pour le connaître réfléchissant et passe dans un être-là temporel (*ein zeitliches Dasein*), c'est l'aimant (son produit, la cohésion) qui est principe de l'individuation, exprimé sur le mode actif, la conscience de soi.

Ce qui sépare ne se sépare que *pour soi*, non sous le rapport de l'absolu. Ceci est sans doute le plus clair dans l'acte suprême de séparation, le Moi. Je *suis* seulement par cela que je

Remarque. La preuve pouvait aussi être immédiatement | tirée de ceci 168
que l'on doit regarder la matière, dans le tout comme dans le particulier,
comme un aimant. § 69.

Supplément 1. Notre système planétaire en particulier est formé par un
procès de cohésion, et il est un aimant dans le tout de la même façon que la
terre l'est dans le particulier.

Remarque. Cette proposition est une suite immédiate du § 95, mis en
parallèle avec le § 39. Je la place cependant particulièrement ici, parce que,
si on la considère, la preuve est aussi possible *in specie*, comme je le
montrerai par la suite en détail. – De la même façon que la terre, le système

me sais, et indépendamment de ce savoir je ne suis pas du tout *en tant que* Moi. Le Moi est son
propre faire (*Thun*), son propre agir (*Handeln*).

Or de cet acte de séparation qui dans le Moi est vivant, spontané, il y a dans les choses
corporelles une expression passive, un principe d'individuation qui leur est apposé *dans*
l'absolu même, pour qu'elles se séparent, non sous le rapport de l'absolu, mais bien sous le
rapport des choses elles-mêmes. – Le particulier entre dans le temps sans, sous le rapport de
l'absolu, se perdre hors de l'éternité. Tout ce qui relève de la *forme* de l'univers n'est compris
en elle que d'une façon intemporelle. Puisque cette forme est différence quantitative, c'est-à-
dire le fini dans le particulier, et indifférence, c'est-à-dire l'infini dans le tout, toute la série du
fini, mais non *en tant que* fini, est également éternelle, absolument présente dans l'absolu. Cet
ordre éternel des choses, à l'intérieur duquel l'un pose l'autre et n'est possible que par l'autre,
n'est pas né (*entstanden*), ou s'il est né, il renaît avec chaque conscience.

L'identité absolue est pour ainsi dire le moment universel de résolution de toutes choses ;
en elle rien n'est différencié, bien que tout soit contenu en elle. Le connaître fini, la conscience
de soi, trouble cette transparence suprême, et – si nous voulons filer notre métaphore – le
monde réal, matériel est un sédiment ou un précipité de l'identité absolue, le monde idéel, au
contraire, un sublimé. Dans l'absolu ces deux mondes ne sont pas scindés, mais un, et
inversement ce en quoi ils sont un est l'absolu [a].

a. La note manuscrite de Schelling donne un éclaircissement décisif sur l'articulation,
constamment aporétique, de l'infini et du fini, de l'éternel et du temporel, manifestant une fois
de plus la difficulté principale qui paraît bien hanter le système de l'identité : le sens du temps
et de la finitude dans une philosophie où l'Absolu ne sort pas de lui même ni, d'aucune façon,
ne déroge de son absoluité. C'est bien cette question que le *Bruno*, dès 1802, prendra en
charge au moyen d'une théorie nouvelle du *reflet*. Sur le fini et la séparation, cf. *SW* IV 246 ;
tr. J. Rivelaygue, p. 75 *sq.*, sur l'univers et le temps, particulièrement *SW* IV 251, tr. p. 81 *sq.* :
« Pour cette raison donc, puisque l'univers véritable est d'une plénitude infinie, ne contenant
en lui rien d'extérieur au reste, rien de séparé, tout y étant absolument un et toutes les choses
les unes dans les autres, nécessairement, dans la copie, il s'étale en un temps illimité, de même
que cette unité du possible et de l'effectif, qui se trouve hors du temps dans l'organisme, a
exigé pour son devenir, lorsqu'elle se trouve étalée dans le reflet, un temps qui ne saurait avoir
ni commencement ni fin. Ainsi donc le fini n'existe point en soi hors de l'absolu et il n'existe
comme singulier que pour soi, car dans l'absolu ce qui dans le fini est idéal et hors du temps est
aussi réel ; si ce rapport de possibilité est un lien de cause à effet, c'est qu'il le pose lui-même et
si ce rapport n'est pas indépendant du temps, c'est qu'il pose lui-même son temps. En effet ce
qui renferme seulement la réalité effective sans la possibilité, il le pose comme passé, et ce qui
contient la possibilité sans la réalité effective, comme futur ; ainsi ce qui pose le temps du fini,
c'est son concept ou la possibilité déterminée par rapport à une réalité singulière contenue en
elle et dont la détermination exclut aussi bien le passé que le futur ».

planétaire lui aussi montre d'un côté (au pôle sud) une diminution relative de la cohésion, du côté opposé (au pôle nord) une élévation relative de la cohésion. L'astronomie physique tout entière doit procéder du principe établi. La cause originaire de l'excentricité des orbites, les rapports de la densité à la masse et à l'excentricité, la cause originaire et la loi de l'inclinaison des corps célestes, de la révolution axiale, de toutes les variations naturelles, météorologiques et générales, par exemple de l'écart de la boussole, les lois d'après lesquelles les lunes sont formées et attachées aux planètes principales, etc., tous ces objets trouvent leur commun éclaircissement dans la pensée qui représente la formation du système planétaire comme un procès universel de cohésion. – La loi établie au § 72, que M. Steffens fut le premier à me communiquer, a beaucoup contribué à développer enfin dans son intégralité – comme je l'ai souhaité depuis longtemps – cette pensée longtemps renfermée et que voici présentée publiquement. Le principe capital toutefois est le degré différent de la *cohérence aux différents endroits de l'aimant lui-même*, d'après la loi établie au § 73.

Supplément 2. Le système des planètes s'est formé par métamorphose. – Cela suit du Supplément 1, mis en parallèle avec le § 78, Éclaircissement.

Supplément 3. La série des corps qui forme le système des planètes ne peut se différencier *(differiren)* selon aucune autre loi que celle qui est établie au § 74. C'est donc, dans le tout ou considérée en soi, *une seule masse*.

169 | *Supplément 4*. La série des corps terrestres est identique à la série des corps célestes. Cela suit du Supplément 3, mis en parallèle avec la loi générale selon laquelle tout ce qui est dans le tout est dans le particulier.

Remarque. Cette proposition a une application très précise, par exemple pour concevoir nombre de phénomènes dans la série des métaux, où beaucoup sont à certains autres manifestement dans le même rapport que les lunes à leurs planètes principales.

Explications. Il est nécessaire que je dise ici quelque chose de la façon dont, en raison de mes concepts de la cohésion et de la lumière, – mais surtout après que nous nous trouvons en état, grâce à l'heureuse pensée de M. *Steffens,* de suivre les deux pôles du magnétisme jusqu'à leur exposition *(Darstellung)* séparée dans le carbone et l'azote, cependant que, grâce aux expérimentations qui ont depuis été organisées avec la pile voltaïque [1], mes

---

1. Des textes de Volta (1745-1827) avaient été traduits en allemand et publiés en 1793 (*Schriften über die thierische Elektrizität*, Prague) et 1795 (*Neue Abhandlung über die thierische Elektrizität, Neues Journal der Physik*, Leipzig). Volta proposait une classification des métaux fondée sur leurs propriétés électriques, et venait d'inventer une pile, faite de disques de zinc et de cuivre séparés par des cartons humides, qui se rechargeait immédiatement. L'invention fut décisive pour la découverte de l'électricité dynamique, et du même

idées sur l'essence de l'eau ont reçu une fondation parfaite – je crois devoir, d'après ces hypothèses, me représenter la métamorphose du corps terrestre. La nature de cette *Exposition* aussi bien que tout ce style de recherche n'autorisent à établir à ce sujet que le plus général ; une exposition complète et descendant jusqu'au détail doit être cherchée sur la voie de l'induction, et sans doute doit-on l'attendre de *Steffens* (dans ses *Contributions* etc.). – Nous envoyons en éclaireurs quelques propositions générales. On pourrait se représenter l'ensemble du procès de la métamorphose de la façon suivante [1] :

coup pour passer aux applications de l'électricité. Les références à Volta sont nombreuses dans les écrits de la *Naturphilosophie*. Schelling dans la *Zeitschrift* avait relaté deux expériences de Volta. *Zeitschrift für spekulative Physik*, 1800, vol. 1, 2ᵉ livraison, *SW* IV, 544-545 : « L'exposition de l'électricité et du procès chimique dans le galvanisme a désormais été portée à la perfection à travers deux expériences de *Volta*. Dans la première expérience, nous voyons une bouteille de Leyde qui n'a pas besoin d'être chargée à partir de substances purement conductrices, mais se charge elle-même, sous la forme du galvanisme (sous laquelle désormais tomberont un grand nombre des expériences que nous avons conduites jusqu'ici). – Dans l'autre on voit non seulement la décomposition de l'eau sous la forme du galvanisme, mais aussi l'oxygène et l'hydrogène qui se présentent en tant que pôles opposés – tout comme des électricités opposées – (cf. ci-dessus le traité sur le procès dynamique, § 56) ». Puis Schelling reproduisait en français un article relatant les deux expériences faites à Londres à partir du mémoire de Volta : « Le docteur Garnett, dans sa lecture sur la composition et la décomposition de l'eau, a fait connaître une expérience intéressante, qui peut conduire à des recherches importantes et à de nouvelles connaissances sur les phénomènes de l'économie animale, sur la chimie et l'électricité. C'est la décompo-sition de l'eau par le procédé de Galvani. Mr. Volta a envoyé dernièrement un mémoire sur cette expérience au président de la société royale. MM. Nicholson et Carlisle en ont fait l'expérience, et mercredi le docteur Garnett en donna une démonstration. On prépara un certain nombre de morceaux de zinc de la largeur d'un écu, et une même quantité de pièces de cartes coupées dans la même forme. Ensuite on posa sur la table un morceau de zinc, et dessus un écu, qu'on couvrit d'une pièce de carte imprégnée d'eau. Sur cette carte on mit un nouveau morceau de zinc, et sur ce morceau un autre écu, puis une autre carte mouillée, et ainsi alternativement jusqu'au-delà de plus de quarante pièces de chaque espèce ; alors une personne, dont les mains étaient bien mouillées, toucha d'une main le centre d'un morceau de zinc et de l'autre un écu à son extrémité ; elle éprouva une forte secousse, qui eut lieu autant de fois que le contact fut renouvelé. Lorsqu'on réitérait l'attouchement avec des pièces de métal qu'on tenait en main, l'effet était le même, ou plutôt plus considérable ; mais quand on employait de la cire à cacheter, du verre ou tout autre objet, qui ne peut servir de conducteur, on n'éprouvait aucune secousse ». « Un tube de verre ayant été rempli d'eau et bouché aux deux extrémités, on passa un fil de laiton à travers chaque bouchon, de façon que de chaque côté il était enfoncé dans l'eau, à trois pouces de distance l'un de l'autre. On fit communiquer les bouts du fil de laiton, l'un avec le centre d'un morceau de zinc, et l'autre avec une demi-couronne, des bulles de gaz hydrogène s'élevèrent sur le champ de l'un des points du fil de laiton, qui était dans l'eau, et formèrent un bouillonnement continuel, qui touchait le sommet du tube, tandis que l'autre point du fil de laiton était vivement oxydé, et l'oxyde se précipitait rapidement au fond du tube ».

1. Sur le concept de métamorphose, cf. déjà l'*Erster Entwurf, SW* III, 125, évoquant l'« histoire » de l'univers comme « constante métamorphose ». Mais le concept, goethéen, est d'abord chimique et organique. *La Métamorphose des plantes* remontait à 1790.

L'identité absolue n'est pas en soi lumière, mais seulement pour autant que l'Identique A = B est posé sous la forme de l'être de A et B, ces derniers pensés comme facteurs de cohésion (cela ressort du § 94).

L'identité absolue, pour autant qu'elle est lumière, ne peut transgresser les limites de la cohésion, car elle n'*est* que sous la condition de cette dernière.

Or l'identité absolue ne s'efforce pas d'être sous cette forme-ci ou sous cette forme-là (A = B), mais en général sous la forme (A = A).

La cohésion est par conséquent une borne effective de la lumière, pour autant que celle-ci est l'identité absolue.

170 | Donc une fois posée cette borne, c'est-à-dire après que l'identité absolue est en général lumière, elle s'efforce nécessairement, à l'intérieur de la sphère où elle est lumière, de *supprimer à nouveau* même la *cohésion*. – Le problème capital de sa déconstruction *(Deconstruction)* est donc le fer, et celui-ci sera ainsi divisé en directions opposées.

Du seul point de vue de la spéculation, la matière est, dans le tout aussi bien que dans le particulier, posée originairement déjà sous la forme de la différence quantitative sous le rapport du particulier, et de l'indifférence sous le rapport du tout. – Nous considérons par conséquent la métamorphose comme originaire et l'aimant total de la matière terrestre comme posé en même temps dans l'ensemble de sa totalité. Voilà pour l'éclaircissement préliminaire.

1/ Le siège de la cohésion, pour autant qu'elle est active, est dans le point d'indifférence même, donc, sous le rapport de l'ensemble de la série, dans le fer. Dans le fer est ainsi présente la cohésion active.

2/ Dans les deux directions opposées est posée la différence quantitative, dans l'une avec prédominance du facteur positif, dans l'autre avec prédominance du négatif.

3/ J'appelle passive la cohésion à l'extérieur du point d'indifférence, et celle-ci est conçue dans son croissant dans la direction négative, dans la direction positive elle s'approche progressivement de la résolution complète.

4/ Au côté négatif échoient certains des métaux qui se tiennent au plus près du fer dans la cohérence, puis les métaux dits nobles, enfin il se perd dans les corps de la plus grande cohérence passive (par exemple le diamant), et surgit ici en tant que *carbone* pur.

5/ Du côté positif tombent inversement certains métaux à travers lesquels la cohérence du fer se perd peu à peu, enfin ce côté disparaît dans les corps de la moindre cohérence[1], et ultimement dans l'*azote*.

---

1. (S) Soufre, phosphore.

6/ On peut voir à partir de (3) pourquoi le carbone | apparaît 171
couramment (dans la plante aussi) en concrescence avec le corps terrestre,
cependant que l'azote (dans l'animal aussi) apparaît en dehors de la cohésion avec celui-ci.

7/ Dès que dans les directions opposées les puissances de la différence
(A et B) sont complètement séparées, la matière tombe au point absolu
d'indifférence. Celui-ci est désigné par l'eau (ce qui est originairement
fluide, où est produite la troisième dimension pure, § 51, c).

8/ Dans l'ensemble de cette métamorphose la substance reste la même
(§ 78, Éclaircissement), et seul l'accidentel ou la cohésion est altéré.

9/ L'eau peut être potentialisée en tant que substance complètement
indifférente dans les directions opposées, en sorte qu'elle se relie à un pôle
du côté positif, à l'autre du côté négatif de la [première] série [et forme des
produits intermédiaires]. Dans ce dernier cas on l'appelle oxygène, dans
l'autre hydrogène (la substance entre toutes la plus dépourvue de
cohésion).

10/ De même que l'azote et le carbone sont les facteurs de la cohésion
active, de même l'oxygène et l'hydrogène sont les facteurs de la cohésion
passive, ou de même que ceux-là sont les représentants chimiques des deux
magnétismes, de même ceux-ci sont les représentants des deux électricités
(à ce sujet, que l'on compare en particulier, dans cette *Revue*[1], vol. 1,

---

1. *Allgemeine Deduktion des dynamischen Processes oder der Kategorien der Physik,*
SW IV, 65, § 56 : «Que l'oxygène, ce médium de toutes les propriétés chimiques, soit un
principe *négatif,* donc le représentant en propre de la force attractive (potentialisée), cette idée
depuis longtemps entretenue, et qui se trouvait déjà au fondement de ma première hypothèse
sur le principe de l'électricité négative, peut être étayée de toutes parts à l'aide de raisons
suffisantes. Si de fait je prends appui sur la proposition [déjà prouvée précédemment] selon
laquelle de deux corps celui qui est électrique-positif est toujours aussi le plus combustible
[correction : le plus oxydable] des deux – si je présuppose d'autre part que le procès chimique
en général se différencie du procès électrique simplement par là, que ce qui dans celui-là est
force de surface dans celui-ci [s'élargit dans la troisième dimension] devient force pénétrante,
qu'ainsi, [dans le procès chimique, et, comme je le montrerai dans la suite de la façon la plus
claire] particulièrement dans le procès de combustion, le corps n'atteint proprement que le
maximum de son état électrique-positif et se résout *entièrement* en électricité positive, je
conclus alors, selon une loi universelle prouvée dans la philosophie de la nature : que
précisément ce maximum dans la nature [parce que précisément avec ce maximum l'équilibre
est *absolument* détruit] doit passer immédiatement en son opposé (ainsi le maximum de la
diminution de cohésion, par exemple, doit passer immédiatement au maximum de l'élévation
de cohésion), davantage, que la combustion [correction : l'oxydation] du corps même, donc
son union avec l'oxygène n'est proprement qu'un passage du maximum de l'état électrique-
positif (c'est-à-dire du minimum de cohésion) au minimum de l'état électrique-négatif, c'est-
à-dire à la *qualité* électrique-négative, – partant proprement n'est que le passage de l'état de la
force répulsive absolument prédominante (potentialisée) à celui de la force attractive
relativement prédominante (potentialisée), que par conséquent ici l'oxygène sert *de simple
moyen d'impartition de la force attractive* au *corps* entièrement passé à la force répulsive –

livraison 2, p. 68 *sq.*). Celui-là sera facteur d'élévation de la cohésion, celui-ci de sa diminution[1].

11/ L'eau ne peut dans l'oxygène et l'hydrogène être altérée selon la substance. – Car cela, absolument aucune matière ne le peut dans le procès dynamique (§ 94, Supplément). Les plus récentes expériences de transformation de l'eau n'enseignent donc à cet égard rien qui serait propre à l'eau, mais ne font que confirmer la proposition universelle qui a trouvé sa preuve dans la philosophie de la nature, à savoir que toutes les qualités ne sont que des puissances de l'unique A = B identique et indifférent. (Que l'on voie le 172 traité *Sur le Procès dynamique*, vol. 1, livraisons 1 et 2 de cette *Revue*, | § 47 *sq.*[2]). Dans le sens où l'eau est indécomposable, toute matière l'est [et inversement, dans le sens où l'on peut décomposer une autre matière, c'est aussi le cas de l'eau]. – Ce qui est propre à la seule eau consiste en ce qu'énonce la proposition suivante.

12/ L'eau n'est pas capable d'une polarité durable. En effet celle-ci n'est que sous la forme de la solidité et du magnétisme (§ 68). – L'eau dans ses altérations fait signe vers un rapport supérieur, celui de la terre entière au soleil [pôles sud, nord, est, ouest]. En effet si le soleil parvenait à s'approprier la terre de la même façon que la terre s'est approprié la lune, ou à produire une durable polarité est et ouest, l'eau disparaîtrait de la terre exactement comme, selon toutes les traces, elle a disparu de la lune.

13/ L'eau contient, exactement comme le fer, simplement dans une indifférence absolue quand celui-là les contient dans une indifférence relative, carbone et azote, et ainsi toute vraie polarité de la terre revient à la seule polarité originaire, sud et nord, qui est fixée dans l'aimant.

Dans cette série tombe l'ensemble de la matière originaire de la terre, de même que dans ce petit nombre de propositions se trouve la théorie de l'ensemble du procès dynamique.

Supplément 5. Cette théorie de la métamorphose, dont nous ne pouvions à vrai dire indiquer que les principaux traits, laisse encore une question sans réponse, c'est-à-dire qu'elle détermine simplement la place que chaque matière occupe dans la série originaire [la qualité], mais non la quantité de cette matière même. Or on doit ici aussitôt répéter la remarque

---

partant, sans doute possible, n'est soi-même rien d'autre que le représentant universel de la force attractive dans le procès chimique ».

1. Correction (S) : Celui-là élèvera la cohésion relative, celui-ci la diminuera.

2. *Allgemeine Deduktion, SW* IV, 50 *sq.*, où Schelling, par-delà Kant, pose au fondement de « toutes les déterminations particulières de la matière », c'est-à-dire de toutes les qualités, le rapport d'un corps aux trois « fonctions » du magnétisme, de l'électricité et du procès chimique (les qualités sont par conséquent les « propriétés de la seconde puissance »).

(vol. 1, livraison 2, p. 56 de cette *Revue*[1]), que la formule A : R ne peut désigner que la grandeur relative des forces, jamais la grandeur absolue. La formule 2 A : 2 R, par exemple, ne dit pas qu'une quantité double de forces a été appliquée, mais que le rapport des forces est tout à fait égal. Or chaque rapport des forces en ce qui concerne cette matière déterminée est le même à l'infini, dans la plus petite comme dans la plus grande partie. Les forces, considérées en et pour soi ou isolément, n'ont absolument | aucune 173 quantité, car en tant que forme de l'être de l'identité absolue elles sont toutes deux infinies ; elles n'acquièrent de quantité que par ce rapport et en lui. Aussi la grandeur extensive d'un corps ne peut-elle être exprimée par rien d'autre que par addition de ce rapport avec lui-même, or cette addition est posée par la *cohésion*. Avant celle-ci il n'est aucune addition, le A = B est absolument un, absolue continuité. Avec le passage de celle-ci [l'absolue continuité] à une continuité relative deviennent pour la première fois possibles des parties (des grandeurs discrètes) et l'adjonction de partie à partie. La formule A : B désigne un simple 1 ; le schéma de la cohésion est la série 1 + 1 + 1 ... à l'infini. Un 2 est pour la première fois posé par la duplicité relative, par conséquent par l'électricité (§ 89, Supplément). Dans la production originaire il n'est pas d'addition, mais il y a pénétration, absolument aucune partie, mais l'Un *absolu*[2]. – Or une autre question est de savoir par quoi la grandeur de cette addition est elle-même déterminée, et à ce sujet il résulte ce qui suit. Cependant que du côté négatif la cohésion passive croît, la métamorphose passe nécessairement par le maximum du poids spécifique. Mais à un degré si éminent le procès de cohésion des corps lourds[3] ne peut pas être posé de façon continue dans la longueur, puisque la proportion originaire n'admet pas longtemps cette dépense de force attractive ; en revanche elle peut être plus dépensière avec le facteur positif dans la direction opposée, et finalement au point d'indifférence

---

1. *Allgemeine Deduktion*, SW IV, 57-58 : « Dans l'*Encyclopédie de la chimie* de Hildebrand, 1 re section, on rencontre l'objection suivante contre la construction dynamique de la matière : la *grandeur* d'un corps ne se laisserait pas concevoir à partir d'elle. Cette objection serait pleinement fondée, si était vraie la présupposition qui veut que la grandeur du corps soit déterminée par la multiplication de la force singulière. – Seulement cette présupposition est fausse, comme il ressort du paragraphe. C'est-à-dire que la grandeur d'un corps dans l'espace dépend de la continuation de son procès de cohésion, par conséquent, si elle n'est pas limitée par une influence extérieure, d'une addition sans cesse continuée, et se reproduisant soi-même, de la force à la force. – En même temps que cette propriété de la deuxième puissance qu'est la cohésion, est ainsi déduite aussi une autre propriété secondaire du corps, à savoir sa *grandeur dans l'espace* ». A désigne donc la force attractive, R la force répulsive.
2. (S) Précisément pour cette raison, le concept commun de *poids spécifique* (comme reposant sur la multitude de particules) est également impossible. Chaque A = B est déjà poids spécifique.
3. Correction (S) : des corps spécifiquement les plus lourds.

produire les plus grandes quantités, comme on pourrait le mettre en évidence de la façon la plus déterminée par la considération du système des planètes et l'abondance du fer dans la terre. C'est donc dans le tout une unique force attractive et expansive qui se trouve seulement plus ou moins amassée dans des directions opposées. – Libre au physicien de s'expliquer la partition des forces par un retour à l'infini (du corps particulier à la terre, 174 de la terre au système entier des planètes) etc. | La spéculation, qui ne statue pas une telle régression, l'anéantit par la totalité et l'absolue simultanéité, où tout est compris.

§ 96. *L'identité absolue, pour autant qu'elle est en tant que lumière, n'est pas force mais activité.* – En effet en tant que lumière elle n'est pas fondement de la réalité, mais *elle-même* réalité (§ 93). Mais elle n'est pas un être particulier, car elle est l'être *même* (§ 8), partant (§ 36) elle n'est pas non plus limitée, c'est-à-dire pâtissante, elle est ainsi pure activité.

§ 97. *L'identité absolue est immédiatement posée par cela que la pesanteur est posée en tant qu'étant.* En effet par là sont posées toutes les conditions de son être, comme il ressort du parallèle de ce qui vient d'être présenté avec les § 45 et 46.

§ 98. *L'identité absolue n'est pas en soi lumière, mais seulement pour autant qu'elle est l'identité absolue de cette puissance.* – En effet (§ 62) elle n'est qu'en tant que A^2 = lumière. Cela suit encore plus immédiatement du § 94.

Supplément 1. Inversement par conséquent la lumière considérée en soi (abstraction faite de la puissance) sera l'identité absolue même.

Supplément 2. En tant qu'identité absolue de cette puissance la lumière ne peut être posée que par la limite de cette puissance, partant (§ 94, Supplément) par la cohésion.

§ 99. *Éclaircissement.* L'identité avec la lumière est transparence.

Supplément. La pesanteur[1] fuit devant la lumière, car elle la précède, en tant que fondement immédiat de son existence. Mais pour l'identité absolue elle est transparente, car à celle-ci tout est identique *(gleich)*. Elle n'est par conséquent opaque pour l'identité absolue que pour autant qu'elle est lumière, or l'identité absolue n'est = lumière que pour autant que la pesanteur[2] même est posée sous la forme de la différence quantitative (§ 94) – qu'elle-même, par conséquent, n'est pas posée en tant que pure identité. Donc l'opacité n'est originairement posée que relativement, et non sous le rapport de la pesanteur, ni sous le rapport de la lumière, toutes deux considérées absolument.

1. Correction (S) : le poids.
2. Correction (S) : l'unité réale.

| *Explication.* Non seulement chacun des facteurs particuliers A et B est **175**
identique à la lumière selon l'essence (car chacun d'eux est la même
identité absolue, § 22), mais il est aussi l'indifférence absolue des deux.
L'opacité par conséquent ne naît qu'à travers l'être-posé des deux dans
l'indifférence *relative* ou la différence quantitative, car dans ce rapport ils
se *troublent* réciproquement. Dans la série de cohésion construite plus haut,
la transparence pour la lumière ne tombera ainsi qu'au point d'indifférence
(§ 95, Supplément 4, Explication 7) et aux deux extrêmes des degrés de
cohésion, où face à la prédominance d'un facteur l'autre disparaît presque,
par conséquent l'identité sereine surgit à nouveau. L'opacité suprême
tombe nécessairement au point du poids suprême posé sous la forme de la
cohésion. (Le platine et le reste des métaux).

§ 100. *Immédiatement par cela que l'identité absolue est posée dans
l'opposition avec la pesanteur, elle est posée en tant que simple lumière,
c'est-à-dire en tant qu'identité absolue de cette puissance.*

Explication. Nous ne doutons pas qu'il paraîtra contradictoire à la
plupart que nous parlions d'une identité absolue *de cette puissance*, c'est-à-
dire d'une identité absolue qui n'est pourtant pas absolue, seulement cette
contradiction disparaît dès que l'on prend en considération ce qui suit.

La lumière, considérée selon son essence, est l'identité absolue même,
considérée selon son existence, elle est l'identité absolue de cette *puissance*. Que l'on enlève cette puissance, c'est-à-dire le genre de l'existence,
et elle est purement et simplement l'identité absolue, que l'on ajoute celle-
là en pensée, et elle ne peut être supprimée *(aufgehoben)* en tant qu'identité
absolue (§ 11); dans cette puissance elle est donc bien pourtant, selon
l'essence, l'identité absolue, de même qu'elle est l'identité absolue aussi
selon l'être sous le rapport de toutes les puissances. – Le lecteur gardera
d'une façon générale constamment devant les yeux le fait que toutes les
oppositions qui peuvent être produites disparaissent entièrement du point
de vue de l'indifférence absolue et | en soi ne sont absolument rien[1]. Il est **176**

1. C'est-à-dire, à nouveau, du point de vue de la *raison.* On comparera avec Hegel,
Differenzschrift, Lasson 13, tr. Méry p. 87, sur les oppositions, et la différence entre l'infini
rationnel et l'infini d'entendement, encore opposé au fini : « Dans le poser absolu, l'entendement imite la raison, et par cette forme même se donne l'apparence de la raison, encore que
les termes posés soient en eux-mêmes des termes opposés, et donc finis. Il obtient ce résultat
avec d'autant plus d'apparence, lorsqu'il transforme et fixe en un produit l'acte rationnel de
négation. L'infini, en tant qu'il est opposé au fini, est un tel terme rationnel posé par
l'entendement ; en tant que rationnel, il n'exprime pour soi que l'acte négateur du fini. En le
fixant, l'entendement l'oppose absolument au fini. Et la réflexion, qui, en supprimant le fini,
s'était élevée à la raison, s'est de nouveau rabaissée à l'entendement en fixant dans une
opposition l'acte de la raison ; en outre, même dans cette rechute elle prétend alors être
rationnelle. – De tels termes opposés, qui devaient passer pour des produits rationnels et des
absolus, la culture des différentes époques les a rétablis sous différentes formes, et

par exemple facile de comprendre que l'être-là *(Daseyn)* de la lumière désigne seulement *la* place du tout où la prédominance tombe encore complètement du côté réel, en sorte que la lumière et la pesanteur forment ensemble par rapport au tout à nouveau un unique Réel, et par conséquent ne se tiennent d'aucune façon en opposition.

§ 101. La lumière ne peut être posée en tant que lumière sans être posée sous la forme universelle de l'être (A et B).

Preuve. En effet selon son essence (§ 98) elle n'est pas lumière, mais l'identité absolue même. Par conséquent ce par quoi elle est *lumière* ne peut appartenir à son essence, partant ne peut pas non plus appartenir à l'essence de l'identité absolue, il s'agit donc simplement d'une forme ou d'un genre de son existence [et à vrai dire de cette existence déterminée par laquelle elle est = lumière] (§ 15, Supplément 1). La lumière *qua* lumière n'est par conséquent soi-même qu' [un genre déterminé ou] une forme de l'être de l'identité absolue. – Or la forme universelle de l'être de l'identité absolue est A et B, par conséquent la lumière en tant que lumière est nécessairement posée sous la forme de A et B [vrai point d'indifférence absolu de la série de la cohésion, et par conséquent posée là où la différence est posée, et *dans la même proportion* que celle-ci].

§ 102. La lumière n'est pas posée selon son essence sous la forme de A et B. – En effet elle n'est pas lumière selon son *essence* (§ 98), or elle est posée simplement *en tant que* lumière etc. (§ 101). Par conséquent elle n'est pas non plus posée selon son essence etc.

§ 103. La lumière selon son essence est posée indépendamment de A aussi bien que de B, qui tous deux sont de simples formes de son existence. Cela s'ensuit avec une évidence égale à celle du § 6.

Supplément. Puisque ni A ni B ne sont en soi lumière, mais seulement l'identité absolue pour autant qu'elle est posée sous la forme des deux, elle ne sera exactement posée en tant que lumière que dans l'indifférence relative des deux.

Remarque. A et B par rapport à la lumière sont facteurs | de la cohésion (ceci ressort du § 94), B le facteur expansif, facteur diminuant de la cohésion, partant + E (élément potentialisant *(Potenzierendes)* de l'hydrogène), A, d'après cela, en tant que l'opposé, – E (élément potentialisant de l'oxygène). Nous revenons par conséquent ici à une proposition déjà

l'entendement s'y est épuisé. De telles oppositions, qui d'ailleurs sous la forme de l'esprit et de la matière, de l'âme et du corps, de la foi et de l'entendement, de la liberté et de la nécessité, etc., et de toutes sortes d'autres façons encore en des sphères plus restreintes, étaient significatives, et auxquelles les hommes s'intéressaient par-dessus tout, sont passées avec le progrès de la culture sous la forme des oppositions entre raison et sensibilité, intelligence et nature, c'est-à-dire, par rapport au concept universel, sous la forme de la subjectivité absolue et de l'objectivité absolue » (trad. modifiée).

établie dans le passé (*De l'Âme du monde*, p. 27[1]), quoique non encore développée, qui reçoit seulement ici tout ensemble sa ratification et sa rectification. Mais précisément dans l'indifférence quantitative de + E et de − E est posé sous des *modi existendi* complètement opposés un seul et même Identique (la lumière).

Nous faisons cette remarque aussi dans le dessein exprès que l'on n'aille pas d'aventure voir dans notre proposition une ratification de la représentation de certains physiciens, selon lesquels la lumière est composée de matière thermique et d'un autre principe, la matière lumineuse[2]. − En effet, en ce qui concerne la composition de la lumière, que l'on voie le § 102. A et B n'appartiennent pas, selon notre déduction, à l'essence de la lumière, qui est celle de l'identité absolue même, mais à la simple forme de son existence en tant que lumière. Elle ne pourra par conséquent elle-même exister *en tant que* lumière que dans l'indifférence des deux. Par conséquent, bien que notre B soit le principe échauffant, ce que nous désignons par A ne doit cependant pas être considéré comme la partie illuminante *(der leuchtende Theil)* de la lumière. Car la lumière, donc aussi l'illumination, est précisément là où il y a indifférence parfaite des deux, par conséquent n'est ni l'un ni l'autre.

Éclaircissement. La lumière posée sous la forme de A et B *avec différence quantitative*, je l'appelle lumière *troublée.*

§ 105. Toute transparence pour la lumière est une transparence simplement relative. Cela ressort du § 99, en parallèle avec l'Explication.

Corollaire 1. L'effet d'un corps relativement transparent sur la lumière est la *réfraction.* L'effet intérieur de la réfraction est de troubler la lumière, c'est-à-dire (§ 104, Éclaircissement) de la poser sous la forme de A et B avec différence quantitative. L'effet extérieur de ce corps est le déséquilibre d'un corps illuminant.

Corollaire 2. L'effet du corps opaque sur la lumière est la *réflexion.* Celle-ci aussi est un trouble de la lumière [poser de la lumière sous l'une ou l'autre forme].

---

1. *Von der Weltseele, eine Hypothese der höheren Physik zur Erklärung des allgemeinen Organismus*, 1798, *SW* II, 396 : « Les physiciens de l'expérimentation ont raison de s'en tenir simplement au positif, car seul celui-ci est immédiatement intuitionnable et connaissable. Ceux qui sont capables d'un regard plus ample sur la nature ne doivent pas s'effaroucher de reconnaître qu'ils ont *inféré* le négatif. Celui-ci n'est en rien pour cela moins réel que le positif. Car là où est le positif, est aussi précisément pour cette raison le négatif. Ni celui-ci ni celui-là n'existent *absolument* et *pour soi*. Tous deux ne conservent une existence propre, séparée, que dans le moment du conflit ; là où celui-ci s'arrête, tous deux se perdent l'un dans l'autre. Même le positif n'est pas perceptible sans opposition ; et dans la mesure où l'on se pique de l'intuition immédiate du positif, on présuppose le négatif lui-même ».

2. Cf. notamment *Ideen, SW* II, 94, et encore *Système de Würzburg, SW* VI, 357.

178 | *Remarque 1.* Réflexion et réfraction ont un seul et même fondement dans la nature.

Remarque 2. Que la lumière, sous l'effet de la réfraction tout comme par la réflexion, soit posée sous la forme de B, partant en tant qu'échauffante, certains faits également pouvaient l'enseigner depuis longtemps, par exemple la moindre chaleur de l'air dans les plus hautes régions de l'atmosphère, la chaleur plus grande, et de loin, dans les régions plus basses, où la lumière est déjà passée par une réfraction multiple, et d'autres encore.

Supplément. La chaleur n'appartient pas à l'essence, mais est un simple modus existendi *de la lumière.*

§ 106. Corollaire. La couleur est par rapport à la lumière quelque chose de simplement accidentel. L'effet intérieur de la réfraction est l'être-troublé de la lumière [1], l'effet extérieur un déséquilibre de l'image ; or pour que ce déséquilibre produise la couleur, est encore requise de surcroît la condition *fortuite* de bords contigus clairs et sombres, cf. les *Contributions à l'optique* de Gœthe, première et deuxième parties [2].

Remarque. À partir de là et du § 105, Supplément, on peut approximativement se rendre compte de ce qu'il faut penser des nouvelles expériences de Herschel sur la force d'échauffement des rayons du soleil et du prétendu spectre thermique (analogue au fantôme newtonien des couleurs) [3]. Mais nous ne voulons pas entreprendre sur les droits des physiciens allemands qui jugeront tout à fait concluantes, sans doute possible, les déductions de *Herschel*, et regarderont ces expériences remarquables comme une nouvelle et presque irrévocable preuve de la théorie newtonienne, ou du moins d'une composition ou polarité de la lumière (dans leur sens). Cependant nous désirerions surtout, de la part de ceux qui répètent ces expériences, encore quelques éclaircissements, que nous cherchons en vain auprès de Herschel, par exemple sur ce qu'il en est de la force échauffante particulièrement du bleu (mais aussi du jaune), au sujet de quoi Herschel (au moins dans le précis que nous avons sous les yeux, et je doute que ce soit la faute de l'*épitomator* [4], appliqué et exact) ne dit mot. On devrait presque,

---

1. (S) avec différence quantitative selon la forme, mais non selon l'essence.

2. Cf. les première et deuxième sections de la *Farbenlehre*, qui traitaient respectivement des couleurs physiologiques et physiques.

3. Friedrich Wilhelm (William) Herschel (1738-1822), *Experiments on the Refrangibility*, 1800 ; *Experiments on Rays*, 1800 ; *Investigation of the Powers of the prismatic Colours to heat and illuminate Objects*, 1800. Cf. Manfred Durner, « *Theorien der Chemie* », in *HKA, EBD*, p. 114 : Herschel découvrit le rayonnement infrarouge.

4. C'est-à-dire l'auteur de l'*épitomè*, le « rapport » des expériences que Schelling consulte, peut-être les *Philosophical Transactions, of the Royal Society of London* de 1800 (cités *in HKA*).

| sans plus de fondement, en concevoir déjà le soupçon que le bleu n'a pas 179
voulu se plier à l'ordre newtonien de la réfrangibilité ; il s'est par exemple
rapproché du rouge sous le rapport de l'échauffement tout comme sous le
rapport de l'illumination – (*Annales de physique*, t. VII, p. 142), à cette
différence près qu'il doit en surgir que dans le premier le bord sombre est
tracé par-dessus le clair, dans celui-ci au contraire c'est l'inverse, et le fond
sombre est ce qui sertit. – En ce qui concerne les expérimentations de
Herschel sur la force différente de l'illumination par la lumière différemment colorée, tout leur résultat est que l'on pouvait le savoir par avance sans
toutes ces expériences. – Il est frappant, pour faire encore une remarque,
que l'espace en dehors du violet ait été examiné avec le thermomètre
seulement et non avec d'autres réactifs. – Pour le but de la présente
Exposition, il peut suffire provisoirement d'assurer *que même les dernières
expériences de Herschel ne mettent d'aucune façon en péril le théorème sur
l'identité de la lumière, et que c'est quelque chose de tout autre qui est
prouvé plutôt que la composition de celle-ci.* La preuve détaillée de cette
affirmation sera présentée dans une dissertation spéciale de la prochaine
livraison.

Supplément. La lumière est incolore selon l'essence, ou par la couleur la
lumière n'est pas du tout déterminée selon son essence. En effet la lumière
est seulement troublée, la lumière n'est cependant jamais colorée, mais
seule l'image ou l'objet l'est. Partant la couleur est quelque chose qui ne
peut jamais appartenir à l'essence de la lumière.

Remarque. Il en ressort que, même si à l'intérieur de l'image prismati-
que une différence effective pouvait être attestée, celle-ci n'aurait pourtant
rien à faire, en aucun cas, avec la couleur, mais serait complètement
indépendante d'elle.

*§ 107. La force de conduction calorifique et électrique d'un corps est
déterminée par sa place dans la série de la cohésion.* – En effet celle-là est
une fonction de la cohésion (§ 91).

Supplément 1. Toute conduction n'est qu'une tentative pour restaurer la
cohésion active. – Or que l'on pose 1/ un corps où l'un des facteurs | de la 180
cohésion est prédominant, par exemple un corps du côté négatif, il ne
pourra restaurer en soi-même la cohésion active, si ce n'est avec l'aide d'un
second, qui adjoint l'autre facteur de la cohésion, donc aussi de la force de
conduction. On appellera isolant un tel corps, parce qu'il n'est conducteur
qu'au point où il est touché. Que l'on pose 2/ un corps qui s'approche de
l'équilibre de la cohésion active (par exemple tous les métaux), ils seront
excellents conducteurs de la chaleur et de l'électricité en eux-mêmes aussi
bien qu'en conflit avec d'autres, pourtant la force de conduction la plus
haute ne tombera pas au point de la plus haute cohésion active (car celle-ci a

moins de possibilités d'être posée à partir de l'équilibre, par conséquent aussi moins de possibilités d'être déterminée à la conduction), mais bien dans les produits de la cohésion qui s'en approchent au plus près (par exemple le cuivre, l'argent). 3/ Avec les corps où le facteur positif de la cohésion est prédominant, se présentera le cas 1, ici tombent par conséquent à nouveau des isolants (par exemple le soufre et autres). 4/ Au point d'indifférence absolu ne tombe qu'un seul corps, l'eau ; celle-ci comme les corps qui se tiennent au plus près d'elle ne seront en eux-mêmes absolument pas conducteurs, car toute cohésion active est en eux supprimée, ils ne sont eux-mêmes pas capables de 1 + 1 + 1 etc., mais sont absolument un sous le rapport du procès de conduction. Puisque cependant l'eau par exemple est complètement indifférente à l'extérieur, elle pourra se présenter en tant que cet *Un* en tout procès de conduction [sans aucune différence de masse], donc sans doute sera conducteur relatif, mais non conducteur en soi ou absolu. – (On trouve là la rectification de récentes représentations sur la propriété non-conductrice des fluides). 5/ Enfin, là où la série prend fin dans ses pôles, en sorte que la matière ne représente plus que l'un ou l'autre facteur (atmosphère composée d'azote, d'oxygène, d'hydrogène), survient nécessairement à nouveau la force de non-conduction.

Supplément 2. À partir de ce qui vient d'être discuté, se conçoit aussi de soi-même la façon différente dont le magnétisme et l'électricité se communiquent, car puisque l'aimant est totalité achevée par rapport à soi-même (§ 70) et en cohésion active avec soi-même, aucun de ses pôles (à 181 moins que ce ne soit par un plus fort) ne peut être altéré de l'extérieur ; | bien plutôt, à l'inverse, chacun posera-t-il en dehors de soi son opposé (avec lequel il est en cohésion).

§ 108. Éclaircissement. La sphère décrite jusqu'ici, dont la limite est constituée par l'opposition de la cohésion et de la lumière, nous la nommons la *sphère dynamique ;* et l'activité à l'intérieur de celle-ci, *activité dynamique* ; pour autant qu'elle se produit sous une forme déterminée, *procès dynamique*[1].

1. La déduction du procès dynamique recouvre en un sens la tâche entière d'une philosophie de la nature. On rappellera ici, puisqu'elle précise le dessein de la *Naturphilosophie* schellingienne, l'ouverture du traité *Allgemeine Deduktion des dynamischen Processes* de 1800 : « [§ 1] L'unique tâche de la science de la nature est *de construire la matière*. Cette tâche peut être résolue, même si l'application qui est faite de cette résolution universelle n'est jamais une application achevée. Si le dessein d'une théorie universelle de la nature était d'atteindre par la conscience la multiplicité et la profondeur infinies des phénomènes qui sont déposés sans conscience dans la nature, il devrait à vrai dire être compté au nombre des impossibilités. Sans doute les mêmes principes qui valent pour la construction de chaque individu corporel particulier doivent-ils aussi valoir pour celle de l'individu absolu, et les forces dont nous pouvons mettre en évidence le jeu dans le procès particulier doivent-elles avoir le premier rôle aussi dans le procès absolu, dont tous les phénomènes

§ 109. Dans la sphère dynamique[1], *la nature s'efforce nécessairement à l'indifférence absolue. – Preuve.* En effet, elle s'efforce avec chaque corps à la totalité (§ 80). Or celle-ci est dans le tout absolu, par conséquent (§ 39) aussi dans la puissance particulière, seulement dans l'indifférence absolue. Partant elle s'efforce etc.

Supplément. La nature cherche dans le procès dynamique à supprimer l'une par l'autre toutes les puissances de la matière. – En effet ceci se produit dans l'indifférence absolue (§ 30, Explication). Or elle s'efforce etc. (§). Par conséquent etc.

Remarque. On pourrait dire que le procès dynamique est une tentative générale de la pesanteur pour cacher à nouveau même ce qu'elle a dévoilé sous la contrainte. L'aimant s'efforce tout ensemble avec ses deux pôles, et dans cet effort il n'est empêché que par lui-même (la solidité). Chaque pôle cherche à se rattacher à son opposé pour se cacher, le soleil, qui ne représente face à toutes ses planètes qu'un seul pôle, incline leurs axes et cherche la cohésion avec elles. La terre y est parvenue avec la lune, et certes toutes les planètes avec leurs lunes, parvenues du moins à la cohésion à distance avec elles. Deux corps indifférents, s'ils ne posent pas en eux le magnétisme (totalité par rapport à soi-même), s'échauffent, parce que chacun pose en l'autre ce par quoi il pourrait entrer en cohésion avec lui. Deux corps différents sont effectivement en connexion, en quelque sorte comme si chacun cherchait à cacher par l'autre son manque de totalité *(Mangel an Ganzheit).*

particuliers sont de simples ramifications. Mais pénétrer la variation infinie de ces principes eu égard à leur rapport et les points innombrables dont ce procès universel est en même temps rendu dépendant, et indiquer le grand nombre des niveaux qui montent du procès particulier jusqu'au procès universel de la nature, dans lequel entre à nouveau, mais seulement en tant qu'élément particulier, ce qui est déjà soi-même à un niveau inférieur produit du procès le plus composé – c'est là une tâche qui passe toutes les forces et qui dans la nature même ne pouvait être résolue que par la production inconsciente. Tout notre effort peut par conséquent se limiter à ceci : explorer les principes *universels* de toute production naturelle, mais considérer l'application, qui va à l'infini dans toutes les dimensions, aussi comme une tâche infinie. – Tout comme l'astronome connaît les lois universelles qui régissent les mouvements de l'univers, sans pour autant se frayer un passage avec eux dans toute la profondeur du ciel.

[§ 2] Cependant nous affirmons, et le point a été prouvé, que ces phénomènes que nous concevons sous le nom de procès dynamique et qui sont les seuls primitifs dans la nature, ne sont rien d'autre qu'une auto-construction constante de la matière, mais répétée à différents niveaux. Il est donc possible de juger qu'une déduction du procès dynamique est identique à une construction complète de la matière même, et par conséquent ne fait qu'un avec la plus haute tâche de la science de la nature dans son ensemble » *(SW* IV, 3-4).

1. Correction (S) : dans le procès dynamique.

182 | *§ 110. La totalité du procès dynamique n'est exposée ni par le magnétisme ni par l'électricité.*

Supplément 1. Dans le magnétisme, un seul et même corps représente sous la forme de l'*identité* relative tout à la fois le facteur positif et le facteur négatif; dans l'électricité, les deux facteurs sont exposés par des corps séparés sous la forme de la *duplicité* relative. La totalité absolue du procès dynamique n'est par conséquent ni en celle-ci ni en celui-là [en effet, pas d'indifférence absolue].

Supplément 2. Cette totalité ne peut être exposée que par l'adjonction de l'absolument indifférent, c'est-à-dire de ce qui en soi n'est ni positif ni négatif ni non plus les deux dans une indifférence [simplement] relative. Car c'est alors seulement que sont posées à la fois la différence et l'indifférence quantitatives, c'est-à-dire (§ 45) la totalité.

§ 111. Éclaircissement 1. La matière est *relativement indifférente*, lorsqu'elle est différente vers l'extérieur [comme par exemple l'aimant] et indifférente seulement vers l'intérieur; absolument indifférente, lorsqu'elle est indifférente vers l'extérieur et vers l'intérieur.

Éclaircissement 2. J'appelle aussi l'état de la matière où elle est absolument indifférente son état sans-puissance *(potenzlos)*.

Supplément. Cet état sans-puissance de la matière est représenté par l'eau – (cela ressort du § 95, Explication 7).

§ 112. La totalité du procès dynamique n'est exposée que par le procès chimique.

Explication préliminaire. Entre l'identité relative et la duplicité relative il n'y a pas d'opposition en soi; nous pouvons considérer l'aimant tout aussi bien comme composé de deux corps que les deux corps du procès électrique comme un seul (= l'aimant). Par conséquent, dans la démonstration qui suit, les deux côtés du triangle peuvent nous représenter tout aussi bien l'aimant que les deux corps électriques.

A

Preuve. I/ En B △ C ∧B représente seulement un facteur de la cohésion, AC l'autre seulement; la totalité n'est produite que par l'adjonction du

183   troisième, qui en soi est absolument | indifférent, partant (§ 111, Éclaircissement 2) sans-puissance. Ceci suit du § 110, Supplément 2. – Or puisqu'il est la pesanteur, qui dans la cohésion est posée sous la forme de A et B (§ 92), partant (§ 6) comme indépendante des deux, par conséquent comme indifférente aux deux, c'est que BC – selon le § 111, Supplément, l'eau – se présente ici en tant que pesanteur, et elle est comme celle-ci complètement indifférente *(gleichgültig)*[1] aux deux formes de l'être, A et B. (Il s'agit,

_____

1. Nous traduisons selon l'usage, mais le mot exprime positivement l'indifférence (= équivalent).

pour nous exprimer ainsi, d'un produit équilibré *(balancirt)*, qui, selon la détermination extérieure, peut être posé tantôt sous cette forme-ci, tantôt sous cette forme-là de l'être, mais sous chacune seulement en tant que le même Identique). Or puisque des deux corps AB et AC l'un, par exemple AB, s'éleva dans sa cohésion, l'autre, AC, diminua proportionnellement dans sa cohésion, cependant que BC est indifférent à toute puissance, celui-ci sera posé par AB et AC, selon la loi du § 107, Supplément 2 (car AB et AC sont ensemble = à l'aimant, § 75), à la fois sous la puissance de + et de –, et, puisque AC = + E, AB = – E, en tant qu'*aimant des deux électricités*, et parce que d'autre part celles-ci n'existent que dans la séparation (§ 83, Supplément 2), en tant qu'aimant qui, dans le moment où il surgit, se sépare aussi. Or (§ 95, Explication 9) BC potentialisé par + E = hydrogène *(Wasserstoff)*, BC potentialisé par – E = oxygène *(Sauerstoff)* (si l'on conçoit en même temps par ce matériau *(Stoff)* non pas simplement la puissance, mais aussi le substrat). (J'ai établi les preuves de cette proposition longtemps avant les expériences entreprises après coup qui ne sont précisément comprises qu'à l'aide de cette proposition). Partant l'activité posée sous la forme de ABC, sous le rapport de l'*eau*, est, exprimée dans la langue habituelle, une désoxydation de celle-ci, plus précisément un poser de celle-ci sous les deux formes de l'être, A et B [une décomposition].

II/ Puisque AB est élevé dans sa cohésion par AC, AC au contraire diminué par AB *(ex hyp.)*, mais que chacun de ces corps renferme la nécessaire tendance à retourner dans son état (§ 63, Supplément 1), il suit 1/ que AC s'élèvera à nouveau [relativement] dans sa cohésion aux dépens de BC (§ 95, Explication 10) – exprimé dans la langue habituelle, qu'il s'*oxydera* –, 2/ que AB, qui est élevé dans sa cohésion |, diminuera à nouveau 184 dans sa cohésion aux frais de BC, au moyen de l'hydrogène (§ cit.), par conséquent, s'il a commencé par être oxydé, qu'il se *désoxydera*. – En conséquence, l'activité posée sous la forme de ABC, est en ce qui concerne les deux corps *oxydation* et (sous les conditions données) *désoxydation*.

III/ Or ce que l'on est convenu d'appeler oxygène est le moyen terme de toute activité chimique, et tout procès chimique est soit oxydation soit désoxydation, proposition qui est déjà établie dans mes premiers écrits de philosophie de la nature, et qui doit nécessairement s'imposer toujours davantage même au simple empiriste. Par conséquent le procès posé sous la forme de ABC est le procès chimique en général.

IV/ Or cette même formule est aussi le schéma de la totalité du procès dynamique ; par conséquent la totalité du procès dynamique n'est exposée que dans le procès chimique.

Supplément 1. Le procès chimique, dans son originarité, repose uniquement sur cela que deux corps différents posent en eux par contact des altérations réciproques de cohésion, et chacun d'eux restaure son état aux dépens de l'indifférent. – Cela suit de soi-même de la preuve du paragraphe.

Supplément 2. La loi universelle de ce procès est : que de deux corps transposés sous les conditions du procès chimique, celui dont la cohésion est relativement diminuée s'*oxyde* (par conséquent potentialise l'eau en oxygène), celui au contraire qui est élevé dans sa cohésion se *désoxyde* (ou du moins potentialise l'eau en hydrogène). – Cela s'ensuit de soi-même.

Supplément 3. Ce qu'il faut penser après cela des expressions « affinité *(Verwandschaft)* avec l'oxygène », etc., et en général de la prétendue affinité *(Affinität)* [1] chimique, est de soi manifeste.

§ 113. Le procès chimique est médiatisé (vermittelt) aussi bien par le magnétisme que par l'électricité. Cela ressort déjà du § 112, Explication. – *Par une autre voie* : la condition de tout procès chimique (§ 112, Supplément 3) est aussi (§ 75) donnée par l'aimant, dont les deux côtés = AB et AC dans le triangle ci-dessus. Par conséquent etc.

185 | *Remarque.* Cf. les expériences d'Arnim [2], d'après lesquelles, les deux pôles de l'aimant posés en contact l'un avec l'autre et avec l'eau, le pôle nord s'oxyde. Mais le pôle nord de l'aimant est = au pôle sud de la terre, c'est-à-dire (§ 85, Supplément 1) à celui qui dans sa cohésion diminue de façon relativement =, par conséquent est dans le même cas que AC (§ 112).

Explications générales

1/ La preuve du § 112 pouvait aussi être immédiatement tirée du § 69. En effet puisque la même chose qui vaut de l'aimant particulier vaut de l'aimant total, celui-ci tout comme celui-là s'efforcera en commun avec ses extrêmes et cherchera à retourner en soi-même. Or ceci se produit par le procès chimique, qui lie les extrêmes de la série (§ 94, Explication) et les réunit sous un schéma commun.

2/ Il est universellement connu que Volta, à qui la plus récente physique expérimentale est redevable de ses plus grandes découvertes, a, en tentant des expériences sur ce que l'on appelle galvanisme [3], trouvé il y a déjà longtemps la loi selon laquelle sont requis, en tant que condition nécessaire de la plus grande perfection de l'action galvanique, deux corps solides, mais différents, qui sont en contact entre eux et avec un troisième, fluide.

---

1. Nous traduisons de la même façon : *Verwandschaft* sera en effet repris par Gœthe en 1808 pour *Les Affinités électives*.

2. Achim von Arnim (1781-1831), *Theorie der Elektrischen Erscheinungen*, 1799 ; *Elektrische Versuche*, 1800. Cf. Francesco Moiso, « *Theorien der Elektrizität* », in *HKA, EBD*, p. 314 *sq.*

3. Aloys Galvani, de l'Université de Bologne, découvrit l'électricité animale. Cf. son *De viribus electricitatis in motu musculari commentarius*, Bologne, 1791. Sur Volta, cf. plus haut note 1, p. 102 *(SW* IV, 169).

Mais ces conditions sont les plus pures conditions du procès chimique – comme il ressort de la déduction (§ 112) où je crois avoir montré pour la première fois *comment* et *pourquoi* le procès chimique se produit précisément sous ces conditions. – En effet *qu*'il se produise sous ces conditions ou du moins en soit favorisé et accéléré, c'était déjà certain grâce aux expériences connues exécutées par *Asch*[1]. – Or il s'ensuit sans doute possible, non pas, comme beaucoup se le sont probablement imaginé, que le procès chimique est effectué par le galvanisme, comme si le galvanisme était une essence ou une activité d'un genre propre et particulier, mais bien plutôt, inversement, *que le galvanisme est le procès chimique même et rien d'autre*, que par conséquent tous deux ne sont aucunement en relation causale, mais | en relation d'identité, ce que l'on appelle galvanisme doit 186 par conséquent disparaître complètement de la série des formes originales d'activité (nommées procès). Il n'y a que le magnétisme, l'électricité et le procès chimique, dont l'expression la plus pure est ce que l'on appelle jusqu'à présent galvanisme. À la question : qu'est-ce au juste que ce galvanisme même qui effectue le procès chimique ? – on n'a pas pensé à ce jour. L'obscurité dont ce nom est en maints esprits entouré lui est entièrement ôtée, dès que l'on ne se satisfait plus du simple mot, mais que l'on porte les yeux sur la *chose même* et le *déroulement* proprement dit du procès à l'intérieur de ce que l'on appelle la chaîne ; ce déroulement n'a cependant à ce jour été exposé par aucun physicien, et la construction ci-dessus est la première tentative et, comme on s'en convaincra bientôt, une tentative réussie, pour rendre celui-ci compréhensible et le rapprocher de l'intuition. – Les pures conditions de l'agir de la nature ne peuvent en général être trouvées que de deux façons : soit sur la voie de la construction *a priori*, qui par sa nature fait abstraction de tout accidentel, soit par des expérimentations, où tout inessentiel est écarté par un heureux hasard ou par la perspicacité de celui qui découvre[2]. Ce que l'on appelle galvanisme a été exposé par Volta au titre d'une telle expérimentation, lorsqu'il a commencé par écarter de la chaîne les parties animales, et a montré qu'elles agissaient en celle-ci en tant que simples conducteurs humides (par conséquent par une qualité absolument générale), et que le même effet pouvait aussi bien être atteint par toute autre partie humide. Le galvanisme n'est devenu une conquête importante pour la physique générale qu'en perdant sa signification organique, et cette découverte n'eût-elle même porté aucun autre fruit que celui-ci (montrer le procès chimique sous ses conditions les plus originaires), qu'elle devrait encore pour cela être comptée au nombre

---

1. Georg Thomas Asch (1729-1807). Cf. *HKA*, *EBD*, p. 315 (Fr. Moiso).
2. Cf. sur ce thème l'essai de 1800 *Sur le vrai concept*, *SW* IV, 92 (ci-dessous, p. 158) et *supra SW* IV, 164.

des plus grandes et des plus remarquables qui aient jamais été faites. – Pour celui qui est à la hauteur de l'Idée, il n'est certes besoin pour l'*identité* du galvanisme et du procès chimique d'aucune autre preuve que le fait *que les conditions du premier peuvent être saisies et dérivées* a priori *à partir du concept du second, et même seulement de celui-ci,* qu'elles sont par
187 conséquent | proprement les conditions de celui-ci ; si pourtant nombre de nos physiciens vont plus loin dans l'usage glorieux des idées et découvertes de Volta, il ne peut manquer d'arriver qu'ils finissent bientôt par se convaincre eux-mêmes, y compris les simples empiristes, que le galvanisme *en tant que* galvanisme, c'est-à-dire en tant que forme originale d'activité, n'a jamais existé, et par conséquent peut encore moins, à l'avenir, être considéré en tant que tel.

§ 114. Dans le procès chimique, tous les autres procès dynamiques sont contenus non seulement *potentia, mais* actu ; car il est la totalité du procès dynamique (§ 112).

Supplément 1. Inversement aussi, précisément pour cette raison, tous les autres procès dynamiques peuvent être considérés comme chimiques. – Par exemple, rien n'empêche de dire que le pôle de l'aimant qui s'élève en cohésion s'oxyde aux dépens du pôle opposé.

Supplément 2. On peut dire que dans le triangle du § 112, par AB et AC carbone et azote s'assemblent, cependant que s'assemblent par BC oxygène et hydrogène (§ 95, Explications 4, 5, 11) ; or puisque ce sont précisément les quatre puissances dynamiques, qui entretiennent tout le jeu de ce que l'on appelle procès dynamique, inversement il en ressort aussi la façon dont la totalité dynamique, les quatre régions du monde sont unies dans le procès chimique.

Supplément 3. Sur cette construction, on peut d'autre part tenter les réflexions générales suivantes.

a/ Le schéma des trois formes fondamentales du procès dynamique est, comme on sait, la ligne, l'angle et le triangle, ou encore : ces trois procès peuvent être égalés aux trois premiers nombres premiers de la série arithmétique. De même que 2 naît seulement de l'addition de 1 et de 1, 3 de l'adjonction de 1 à 2 (de même par conséquent que ces nombres ne sont pas des *puissances* de 1, de même aussi les trois stades du procès dynamique). Le procès chimique lui aussi naît seulement par la triple répétition du même 1, à savoir de l'aimant, qui par AC, AB et BC n'est additionné qu'avec lui-même, et dans cette addition expose la première totalité. De même que dans
188 le 2 est contenu le 1, dans le 3 le 2 et le 1, | de même dans l'électricité est contenu le magnétisme, dans le procès chimique le magnétisme et l'électricité. Il nous suffit de regarder pour remarquer que ACB n'est que la ligne

ACB redressée dans la forme du Δ, *que par conséquent nous ne sortons pas avec celui-ci des conditions du magnétisme.*

b/ Le Δ représente les conditions fondamentales de tout être, AB la forme négative, AC la forme réelle de l'être, la base enfin, ou BC, la *substance* ou l'Identique posé sous la forme de A et B (la pesanteur).

c/ *Kielmeyer*[1] a déjà indiqué la loi selon laquelle l'activité à l'intérieur de la chaîne galvanique, c'est-à-dire par conséquent à l'intérieur de notre Δ, est = à la différence des degrés d'affinité des deux corps avec l'oxygène. Exprimée de la façon la plus abstraite, cette loi porte ainsi : le moment de l'activité est = à la différence des degrés de cohérence de AB et AC, par lesquels cependant on doit entendre naturellement les degrés, non pas de la cohésion active, mais de la cohésion passive. Car la cohésion proprement active n'est pas sans des degrés différents de la cohésion passive (§ 73). Or, ainsi exprimée, cette loi ne souffre aucune exception, et les tables des forces respectives d'excitation des corps dans la chaîne galvanique s'accordent parfaitement de cette façon avec la série de cohésion construite ci-dessus.

§ 115. Des corps indifférents qui sont en contact posent en eux-mêmes aussi bien qu'entre eux de façon réciproque la cohésion active. – En effet (§ 84) ils s'efforcent de s'échauffer. Or la cohésion active est ce qui résiste à la chaleur (cela ressort du § 91, Supplément 1). Par conséquent ils poseront en eux de façon réciproque la cohésion active, partant (§ 68) le magnétisme, et puisque ceci vaut réciproquement (d'après le § 107, Supplément 2), ils poseront aussi la cohésion entre eux.

Remarque. La preuve pouvait aussi être tirée immédiatement des § 70 et 80. En effet deux corps qui sont indifférents ne peuvent produire *ensemble* une totalité, comme des corps différents (§ 74); il est par conséquent nécessaire que chacun s'efforce d'être totalité *par rapport à soi-même*, c'est-à-dire aimant.

| *Supplément.* L'effort pour poser la cohésion active en soi-même et 189 entre eux précède par conséquent l'effort pour s'échauffer, et dure encore après que les deux corps sont échauffés. – *Preuve.* En effet un corps n'est échauffé que pour autant qu'il conduit la chaleur (§ 88, Supplément 1). Or toute conduction est une fonction de la cohésion ou du magnétisme (§ 91 et Supplément 1); par conséquent etc.

---

1. Carl Friedrich Kielmeyer (1765-1844), professeur à Stuttgart et Tübingen. Cf. *HKA, EBD*, p. 48 (M. Durner). Il était l'auteur notamment d'un essai *Über die Verhältnisse der organischen Kräfte untereinander in der Reihe der verschiedenen Organisationen, die Gesetze und Folgen dieser Verhältnisse*, paru en 1793. Selon Manfred Durner, l'œuvre de Kielmeyer se caractérise principalement par l'effort déployé pour tenir ensemble, dans une interprétation unifiée de la nature, les différents phénomènes de la lumière, de la chaleur, de l'électricité et du magnétisme.

§ 116. Inversement, des corps différents ne poseront qu'une cohésion active entre eux, mais non l'un dans l'autre de façon réciproque. Au sujet de la première partie, voir § 80, Supplément 3. La seconde suit du § 75. En effet, puisqu'ils produisent ensemble la totalité, il n'est pas nécessaire que chacun la produise pour soi, c'est-à-dire (§ 70) qu'il pose le magnétisme *en soi*.

Explication 1. De ces propositions ressort suffisamment la raison pour laquelle d'une façon générale seuls des corps *indifférents* se *magnétisent*, au lieu que seuls deux corps *différents s'électrisent*.

Explication 2. Il s'avère d'autre part que ce que l'on a jusqu'à présent considéré comme adhésion est avant tout, du moins sous le rapport des corps solides, magnétisme, à ceci près, à vrai dire, que ce magnétisme n'est pas capable de la stabilité que l'on rencontre dans le fer, mais est limité à la simple durée du contact. La loi de toute adhésion est que des corps indifférents entretiennent le rapport le plus fort avec des corps indifférents, par exemple le verre avec le verre, le marbre avec le marbre, et ici aussi, dans la série de ce que l'on appelle adhésion, on trouve que le fer se place à nouveau au premier rang, et à vrai dire que ce qui est plus rapidement réceptif au magnétisme (le mou) surpasse dans la force de l'adhésion le moins réceptif (l'acier)[1].

§ 117. Éclaircissement. Je limite le concept d'adhésion à l'attache des
190 corps fluides aux solides. – En effet puisque les corps fluides | ne se déterminent pas *entre eux* à la cohésion active (comme les solides et les solides, car même par la confluence ils n'entrent pas en relation de cohésion), mais n'acquièrent de détermination pour cela que par ces derniers, il y a ici sans doute le fondement d'une différenciation, qui pourtant derechef n'a pas lieu sous le rapport de la chose même. Car entre fluides et solides aussi la même loi règne qu'entre solides et solides (§ 116, Explication 2). Ainsi par exemple le mercure entretient le rapport le plus fort avec les métaux qui se tiennent au plus près de lui dans le degré du poids spécifique et de nombreuses autres propriétés, l'or, l'argent etc., et le plus faible au contraire avec le fer.

§ 118. Le moment du magnétisme dans le procès chimique en tant que tel est le moment de l'adhésion[2]. – En effet (§ 110, Supplément 2) le procès

---

1. (Z) Que l'on voie les *Principes de l'affinité chimique* de Guyton [Louis Bernard Guyton de Morveau (1737-1816), *Méthode de nomenclature chimique*, 1787; cf. *HKA, EBD*, p. 14 (M. Durner) – N.d.t.]. Dans l'action du fer sur les métaux qui se tiennent au plus près de lui dans la série de la cohésion (cobalt, nickel, etc.), l'adhésion se montre même encore sous la forme déterminée de la polarité; tout à fait naturellement, cependant, le *phénomène* (non pas la chose même) disparaît dans la proportion où l'on s'éloigne du centre de toute cohésion – où elle surgit visiblement sous la forme du magnétisme.

2. Correction (S) : ne peut s'exprimer que par le moment de l'adhésion.

chimique *en tant que* tel n'est posé que par l'adjonction du fluide, BC (§ 112). Or entre celui-ci et AB et AC est possible (non pas la cohésion mais bien plutôt) seulement l'adhésion (§ 117). Le moment du magnétisme ne peut ainsi s'exposer dans le procès chimique en tant que tel que sous la forme de l'adhésion.

Supplément. Par où l'on ne disconvient pas que même AC ou AB, s'ils sont des corps à la cohésion active considérable (par exemple le cuivre, le fer, l'argent), peuvent, en dehors de la polarité qu'ils exposent dans une communauté l'un avec l'autre, en exposer une *en eux.* Seulement ceci repose sur une condition fortuite que nous ne prenons pas ici en considération.

§ 119. Le moment de l'électricité dans le procès chimique en tant que tel repose sur la potentialisation (Potenzirtwerden) du fluide en oxygène et hydrogène. Cela ressort de la preuve du § 112.

Remarque 1. Ceci fait voir clairement que tous les moments du procès dynamique peuvent être exhibés dans le fluide considéré pour soi, | ou que celui-ci, dans ses transformations, les traverse tous. L'eau est l'aimant fluide (§ 95, Supplément 4, Explication 7), et représente à l'état indifférent *(gleichgültig)* le point [absolu] d'indifférence. À l'état de l'adhésion elle s'approche de l'identité simplement relative, à l'état de la séparation en oxygène et hydrogène elle entre dans le moment de la duplicité relative. Le troisième moment (le procès chimique dans le procès chimique) sera bientôt déterminé de plus près.

Remarque 2. Il serait très naturel qu'à l'encontre de l'affirmation selon laquelle ce que l'on appelle galvanisme n'est rien d'autre que le procès chimique lui-même on mentionne la grande harmonie qui indéniablement a lieu entre les phénomènes galvaniques et électriques. En effet quoi que l'on ait avancé contre cette harmonie, cela n'est d'aucun intérêt, puisque par exemple les corps qui s'avèrent mauvais conducteurs même pour le galvanisme renforcé, ne le sont pas moins pour l'*électricité* renforcée, comme l'esprit de vin et autres. Seulement cette harmonie se conçoit bien à partir de la proposition du § 114. Ce que l'on appelle galvanisme est à la fois magnétisme, électricité et procès chimique (ce dernier pensé au sens strict). Que l'on voie, dans cette *Revue*, vol. 1, livraison 2, p. 77[1]. Mais précisé-

191

---

1. Sur le galvanisme dans la philosophie de la nature et pour la référence, on consultera l'*Allgemeine Deduktion, SW* § 59 IV, 72 : « Mais précisément pour cette raison, à savoir que le procès chimique est seulement une expression d'un cas particulier (de l'intussusception absolue), on doit chercher une expression *universelle*, laquelle :

1/ comprenne sous elle-même *tous* les procès dans lesquels en général un *produit* est *construit,*

2/ représente *séparément* les trois moments à la fois (non pas comme le procès chimique, en tant qu'il se perd dans le troisième).

124 F.W.J. SCHELLING

ment parce qu'il est tout ceci, il est le procès chimique même exposé dans la totalité de ses conditions, sous lesquelles ensuite se trouve nécessairement aussi l'électricité. C'est pourquoi il n'est pas moins nécessaire que la pile voltaïque produise les phénomènes électriques les plus frappants en même temps que les phénomènes chimiques les plus significatifs.

Pourtant, avant que nous ne puissions conduire cette analyse, nous devons commencer par dire quelque chose de la construction de ce tout remarquable, qui renferme pour le moins, enchaîné à jamais, le Protée qui dans le procès dynamique, sous des formes d'apparition si différentes,

Seul le *galvanisme* remplit ces deux exigences : il expose, pour ce qui regarde le premier point, la condition de *toute* construction – la triplicité des forces – de façon entièrement pure et pour ainsi dire formellement, mais en ce qui concerne le second point il représente aussi les trois moments de la construction au moins comme reflétés par les *corps* dont il est composé, dans la mesure où l'un de ces corps doit toujours être un conducteur de la classe de la plus haute cohésion (du *magnétisme* dominant), un autre un conducteur de la classe de la cohésion moindre (où l'*électricité* commence déjà à acquérir une prédominance), le troisième enfin un conducteur de la classe de la plus petite cohésion (un *fluide*, représentant le *procès chimique*). – Les forces respectives des corps dans le procès galvanique se tiennent non seulement en rapport avec les différences de leurs degrés d'affinité avec l'oxygène, comme je l'ai moi-même indiqué aussi dans mon écrit : *Sur l'Âme du monde*, p. 287 [*SW* II, 559], mais aussi et en particulier dans un rapport, qui reste à développer dans la suite, aux différences de leurs degrés de cohésion (pour une efficacité du reste à peu près égale), ce que l'on constate déjà à voir que précisément le plus cohérent de tous les métaux, le fer, ne veut pas s'adapter, eu égard à sa force d'excitation, à la série fondée sur les différences du degré d'affinité avec l'oxygène. Mais puisque le degré d'affinité avec l'oxygène se tient lui-même dans un rapport déterminé avec le degré de cohésion, ce que je ne m'étais pas encore jusqu'ici complètement expliqué, on voit comment il est possible que les deux séries, celle qui est fondée sur les différences de l'affinité et celle qui est fondée sur les différences du degré de cohésion, s'accordent approximativement.

Que l'on parvienne à voir les trois moments différents du procès dynamique, non seulement reproduits dans le galvanisme par les trois corps qui composent la chaîne galvanique, mais eux-mêmes immédiatement exposés en lui – il n'y a là presque aucun doute, après que l'électricité et, comme je l'ai déjà indiqué dans l'écrit cité, p. 281 [*SW* II, 255], même le procès chimique sont devenus individuellement au moins susceptibles d'être exposés en lui. Un moyen d'exposer le magnétisme en lui serait sans doute, en attendant d'en trouver un autre plus déterminé, la sensation différente de chaleur et de froid liée, selon l'ordre différent des métaux, à la sensation du goût, et qui ne peut être correctement pensée sans une altération de cohésion.

Dans ces conditions, si des forces magnétiques, électriques et chimiques concourent à la possibilité du magnétisme, comme nous pouvons cependant l'inférer de l'état des trois corps de la chaîne galvanique, la vraie gradation du procès dynamique de la nature serait celle-ci :

1/ *Magnétisme* – son schème est la *ligne*.
2/ *Électricité* – son schème est l'*angle*.
3/ *Galvanisme* – son schème est le *triangle*.

Ces trois niveaux sont donc pour ainsi dire les nombres premiers de la nature, et ces trois schèmes ses hiéroglyphes universels. De même que les trois premières puissances de la série des nombres ne se laissent reconduire à aucune autre, de même ces trois procès, dont aucun ne se laisse réduire à l'autre, et auxquels tous les autres dans la nature se réduisent ».

donne le change. Nous nous autorisons, eu égard à celui-ci, une exception à la règle générale de cette *Exposition*, en partie en raison de la grandeur de la découverte qui, comme il ressortira clairement de la suite, est la plus haute et la plus importante pour ce domaine, en partie aussi parce que pour tous les physiciens auxquels la signification et le procès de la chaîne galvanique élémentaire | sont restés cachés, la construction plus complexe de ce tout   192 doit être davantage encore une énigme, ou même s'ils ont compris celle-là grâce à ce qui a été présenté plus haut (§ 112, Explication), son application au cas plus composé pourrait cependant leur paraître difficile. Or il est important que l'opinion vraie, justement sur cette découverte, soit rapidement produite au jour. L'un des physiciens (anglais) qu'elle occupe a déjà reconnu que cette pile les obligerait à abandonner les dogmes qu'ils tenaient jusqu'ici pour acquis sur la matière électrique (et aussi bien, en fin de compte, tout l'édifice de la physique qui était jusqu'ici le leur), issue si heureuse qu'elle ne peut être amenée trop tôt.

Une fois la totalité produite au jour dans le procès dynamique (par le procès chimique), rien d'autre ne trouve place dans cette sphère ou puissance que l'addition continue de cette totalité avec elle-même, qui d'ailleurs peut aller à l'infini, mais ne peut jamais transgresser la puissance elle-même. C'est ce qui s'est produit en ce qui concerne la puissance dynamique grâce à la découverte de Volta. Or de cette simple addition naît le renforcement aussi bien de l'activité à l'intérieur de ce tout que de celle qu'il exerce vers l'extérieur, encore insuffisamment comprise, mais on doit à cet effet prendre encore en considération qu'*à l'intérieur* du tout chaque maillon est en même temps maillon dans trois de ce que l'on nomme des chaînes, par conséquent dans trois procès, dont chacun est pour soi déjà autonome et constitue une totalité. – En effet, puisque donc chaque maillon du tout, avec ce qu'il a reçu ou est devenu en tant que maillon de la première chaîne, se présente bien dans l'autre chaîne, et se relie ainsi au tout, on conçoit comment une seule et même force, par une élévation constante, atteint un degré considérable, et comment à la fin les ultimes maillons de la chaîne peuvent se présenter aux extrémités opposées A et B en tant que représentants de l'ensemble du + et du – du procès. Que l'on poursuive le tout à partir de ces points, et l'on voit que A aussi bien que B dans la nouvelle liaison commence le procès avec une force qui d'ailleurs est un produit du procès – et à partir de là on conçoit, sans doute possible, le murmure et | l'ondulation et – pourrait-on presque dire – la combustion   193 vivante du tout en soi et sa force (peut-être) illimitable vers l'extérieur.

Cependant le procès advient à l'intérieur de ce tout au moyen de simples puissances immatérielles (celles de la cohésion) selon les lois données ci-dessus, et il n'a avec ses matériaux, même si on les nomme impondérables (par où l'absurdité de ce que l'on a à l'esprit ne s'en trouve qu'accrue), absolument rien à faire; et les physiciens n'ont qu'à commencer par supprimer leurs concepts jusqu'ici reçus concernant la conduction et la force de conduction, pour saisir dans une certaine mesure ce tout vivant.

Si nous réfléchissons *(reflektiren)* sur l'intérieur de celui-ci, il se passe déjà à l'intérieur de chaque tout partiel *(Theilganzen)* particulier la même chose que ce qui advient dans le tout total *(Totalganzen)*, et dans ce dernier il n'y a pas davantage que ce qui est déjà contenu dans le premier. Le corps élevé dans sa cohésion détermine l'eau, potentialisé en eau par + E, quant au corps diminué dans sa cohésion (pour s'élever à nouveau au moyen de celle-ci) – potentialisé en eau par – E (oxygène) – il s'oxyde; seuls les deux maillons ultimes de la chaîne, si toutefois elle n'est pas fermée, restent isolés avec leur + et leur –; c'est pourquoi ils ne *peuvent* montrer d'autres phénomènes qu'électriques (car le *troisième terme* manque), mais ces phénomènes, sans doute possible, sous chacune des formes sous lesquelles ils s'exposent par ailleurs; ce n'est que par l'adjonction du troisième terme (par exemple l'eau) que sont intégralement données sous le rapport du *tout* les conditions du procès chimique; mais il se produit aussi intégralement sous l'attaque instantanée du fluide, par la désoxydation et l'oxydation, selon les circonstances. – Voilà qui provisoirement suffira à peu près sur cet objet remarquable pour indiquer le point de vue à partir duquel il exige d'être considéré.

§ 120. Le procès chimique, bien qu'il produise son effet selon toutes les dimensions, n'affecte pourtant en toutes que la cohésion. – Preuve. En effet la cohésion est la limite de tout procès dynamique (§ 94, Supplément). *Par une autre voie :* en effet même le Δ chimique est réductible à la ligne droite (§ 114, Supplément 3 a); par conséquent (§ 62) l'ensemble du procès dyna-
194 mique se tient sous le schéma du | magnétisme, par conséquent (§ 67) de la cohésion, ou, ce qui derechef revient au même (§ 95, Supplément 5), de la simple addition.

Remarque. Il faut par conséquent s'attendre à trouver ici le fondement premier de toute arithmétique[1].

§ 121. Par le procès chimique les corps ne peuvent être altérés selon la substance, mais seulement selon les accidents. En effet il n'affecte que la cohésion. Or ce qui est posé par la cohésion n'est pas la substance (qui ressortit à la pesanteur[2]), mais les simples accidents de celle-ci (§ 70, Remarque). Par conséquent seuls les accidents sont altérés par le procès chimique. Or la substance est, indépendamment de ces derniers *(ibidem)*;

1. (Z) Pensée que m'a également exprimée M. *Eschenmayer* à l'occasion du traité sur le procès dynamique (*Revue spéculative*, vol. 1, livraisons 1 et 2).
2. Correction (S) : au poids.

par conséquent elle ne peut être altérée par leur altération, elle est ainsi inaltérable par le procès chimique.

§ 122. Toutes les prétendues qualités de la matière sont de simples puissances de la cohésion. – La preuve est contenue dans tout ce qui précède. Que l'on compare toutefois de surcroît avec le traité *Sur le Procès dynamique*, vol. 1 de cette *Revue*[1].

§ 123. La substance de chaque corps est entièrement indépendante de ses qualités et n'est pas déterminée par elles. – Cela ressort du § 122, mis en parallèle avec le § 121.

Remarque 1. Ainsi par exemple ce que l'on nomme azote et carbone est selon la substance entièrement identique, bien que les puissances soient opposées. L'en-soi relatif dans les deux est un seul et même Indifférent, à savoir le fer, considéré selon la substance.

Remarque 2. La matière se soumet par conséquent en cela aussi à la loi universelle de l'être. Car tout être, abstraction faite des puissances sous lesquelles il est posé, est un (§ 12, Supplément 1).

Remarque 3. L'être de la matière, abstraction faite de ses puissances, est donc égal à l'être universel, et entièrement le même que lui.

| *§ 124. Aucun corps n'est composé selon la substance.* – En effet il est   195
selon la substance l'identité absolue même (§ 123, Remarque 3).

Supplément 1. Par conséquent, quelle que soit la chose qui peut être partagée ou décomposée, la substance n'est jamais décomposée. Cela suit du §, mis en parallèle avec le § 34, Supplément.

Explication. Ainsi par exemple il serait faux de dire que les métaux sont constitués ou composés de carbone et d'azote. Car ces deux éléments sont de simples formes de l'existence d'un seul et même Identique, non pas l'existant même.

Supplément 2. Un corps est décomposé chimiquement, veut dire : un seul et même Existant est posé sous différentes formes de l'existence.

Remarque. Ce que l'on appelle des matériaux *(Stoffe)* dont les corps sont censés être constitués sont par conséquent seulement posés par l'analyse qui les décompose, et sont des produits de l'analyse.

Supplément 3. Il s'ensuit qu'un corps, bien qu'il soit décomposable par l'analyse, n'est pourtant pas composé, mais simple.

§ 125. Toute matière est à l'intérieur identique à soi-même et diffère simplement par le pôle dirigé vers l'extérieur. – En effet elle diffère non selon l'essence (§ 12, Supplément 1) ou la substance (§ 123, Remarque 2), mais simplement selon la forme de l'existence. Or la forme de l'existence de la substance est d'une façon générale la cohésion (§ 92, mis en parallèle

1. *Allgemeine Deduktion*, § 48 *sq.*, *SW* IV, 51, *sq.*

avec le § 70, Remarque); la forme particulière de l'existence par conséquent (§ 68) est le *pôle*; partant elle diffère simplement par le pôle sous la
forme duquel elle existe, ou (puisque l'essence d'une chose est l'intérieur,
et l'existence l'extérieur) par le pôle avec lequel elle se dirige vers
l'extérieur.

Explication 1. Ainsi par exemple l'alcali et l'acide sont en soi entièrement indifférents et ne diffèrent (du moins au début du procès de la
neutralisation, car chaque moment de celui-ci altère les accidents) sans
doute possible que par ceci que celui-là tourne vers l'extérieur le pôle de
l'hydrogène, celui-ci le pôle de l'oxygène. – La substance s'échappe de nos
mains précisément parce que chaque corps n'est altérable que par un autre
(§ 36), et parce qu'à chaque moment du procès il est un autre selon la forme
de l'existence, sans que la pure essence sans-forme puisse jamais elle-
même surgir.

196 | *Explication 2.* On peut aussi nommer cet *à-l'intérieur* de chaque corps
le *potentialisé*, et le pôle dirigé vers l'extérieur le *potentialisant*.

§ 126. *Aucun procès ne peut faire venir dans le corps quelque chose qui
ne soit pas déjà* potentialiter *en lui.* – En ce qui concerne le procès magnétique (§ 115), le procès électrique, le procès calorifique (§ 86, 88), cela a
déjà été prouvé. Le corps par exemple ne conduit pas la chaleur et
l'électricité étrangères, mais bien celles qui lui sont *propres*. En ce qui
concerne le procès chimique, cela suit immédiatement du § 69, Supplément
1. En effet tout ce qui peut être posé dans un corps par le procès chimique,
ce sont de simples puissances de la cohésion (§ 120), mais dans chaque
matière toutes les autres sont contenues *potentialiter*, et puisque toutes les
matières ne se distinguent les unes des autres que par les puissances de la
cohésion (§ 125), cela veut dire ceci : dans chaque matière sont déjà contenues (*virtualiter*) toutes les puissances de la cohésion; par conséquent
aucun procès etc.

Explication. Ainsi par exemple le corps qui s'oxyde entre assurément
en cohésion (se lie) avec la matière dont la puissance est le facteur négatif
de la cohésion (l'oxygène); mais l'oxygène avec lequel cette matière se
dirige vers l'extérieur est le sien propre – qui seulement alors, après que son
+ E est limité ou supprimé de l'extérieur par la puissance, vient à produire
son effet. Cette vue est applicable à tous les procès chimiques.

Supplément 1. Chaque corps est une monade [1].

1. Le mot est assez rare dans Schelling : il est appliqué au Moi dans le *Système de
l'idéalisme transcendantal* (*SW* III, 381 ; tr. p. 44 : « Le Moi est un monde totalement fermé en
soi, une monade, qui ne peut sortir de soi et dans laquelle il ne peut non plus rien entrer du
dehors »), et la *Propédeutique* de Würzburg discutera la *Monadenlehre* de Leibniz (*SW*
VI, 104).

Supplément 2. Aucune genèse (Entstehen) dans le procès chimique n'est une genèse en soi, mais elle est (§ 78) simple métamorphose.

§ 127. La tendance universelle du procès chimique est : de transformer toute matière en eau. – En effet la tendance de la nature est (§ 109, Supplément) de supprimer et pour ainsi dire d'effacer toutes les puissances dynamiques les unes par les autres, par conséquent de produire au jour l'absolue indifférence (dynamique). Mais celle-ci n'existe que dans l'eau (§ 95, Supplément 4, Explication 7). Par conséquent la nature tend dans le procès chimique à la production de l'eau ou à la transformation de toute matière en eau.

Supplément 1. Le procès chimique n'est dans cette tendance | limité que   197
par la cohésion active, qui, une fois posée, ne peut être en retour supprimée [à l'intérieur de cette puissance], et la force constructrice en général est impliquée avec le procès chimique universel dans la contradiction éternelle, à savoir qu'elle ne peut supprimer chaque puissance dynamique que par son opposée, mais ne peut nulle part enlever celle-ci sans également poser en retour son opposée ; il est par conséquent impossible qu'elle atteigne jamais son but (dans cette puissance), mais précisément par cette contradiction tous les corps sont impliqués dans une *action réciproque universelle* (donc au moins en vue de la totalité relative).

Supplément 2. Puisque l'eau est le sans-puissance (§ 111, Supplément), que d'autre part toutes les puissances dynamiques sont puissances de la cohésion, c'est que l'eau est le fer *intégralement dépotentialisé.*

§ 128. Corollaire. Les *acides* doivent être considérés comme moyens termes du passage de la matière solide à l'état sans-puissance (l'eau).

Supplément. Il s'ensuit que ce que l'on nomme le radical de tous les acides doit être soit un corps solide soit une matière telle qu'elle représente au moins un facteur de la cohésion active.

Remarque. En effet les facteurs de la cohésion *passive* (§ 95, Explication) se réduisent effectivement à l'indifférence absolue, et justement ici ne surgit *aucun* acide. – Les acides primaires sont les acides de carbone ou d'azote. Les acides secondaires ont pour fondement des corps solides, par exemple le soufre, ou (comme c'est vraisemblablement le cas de l'acide chlorhydrique) un métal.

§ 129. Le procès chimique dans le procès chimique est le passage de l'oxygène et de l'hydrogène (§ 119) à l'absolue indifférence, c'est-à-dire à l'eau. Cela suit de soi-même de ce qui précède.

Supplément 1. Ce passage est nécessairement lié à la présence de la lumière. – En effet (§ 103, Remarque) sont donnés (§ 95, Supplément 10) ses deux *modi existendi*, + E et – E, qui se suppriment ici réciproquement.

Supplément 2. Ce passage est par conséquent le procès de combustion.

198   *§ 130. La loi fondamentale de tout procès chimique* | est *que le corps diminué à un degré considérable dans sa cohésion s'oxyde.* Cela ressort de la première construction, § 112.

Remarque. De quelle façon cette diminution de cohésion advient, si c'est sous la forme originaire du procès chimique [où celui qui est relativement + s'oxyde] (§ cit.), ou par l'étincelle électrique, ou sous l'effet immédiat de la chaleur, voilà qui est en ce qui concerne la loi universelle complètement équivalent.

§ 131. Toute composition chimique est dépotentialisation de la matière. En effet dans toutes les prétendues compositions la nature tend à supprimer les unes par les autres les puissances opposées de la matière (§ 109, Supplément), ou (§ 127) à produire au jour l'eau. Par conséquent (§ 127, Supplément 2) chaque prétendue composition est une *dépotentialisation* (plus ou moins réussie) de la matière.

Supplément. Il s'ensuit qu'inversement *chaque prétendue décomposition est une potentialisation de la matière,* ce dont on peut se rendre compte immédiatement aussi à partir du § 124, Supplément 2.

§ 132. L'oxydation (par exemple des métaux) *ne peut être le fondement de la solution.* En effet celle-ci est résolution de la cohésion. Or celle-là élève bien plutôt la cohésion (§ 95, Explication 10). Par conséquent etc.

Supplément 1. C'est pourquoi on devra bien plutôt dire inversement que le carbone (dans le diamant), le métal etc., s'efforce, en s'oxydant, à l'encontre de la résolution, et qu'il se résout, non parce qu'il a été oxydé, mais parce qu'il a été constamment diminué dans sa cohésion.

Supplément 2. Le corps qui s'oxyde devient nécessairement, alors qu'il est plus lourd absolument, spécifiquement plus léger. – Cela suit de ce qui vient d'être discuté et du § 72.

Supplément 3. L'acide est en soi entièrement identique (§ 124, Supplément 3), par conséquent n'est pas non plus acide; il n'est acide que par opposition au corps qui s'efforce de s'élever dans sa cohésion.

Supplément 4. La résolution des métaux en acides se produit selon le schéma universel du procès chimique, § 112. Soit par exemple l'argent le

199   métal à résoudre, | et l'acide, l'acide d'azote, le carbone et l'azote sont alors en contact entre eux et avec l'eau, c'est-à-dire (§ 114, Supplément 2) que la totalité du procès chimique est donnée.

§ 133. Les acides aussi suivent dans la production de leur effet sur les métaux la loi universelle de la polarité, à savoir que seuls les pôles opposés se dirigent l'un vers l'autre.

Supplément 1. Vers les métaux du pôle du carbone ne se dirigent de préférence que les acides du pôle de l'azote, et vers les métaux de ce pôle ne se dirigent de préférence que les acides du pôle du carbone.

Supplément 2. Le fer est attaqué par tous les acides, et qui plus est par l'eau simple. Le premier point ressort du § mis en parallèle avec le § 76, le second du § 113.

§ 134. Seuls les facteurs de la cohésion passive peuvent rétablir l'indifférence absolue, et non ceux de la cohésion active.

Supplément. Il est nécessaire que la métamorphose chimique prenne fin dans les directions opposées et avec les pôles libres. En effet puisque le procès chimique tend à la production de l'indifférence absolue, et que d'autre part celle-ci n'est possible qu'en ce qui concerne les puissances de la cohésion passive, mais non de la cohésion active (§), la série des produits chimiques prend nécessairement fin dans les pôles opposés, dont l'un représente seulement le premier, l'autre seulement le second des facteurs de la cohésion active, et qui s'efforcent en vain de concert dans le procès chimique.

§ 135. Ce n'est pas le procès chimique qui est le réel, mais la totalité dynamique [action réciproque] *posée par lui,* car d'une façon générale seule la totalité est le réel (§ 50, Explication).

Remarque. Le mérite d'avoir exposé cette totalité en ce qui concerne le corps terrestre, c'est *Steffens* qui se l'est acquis dans ses *Contributions* déjà souvent citées. – Il y a également fondé pour la première fois, par une perspicace combinaison de faits, le résultat suivant : les *terres* (les plus hauts produits de la métamorphose chimique, donc de la seconde métamorphose) forment des séries opposées, dont l'une (la | série du quartz) repré- 200 sente le pôle du carbone, l'autre (la série calcaire) représente le pôle de l'azote. Par là s'éclaire le § 134, Supplément.

§ 136. Par l'être-posé de la totalité dynamique est immédiatement posée l'adjonction de la lumière au produit (c'est-à-dire qu'est posée la totalité relative de l'ensemble de la puissance, § 58, Supplément 8, Remarque). – *Preuve :* en effet, immédiatement par cela que la totalité dynamique est posée, la lumière en tant que principe idéel trouve sa limite (§ 94, Supplément, mis en parallèle avec le § 134), elle cesse par conséquent (§ 58) aussi immédiatement d'être idéelle, elle devient réelle, ou elle se joint au produit.

Supplément 1. L'expression du produit total [de la puissance] est par conséquent la lumière liée à la pesanteur.

Supplément 2. Le seul en-soi de cette puissance est le produit total (§ 58, Supplément 8, Explication 3).

§ 137. Par l'être-posé de la totalité relative de l'ensemble de la puissance (§ 58, Supplément 8, Remarque) *la pesanteur est immédiatement posée en tant que simple forme* [1] *de l'être de l'identité absolue.* – En effet, aussi immédiatement que A^2 est posé en tant que totalité relative par l'être-posé de A = B (§ *cit.*, Supplément 7), A^3 est posé en tant que totalité relative par l'être-posé de A^2 = (A = B); or A^3 est l'identité absolue, pour autant qu'elle est posée en tant qu'existante sous la forme de l'être de A^2 et A = B. Par conséquent etc.

Explication. La pesanteur est l'identité absolue, pour autant qu'elle n'est pas, mais contient le fondement de son être (§ 54, Remarque). Or elle est posée en tant qu'étant dans la cohésion (§ 92). Mais elle ne peut être posée en tant que l'identité absolue. En effet à l'essence de celle-ci appartient l'être (§ 8, Supplément 1); mais à l'essence de la pesanteur appartient bien plutôt de ne pas *être*. C'est pourquoi elle ne peut pas non plus être posée *en soi* en tant qu'existante, et elle est aussi effectivement simplement posée en tant qu'existante pour autant que l'identité absolue est posée en tant que lumière (§ 94), qui derechef n'est pas en soi (§ 98), elle ne peut par conséquent pas du tout être posée en tant qu'existante en soi, c'est-
201 à-dire (§ 15, Supplément 2) | qu'elle ne peut être posée qu'en tant que *forme de l'être* de l'identité absolue, ce qui advient précisément dans la totalité relative de cette puissance.

Il en ressort aussi que l'ensemble de l'activité de cette puissance (la puissance dynamique) tend à poser la pesanteur en tant que forme [2] de l'être de l'identité absolue, ce qui ne peut advenir qu'au moyen de l'opposition relative avec A^2 (l'autre forme de l'être), par conséquent seulement au moyen du procès dynamique, c'est pourquoi celui-ci ne trouve pas non plus place dans la totalité de cette puissance (c'est-à-dire en soi), mais (§ 27) seulement sous le rapport du particulier, ou à l'extérieur de la totalité de cette puissance.

§ 138. Par cela qu'elle est posée en tant que simple forme de l'être de l'identité absolue, la pesanteur est elle-même posée en tant qu'accidentelle. – Cela ressort du § 70, Remarque.

Supplément. A^3 est par conséquent, par rapport à la pesanteur, le substantiel.

§ 139. Éclaircissement. La pesanteur est posée en tant qu'accidentelle par rapport à l'identité absolue, veut dire : elle est posée en tant que simple puissance (§ 64, Éclaircissement 1) ou en tant que simple pôle. Au sujet du dernier point, voir la preuve du § 125.

---

1. Correction (S) : en tant que simple attribut (et seulement dans la réflexion).
2. Correction (S) : en tant que simple attribut.

Remarque. D'après cela nous pouvons, concernant le rapport de la métamorphose originaire (§ 95) à celle que nous avons nommée seconde et qui est posée par le procès dynamique, mais avant tout par le procès chimique, nous exprimer de façon plus déterminée que nous ne l'avons fait jusque là : la métamorphose originaire indique l'être-posé progressif de la pesanteur en tant que simple forme de l'être de l'identité absolue ; l'identité absolue n'est *lumière* (A ^{2}) qu'à l'intérieur de la sphère où la pesanteur est posée encore en tant que pesanteur, non en tant que simple puissance ; mais elle est elle-même cause originaire immédiate de cette première métamorphose, ou ce qui pose immédiatement cette première série dans laquelle tombent toutes les matières originaires. La cause originaire immédiate de la seconde métamorphose au contraire est la pesanteur, qui, puisqu'elle est arrachée à son repos par la première, cherche à supprimer les puissances sous lesquelles elle est posée, par le procès magnétique, le procès électrique, et dans la totalité par le procès chimique.

| § *140. La pesanteur ne peut être posée en tant que simple puissance ou* 202 *en tant que pôle autrement que dans des directions opposées ;* cela s'ensuit immédiatement.

En effet dans le concept de pôle est déjà pensé aussi le concept de *direction.* Or la pesanteur est en soi indifférente, il n'y a par conséquent aucun fondement pour qu'elle soit posée de préférence dans l'une des directions, elle est par conséquent de façon absolument nécessaire, et de manière identique, posée dans des directions opposées.

Supplément. Cette loi vaut, comme toutes les lois de l'être de l'identité absolue, à l'infini. Elle vaut par conséquent aussi sous le rapport du particulier, comme sous celui du tout.

§ 141. Corollaire. Les pôles opposés sous lesquels la pesanteur est posée de façon identique en tant que forme de l'existence de l'identité absolue sont, sous le rapport du tout, la *plante* et l'*animal*, sous le rapport du particulier, les *deux sexes.*

Remarque. Le lecteur nous accordera que, pour toucher au but par la voie la plus courte, comme jusqu'ici, nous établissions les propositions dont tout un chacun peut trouver lui-même les preuves par sa propre réflexion en tant que simples corollaires ou même sans preuve. Il va de soi au demeurant qu'une explication supplémentaire de l'affirmation précédente trouvera encore place dans la suite.

Supplément 1. Il en ressort que le produit total (§ 136, Supplément 1) est l'*organisme* [1].

---

1. Comme Ernst Cassirer particulièrement l'avait remarqué (*Les Systèmes post-kantiens,* chap. III, § II, tr. p. 201), le paradigme de l'organisme aura été décisif dans la constitution même de la philosophie de Schelling. La philosophie de la nature en aura de son côté proposé

Supplément 2. De même que l'ensemble de la puissance dynamique se soumet au schéma de l'identité relative (§ 125, Preuve), de même la puissance organique entière tombe sous celui de la duplicité relative. Le § 50, Explication 3, s'éclaire à partir de là.

Remarque. Nous n'estimons pas nécessaire de répéter le schéma particulier de cette puissance, puisqu'il est tout à fait identique à celui de la première et de la seconde (§ 50, 58).

§ *142. L'identité absolue est cause originaire de l'organisme immédiatement par cela qu'elle pose A*² *et A = B en tant que formes de son être,* 203 *c'est-à-dire immédiatement par cela qu'elle | se pose elle-même sous la forme des deux en tant qu'existante.* – Tout ce qui précède en est la preuve.

§ *143. Éclaircissement.* L'identité absolue, pour autant qu'elle se pose elle-même sous la forme de A² (§ 96) et de A = B (§ 52) en tant qu'existante, est efficience *(Wirksamkeit).* En effet l'efficience est la force qui est élevée à l'activité, ou l'identité de la force et de l'activité.

§ *144. L'efficience par laquelle l'organisme persiste ne tend pas à la conservation de la substance en tant que telle, mais de la substance en tant que forme de l'existence de l'identité absolue.* – En effet la substance (A = B) est sous le rapport de l'organisme lui-même une simple forme de l'existence (§ 137), par conséquent etc. *Par une autre voie.* Dans le *primum existens* la force par laquelle il existe tend simplement à la substance qui nonobstant toutes les transformations ne peut être ni augmentée ni diminuée, encore bien moins anéantie (§ 34, Supplément 2). Mais l'organisme n'est aucunement organisme par la substance (qui est inaltérable), mais par le genre ou la forme de l'être de l'identité absolue (§ 142). Toute efficience de l'organisme tend par conséquent aussi à la conservation de la substance en tant que forme de l'existence, partant non de la substance en tant que substance.

§ *145. La cause originaire par laquelle la substance (le A = B) de l'organisme est conservée en tant que substance se trouve nécessairement à l'extérieur de lui.* – Cela suit immédiatement du § 144.

Éclaircissement. On a expliqué plus haut que nous comprenions provisoirement par *nature* l'identité absolue, pour autant qu'elle existe *actu* sous la forme de l'être de A et B (§ 61). Or elle n'existe en tant que telle que dans la cohésion et la lumière. Mais puisque par la cohésion et la lumière elle est fondement de son être en tant que A³, de même que par la pesanteur elle était fondement de son être en tant que A², et puisqu'elle est en tant que A³ peut-être derechef fondement de son être (dans une puissance encore plus

une considération systématique très précise. Cf. particulièrement *Von der Weltseele, SW* II, 367, 374 *sq.*, 500 *sq.*; *Erster Entwurf, SW* III, 66 *sq.*, 143 *sq.* Cf. aussi, pour sa place dans la philosophie de l'identité, le « Supplément » à l'Introduction des *Ideen, SW* II, 68-69.

haute), nous allons pouvoir dire de façon générale : nous comprenons par nature l'identité absolue en général, pour autant qu'elle n'est pas considérée en tant qu'étant, mais en tant que fondement de son être, et nous voyons d'avance à partir de là | que nous nommerons nature tout ce qui se 204 trouve au-delà de l'être absolu de l'identité absolue.

Supplément 1. D'après cela nous allons pouvoir dire : la cause originaire par laquelle la substance de l'organisme est conservée en tant que substance se trouve dans la nature.

Supplément 2. Puisque l'efficience de l'organisme (§ 144) tend simplement à poser A ^{2} et A = B (la substance) en tant que formes[1] de son existence, mais que A = B ne peut lui être donné en tant que substance que de l'extérieur[2], par conséquent l'organisme est déterminé à l'efficience de l'extérieur.

Éclaircissement. Cet être-déterminé etc. est être-excité, être-irrité ; et puisque d'autre part le fondement par lequel A = B sous le rapport de l'organisme est simple forme [attribut] de l'existence se trouve dans l'identité avec le A ^{2} (§ 137), puisque par conséquent celui-ci contient le fondement par lequel la substance est donnée de l'extérieur à l'organisme, c'est-à-dire par lequel il doit être déterminé de l'extérieur à l'efficience, A ^{2} peut être pensé dans l'identité avec A = B en tant qu'*irritabilité*[3], mais l'efficience même par laquelle tous deux sont posés en tant que formes de l'existence de l'organisme – (à savoir, parce que celui-ci est simple fondement de la possibilité de cette efficience, et attend de l'extérieur la détermination qui l'y conduit) – peut être pensée en tant que pouvoir d'indifférence *(Indifferenzvermögen)* de l'organisme.

Supplément 3. Nous voyons bien que le pouvoir de l'indifférence de l'organisme vivant est une seule et même chose avec le fondement par lequel initialement la lumière fut posée comme identique à la pesanteur, et celle-ci en commun avec celle-là en tant que forme de l'existence de l'identité absolue ; nous expérimentons en même temps par là, de façon tout à fait déterminée, que l'identité absolue est tout aussi immédiatement cause originaire de l'organisme ou fondement de la réalité commune de A ^{2} et de A = B, que de A et de B dans le *primum Existens* (§ 53). L'organisme est par conséquent le *secundum Existens* ; et puisque l'identité absolue en tant que cause originaire immédiate de l'organisme est de nouveau fondement de son existence, | elle ne s'expose ici à nouveau (§ 54) qu'en tant 205 que pesanteur de la puissance supérieure. – Ainsi, à travers toute la série,

---

1. Correction (S) : attributs.
2. Correction (S) : que le fondement de A = B en tant que substance se trouve à l'extérieur de lui.
3. Correction (S) : excitabilité.

l'identité absolue en tant que fondement de son propre être se précède elle-même pour autant qu'elle existe; par conséquent, à travers toute la série, pour ainsi dire en tant que principe maternel, nous suit aussi la pesanteur qui, fécondée par l'identité absolue, la produit elle-même au jour; il ressort de l'ensemble que l'organisme est tout aussi originaire que la matière, mais aussi qu'il est tout aussi impossible d'exposer par une voie empirique la première pénétration de la lumière dans la pesanteur que la première pénétration du principe idéel dans le principe réel en général (§ cit., Remarque).

Éclaircissement 2. La formule $A^2 = (A = B)$, pensée comme totalité relative, désigne l'identité absolue, non pour autant qu'elle existe, mais pour autant qu'elle est fondement ou cause originaire de son existence par l'organisme, par conséquent aussi l'organisme lui-même [en tant que produit]. La formule $A^3 = (A^2 - A = B)$ désigne l'identité absolue existant sous la forme de A^2 et de $A = B$ (de l'organisme). – Cela suit de ce qui précède.

Supplément 4. La formule $A^2 = (A = B)$ désigne, considérée en soi, aussi bien l'irritabilité que le pouvoir d'indifférence (Éclaircissement 1, mis en parallèle avec 2). Puisque par conséquent ces deux là sont exprimés par une seule et même identité, ils sont aussi regardés comme une seule et même chose mais sous différents profils.

Éclaircissement 3. Dans ce qui précède se trouve le fondement qui explique pourquoi la formule $A^2 = (A = B)$ peut aussi être considérée comme l'expression de l'équilibre de l'excitation.

Supplément 5. L'indifférence organique (Éclaircissement 1), donc aussi l'équilibre de l'excitation (Éclaircissement 3), est la santé.

§ 146. L'organisme est en tant que tel une totalité, non seulement par rapport à soi-même, mais absolument. – En effet l'identité absolue existe immédiatement par lui (§ 145, Éclaircissement 2), or celle-ci n'existe qu'*en tant que* totalité (§ 26). Par conséquent etc.

Remarque. Mais l'organisme n'est pas absolue totalité, car l'identité existant par lui est seulement l'identité *de cette* | puissance. Ici, on peut en même temps apercevoir clairement le rapport de l'identité à la totalité et inversement. – La lumière par exemple est l'identité existante, mais elle n'est pas totalité; en effet l'absolue totalité n'est que l'identité existant sous la forme de toutes les puissances (§ 43); la totalité de cette puissance, par conséquent, est l'identité existant sous la forme de A^2 et de $A = B$.

Supplément. Sous le rapport de l'organisme la substance est aussi l'accident (§ 70, Remarque), l'effet (§ 83, Supplément 4) est aussi la cause originaire, et il n'est immédiatement qu'en action réciproque avec soi-même (§ 127, Supplément 1). – Toutes les oppositions ne valaient en général que pour la sphère de l'opposition relative entre A^2 et $A = B$, qui est supprimée en même temps que l'organisme (§ 137, Explication).

§ 147. Éclaircissement. Nous nommons la matière, pour autant qu'elle n'est pas élevée à la forme de l'existence de l'identité absolue, matière morte ou encore matière inorganique. La matière qui est forme de l'être de l'identité absolue est *vivante (belebt).*

Supplément. Il en ressort que l'organisme, puisqu'il est forme de l'existence de l'identité absolue, n'existe pas en vertu d'une chose ou d'une fin en dehors de lui, mais seulement pour soi-même, c'est-à-dire peut exister parce que par là l'identité absolue existe sous sa forme.

§ 148. La nature inorganique en tant que telle n'existe pas. En effet l'unique en-soi de cette puissance est la totalité (§ 58, Supplément 8, Explication 3), c'est-à-dire l'organisme.

Remarque. Aussi la nature que l'on appelle inorganique est-elle effectivement organisée, et à vrai dire pour l'organisation (en quelque sorte en tant que graine universelle dont celle-ci procède).

§ 149. Corollaire 1. Les corps célestes sont les organes du principe intuitionnant universel du monde, ou, ce qui revient au même, de l'identité absolue. – Voir § 55.

Corollaire 2. Chaque corps céleste considéré en soi est une totalité, par conséquent, dans l'opposition à tout autre, un individu fermé en soi et déterminé à tous égards.

Corollaire 3. De même que le principe intuitionnant du monde s'individualise dans le corps céleste, de même celui du corps céleste dans l'organisme.

| *Corollaire 4.* Le corps central de chaque système contient l'identité (le **207** $A = A$) de tout le reste de ce système, il est par conséquent (1) l'organe central du principe intuitionnant ou de l'identité absolue pour ce système.

§ 150. L'organisme déplie la matière non pas simplement dans ses accidents, mais selon la substance. En effet il pose la substance tout entière de la matière [simplement] en tant qu'accident (§ 137).

Supplément. Exprimé autrement (d'après le § 137) : il force la matière à tourner son intérieur (en tant que pôle) vers l'extérieur. – Il s'avance par conséquent au plus près de l'être-là *(Daseyn)* de la matière.

§ 151. L'organisation dans le particulier aussi bien que dans le tout doit être pensée comme ayant pris naissance par métamorphose [1]. – Cela ressort du § 140, mis en parallèle avec le § 78.

Supplément. Aussi l'organisation peut-elle être considérée dans le tout aussi bien que dans le particulier en tant qu'aimant.

1. Sur le concept de métamorphose, cf. note 1, p. 103 (*SW* IV, 169).

§ 152. Corollaire. Sous le rapport du tout, la plante (§ 141) représente le pôle du carbone, l'animal le pôle de l'azote [1]. L'animal est par conséquent au sud, la plante au nord. Sous le rapport du particulier, ce pôle-ci est désigné par le sexe masculin, celui-là par le sexe féminin.

Supplément. Le sexe masculin et le sexe féminin dans le particulier ont par conséquent le même rapport entre eux que la plante et l'animal dans l'universel.

§ 153. L'organisation de chaque corps céleste (par exemple de la terre) est l'intérieur, tourné vers le dehors, de ce corps céleste même, et elle est formée par métamorphose intérieure (par exemple de la terre). Cela suit des § 150, Supplément, et 151.

Explication. Les difficultés que l'on a rencontrées jusqu'ici à se représenter une origine première des organisations à partir de l'intérieur de chaque corps céleste avaient leur fondement principalement en ceci que l'on n'a eu de concept clair ni de la métamorphose ni de l'état originaire et déjà dynamiquement organisé de chaque corps céleste (§ 148, Remarque) ; aussi Kant lui-même considère-t-il encore l'idée que toutes les organisations, celle de la terre par exemple, | sont nées de leur propre sein, comme une représentation aventureuse et même presque effrayante [2]. Cette idée suit nécessairement, et de façon naturelle, de nos principes. Nous prions celui qui ne s'est pas encore familiarisé avec elle de commencer seulement par écarter les concepts faux qui chez la plupart lui sont liés, par exemple l'idée que la terre aurait produit au jour animaux et plantes (et par conséquent trouverait place entre les deux un rapport causal effectif, alors qu'il s'agit bien plutôt d'un parfait rapport d'identité. La terre même devient animal et plante [3], et c'est précisément la terre devenue animal et plante que nous découvrons à présent dans les organisations). D'autre part l'idée que nous nous représenterions l'organique comme formé en général à partir de l'inorganique (alors que nous ne le concédons pas du tout, et que nous

1. (S) La plante le pôle de la particularité, l'animal celui de l'universel.
2. L'organisation de la terre vient notamment en question au § 82 de la *Critique de la faculté de juger*, où l'idée n'est cependant pas exactement la même, Kant précisant que rien n'indique dans le cas de la terre la production selon des fins : « Le premier aspect qui, dans une organisation visant un tout finalisé des êtres naturels existant sur la terre, aurait à être agencé de façon intentionnelle, ce devrait être leur séjour, le sol et l'élément sur lequel et dans lequel il leur faudrait accomplir leur développement. Simplement, une connaissance plus précise de la constitution de ce soubassement de toute production organique n'indique que des causes agissant de façon totalement inintentionnelle, et même détruisant, plutôt que favorisant, la production, l'ordre et les fins » (*AK* V, 427 ; tr. A. Renaut, Paris, Aubier-flammarion, 1995, p. 425). On consultera aussi désormais la *Géographie* de Kant (qui paraîtra seulement en 1802) dans la remarquable édition procurée par Michèle Cohen-Halimi, Max Marcuzzi et Valérie Seroussi, Paris, Aubier-Flammarion, 1999. Sur la terre, cf. les § 36-52.
3. (S) ou elle l'*est* déjà, avant de le devenir.

pensons par conséquent l'organisation à vrai dire comme n'ayant pas pris naissance, mais comme présente dès l'origine, au moins *potentia*). – La matière qui gît à présent devant nous et semble inorganique est à vrai dire non pas *celle* dont les animaux et les plantes sont nés, car elle est bien plutôt ce qui de la terre ne pouvait devenir animal et plante ou se transformer jusqu'au point où elle devenait organique, par conséquent le résidu de la métamorphose organique ; selon la représentation de Steffens, l'ossature tournée vers le dehors de l'ensemble du monde organique. Mais en général que l'on réfléchisse à ceci, que nous n'accordons en aucune façon les représentations habituelles et jusqu'à présent dominantes de la matière, puisque l'on doit nécessairement se rendre compte à partir de ce qui précède que nous affirmons une identité intérieure de toutes choses et une présence potentielle de tout en tout, et que nous considérons par conséquent même ce que l'on appelle matière morte seulement comme un monde endormi d'animaux et de plantes, qui, vivifié par l'être [1] de l'identité absolue, pourrait ressusciter en n'importe quelle période, dont aucune expérience n'a encore vécu l'issue. La terre n'est à nos yeux rien d'autre que le concept-inclusif *(Inbegriff)* [2] ou la totalité des animaux et des plantes mêmes, et, si

1. Correction (S) : par un regard.

2. Nous reprenons la traduction proposée par J.-Fr. Courtine dans sa version de l'essai *Du Moi* de 1795 (*Premiers écrits*, Paris, PUF, « Épiméthée », 1987), où l'*Inbegriff* apparaît comme l'*Inbegriff aller Realität* : où il s'agit du Moi absolu lui-même (*HKA* I, 2, 112-115*sq.* ; *SW* I, 186 et 189*sq.* ; tr. p. 90 *sq.*), mais aussi du monde comme « concept-inclusif de la finitude » (*HKA* I, 2, 128 ; *SW* I, 201 ; tr. p. 105). Cf. aussi *HKA* I, 2, 141*sq.* ; *SW* I, 212*sq.* ; tr. p. 117. Dans l'*Entwurf*, c'est la nature elle-même qui est identifiée, « selon l'accord général », comme l'*Inbegriff alles Seyns* » (*SW* III, 13). Le sens en est précisé dans l'*Einleitung* qui suivra : « Le concept-inclusif des phénomènes n'est pas un simple monde, mais nécessairement une nature, c'est-à-dire que ce tout n'est pas simplement un produit, mais en même temps productif » (*SW* III, 277). Le *Système de l'idéalisme transcendantal* appliquera le mot aux deux opposés, le subjectif et l'objectif, pour déterminer à partir de là la tâche propre d'une philosophie transcendantale : « Nous pouvons nommer *nature* le concept-inclusif de tout ce qui est simplement *objectif* dans notre savoir ; le concept-inclusif de tout ce qui est *subjectif* au contraire, je l'appelle le Moi, ou l'*intelligence*. Les deux concepts sont opposés l'un à l'autre. L'intelligence est originairement pensée comme ce qui est simplement représentant, la nature comme ce qui est simplement représentable, celle-là comme le conscient, celle-ci comme l'inconscient. Or en tout savoir est nécessaire une rencontre réciproque des deux (du conscient et de ce qui est en soi inconscient); la tâche est d'expliquer cette rencontre » (*STRID, SW* III, 339 ; S. p. 7). Dans l'identité l'*Inbegriff* n'est pas moins décisif, mais Schelling prend ses distances avec la représentation qu'il paraît alors impliquer de parties subsistant pour soi : cf. par exemple *Bruno* (*SW* IV, 280, l'indifférence de l'unité comme *Inbegriff aller Formen*), ou le *Système de Würzburg*, § 25, *SW* VI, 175-176, où il s'agit de la représentation la plus communément partagée de l'univers : « La représentation commune ne connaît pas il est vrai l'univers autrement qu'en tant que composé, en tant que concept-inclusif de choses finies, qui ne sont que *réunies* en lui pour former un tout. Selon l'Idée vraie le tout (*das All*) est un tout (*ein ... Ganzes*) absolument sans parties, qui précède tout particulier exactement comme l'espace infini précède les espaces particuliers ». Plus loin

ceux-là représentent le pôle positif, celles-ci le pôle négatif, le simple point d'indifférence de cet aimant organique (partant lui-même organique).

209 | *§ 153. La nature organique se différencie de celle que l'on appelle inorganique simplement par cela que chacune est un stade du développement, qui dans l'une est marqué par une unique indifférence, dans l'autre par la différence relative* (celle du sexe).

Supplément. Si ce que l'on appelle matière inorganique est différente vers l'extérieur, mais indifférente vers l'intérieur (§ 125), l'organisme est au contraire différent vers l'intérieur, indifférent vers l'extérieur. Il ne s'agit par conséquent pas du tout ici d'une opposition en soi, mais d'une simple opposition de l'inversion.

§ 154. L'azote est la forme réelle de l'être de l'identité absolue. – En effet il est le facteur positif de la cohésion (§ 95, Supplément 4, Explication 5).

Supplément 1. L'animal (§ 152) est donc par excellence vivant *(belebt).*

Remarque. En ce point se trouve aussi le fondement de la chaleur animale.

Supplément 2. Le sexe masculin (§ cit.) est dans toute la nature ce qui vivifie ou procrée. Au féminin revient l'affaire de la plante, la formation *(Ausbildung)* par le procès supérieur de cohésion.

Supplément 3. La plante n'est vivifiée que par le sexe, car c'est seulement par le sexe qu'elle parvient à l'exposition de la forme réelle de l'être, et par conséquent (§ 147) à la vivification *(Belebung)*; l'animal est vivant indépendamment du sexe.

§ 155. Le sexe, qui relie la plante au soleil, rattache en revanche l'animal à la terre. – En effet la plante, qui (§ 95, Explication 6) est originairement en concrescence avec la terre, est liée à l'identité absolue, par conséquent, sous le rapport de la terre, au *soleil* (§ 149, Corollaire 4), simplement par le sexe (§ 154, Supplément 4). Dans le cas de l'animal au contraire, qui est rattaché à l'identité absolue, par conséquent au soleil, indépendamment du sexe *(ibidem)*, le sexe devient bien plutôt moyen de la cohésion avec la terre.

§ 156. Le pôle positif le plus potentialisé de la terre est le cerveau des animaux, et parmi eux celui de l'être humain. En effet puisque la loi de la

210 métamorphose vaut non seulement sous le rapport du | tout de l'organisation, mais aussi sous le rapport de l'organisation particulière, mais que l'animal est le pôle positif (azote) de la métamorphose universelle, c'est dans l'animal même qu'à nouveau le produit le plus haut de la métamorphose sera le pôle le plus achevé, c'est-à-dire le pôle positif le plus

---

l'*Inbegriff* est rapproché du *compositum* des particularités pour soi, et à ce titre réputé insuffisant pour penser le « tout en tant que tout » *(das All als All)* (§ 31, *SW* VI, 181).

potentialisé. Or le cerveau (comme on sait) est le produit le plus haut etc. Par conséquent etc.

Remarque 1. La preuve de cette proposition ne peut à vrai dire être tirée des analyses chimiques, pour des raisons qui deviendront bientôt universellement comprises. – Du reste cette proposition, indirectement au moins, a déjà été affirmée par *Steffens.* Volume 1 de cette *Revue,* livraison 2, p. 117[1].

Remarque 2. L'effort de la métamorphose dans le règne animal tend, comme il est facile de le conclure à partir de ce qui précède, nécessairement tout au long à l'exposition la plus pure et la plus potentialisée de l'azote. – Ceci se produit continûment, dans l'animal formé, par le procès de l'assimilation, de la respiration qui sert simplement à séparer de force le carbone du sang ; plus tranquillement, et non plus dans un procès continuel, ininterrompu, en quelque sorte comme si la nature en était déjà venue au repos en elle-même, par ce que l'on nomme le mouvement volontaire. – Le premier animal au repos expose la terre déjà entièrement sortie d'elle-même ; mais avec la masse la plus achevée du cerveau et des nerfs est déplié ce qu'elle a de plus intime et le plus pur que la terre puisse offrir comme en sacrifice au soleil.

Supplément 1. Le sexe est la racine de l'animal. La fleur est le cerveau des plantes.

Remarque. Le sexe végétal, le sexe féminin, est apparenté de plus près à la terre, et pour ainsi dire de façon plus immédiate, et c'est seulement par lui que l'est aussi le sexe animal, à savoir le sexe masculin. – Puisque chaque corps céleste est un individu déterminé (§ 149, Corollaire 2), le caractère de chacun d'entre eux inclinera aussi davantage soit vers le caractère masculin, soit vers le caractère féminin, ou, comme la terre, qui accomplit sa course entre Vénus et Mars, unira en soi les deux dans une indifférence plus achevée.

Supplément 2. De même que la plante se termine dans la fleur, de même la | terre entière se termine dans le cerveau de l'homme, qui est la fleur suprême de l'ensemble de la métamorphose organique.   211

Supplément 3. De même que la plante entre en cohésion avec le soleil par la fleur (ce que prouvent la soif de lumière de la plante, les mouvements des étamines sous l'effet de la lumière), de même l'animal par le cerveau. – C'est pourquoi avec la formation la plus achevée du cerveau la plante est elle aussi complètement retournée, et pour la première fois en l'homme l'organisation se redresse.

---

1. Dans le *Beschluss der Recension der neuesten naturphilosophischen Schriften des Herausgebers,* qui dans la seconde livraison de 1800 faisait suite à la recension des écrits de Schelling commencée par Steffens dans le premier numéro de la *Revue.*

Supplément 4. L'indifférence se termine dans l'animal à la terre, dans la plante au soleil.

Supplément 5. De même que la formation la plus achevée du cerveau tombe vers l'un des pôles de la métamorphose universelle, de même le développement le moins achevé du sexe (cryptogamie) tombe nécessairement vers le pôle le plus opposé. – Ceci est facile à comprendre à partir de ce qui précède.

§ 157. L'animal est dans la nature organique le fer, la plante est l'eau. – En effet celui-là commence avec la séparation relative (des sexes). Celle-ci y prend fin.

Supplément 1. L'animal décompose le fer, la plante décompose l'eau.

Supplément 2. Le sexe féminin et le sexe masculin de la plante sont le carbone et l'azote de l'eau (§ 95, Explication 13). Cela s'ensuit immédiatement.

§ 158. Éclaircissement. Je nomme aussi équilibre quantitatif ou arithmétique de A² et de A = B l'équilibre de l'excitation (§ 145, Éclaircissement 3)

§ 159. En dehors de l'équilibre quantitatif de A² et de A = B est encore nécessaire un autre rapport entre les deux. – En effet le rapport quantitatif entre les deux détermine l'organisme en général (§*cit.*, Éclaircissement 2). Or l'organisme se tient dans le tout aussi bien que dans le particulier sous la loi de la métamorphose (§ 151). Il est par conséquent nécessaire, puisque cette formule[1] est la seule expression de l'organisme, qu'en dehors du rapport quantitatif des deux facteurs encore un autre soit possible, par 212 lequel ils | expriment les différents stades de la métamorphose dans le tout aussi bien que dans le particulier.

Supplément 1. Ce rapport des deux facteurs ne peut être aucun autre que celui qui leur échoit par rapport aux dimensions de la matière.

Remarque. Dans la métamorphose, c'est comme si la lumière jouait avec la pesanteur. Or puisque celle-ci, en tant que ce qui détermine *(Bestimmendes)* la substance, règne sur la troisième dimension, la métamorphose n'atteint le point d'achèvement dans le particulier aussi bien que dans le tout que par cela que la substance, dans toutes les dimensions, est posée en tant que simple forme de l'existence de l'identité absolue.

Supplément 2. Si par conséquent ce premier rapport, quantitatif, est le rapport des deux par rapport à l'organisme, en tant que fondement de

1. (S) Le rapport quantitatif.

l'existence de l'identité absolue, le second, déterminé précisément ainsi, est le rapport des deux à l'identité absolue existante elle-même. On pourrait aussi nommer l'un le rapport de l'excitation, l'autre le rapport de la métamorphose[1].

1. (Z) Nous devons pour cette fois interrompre ici notre exposition. Le temps et les circonstances ne permettaient pas de la poursuivre immédiatement dans une livraison suivante; la richesse de l'objet et la nécessité de traiter dans le détail des points particuliers souffraient encore moins, quand nous-mêmes le souhaitions, que nous la donnions sous une forme encore plus concentrée. – De là provient à vrai dire le préjudice suivant, que ceux qui veulent apprendre à connaître et juger ce système n'en reçoivent pas en mains, en une seule fois, les actes au complet, mais ce fait, pour ceux auxquels leur sentiment ne dit pas qu'ils ont déjà compris le sens de l'ensemble à partir de ce fragment (ce qui n'est pas impossible), sera seulement un motif déterminant pour ne pas se précipiter dans leur jugement; quant à ceux auxquels leur sentiment parle dans ce sens, et je crois que ce sera le cas chez le plus grand nombre de mes lecteurs, en devançant dès à présent mon exposition avec leurs pensées, ils me suivront seulement de façon d'autant plus préparée, lorsque je les conduirai d'un stade de la nature organique à un autre jusqu'aux plus hautes manifestations d'activité en elle, de là à la construction de l'indifférence absolue, ou jusqu'au point où l'identité absolue est posée sous des puissances complètement identiques; lorsque ensuite je les inviterai à partir de ce point à la construction de la série idéelle, et les conduirai à nouveau par les trois puissances positives sous le rapport du facteur idéel, exactement comme à présent par les trois puissances négatives sous le rapport du même facteur, à la construction du centre absolu de gravité dans lequel tombent, en tant qu'elles sont les deux expressions suprêmes de l'indifférence, la *vérité* et la *beauté*.

F. W. J. SCHELLING

**SUR LE VRAI CONCEPT DE LA PHILOSOPHIE
DE LA NATURE ET LA FAÇON CORRECTE
DE RÉSOUDRE SES PROBLÈMES**

Le texte dont nous proposons ici une traduction nouvelle[1] *est un article paru en 1801 dans la première livraison du second volume de la* Revue de physique spéculative, *donc avant la* Darstellung. *Il se présente comme une réponse à l'écrit d'Eschenmayer* Spontaneität = Weltseele, *publié dans la même livraison. L'article est décisif pour comprendre le tournant schellingien de 1801 et la genèse de la philosophie de l'identité à partir du souci d'articulation architectonique, devenu obsédant, de la philosophie transcendantale et de la philosophie de la nature, à laquelle Schelling reconnaît désormais la préséance théorique – admettant surtout, par là même, une préséance systématique* du théorique *sur le pratique, fonciè-rement opposée à l'élan pratique de la Wissenschaftslehre, désormais rejetée dans la secondarité, comme, avec elle, l'idéalisme subjectif dont elle reste l'achèvement. Fichte ne s'y est pas trompé, en dépit de la prudence de Schelling envers son aîné, dont il avait été pour ainsi dire le contemporain en idéalisme, dans un* Gespräch, *un dialogue – plutôt qu'une franche allégeance – qui se poursuit encore ici, mais n'allait pas durer toujours. Nous traduisons le texte des* SW, *recueilli au tome IV, p. 81-103.*

---

1. Une première traduction avait été proposée par B. Gilson, in Schelling, *La Liberté humaine et controverses avec Eschenmayer*, Paris, Vrin, 1988. Nous n'avons pas cru inutile d'en donner une autre version, conjointement à la traduction de l'*Exposition*.

SUR LE VRAI CONCEPT DE LA PHILOSOPHIE DE LA NATURE ET LA FAÇON CORRECTE DE RÉSOUDRE SES PROBLÈMES

Zeitschrift für speculative Physik, Bd. II, Heft 1 (1801)

| Le concept que je me fais de la science que j'appelle philosophie de la nature, je l'ai assez distinctement expliqué en plus d'un endroit de la deuxième livraison du premier volume[1], et la relation que je crois pouvoir lui attribuer à la philosophie transcendantale, tout homme qui connaît d'assez près la philosophie en son état présent la découvrira de lui-même à partir de ces déclarations.

Mais dès l'*Introduction* de mon *Esquisse d'un système de philosophie de la nature*, on lit p. 15 le passage suivant[2] : « L'auteur à ce sujet, c'est-à-dire en ce qui concerne la façon dont il croit pouvoir réaliser l'Idée d'une physique spéculative, en appellerait tout uniment à l'*Esquisse*, s'il n'avait motif de s'attendre à ce que beaucoup, même parmi ceux qui peuvent estimer le livre digne de leur attention, l'abordent d'avance avec certaines idées qu'il n'a justement pas présupposées ni ne veut savoir présupposées » – puis sont citées certaines de ces présuppositions :

1/ Plus d'un, entraîné par l'expression de « philosophie de la nature », croira être en droit d'attendre des déductions transcendantales des phénomènes naturels, comme il en existe ailleurs en différents fragments, alors qu'à mes yeux la philosophie de la nature est une science subsistant complètement pour soi et entièrement différente de la philosophie transcendantale.

---

1. Il s'agit de l'*Allgemeine Deduktion des dynamischen Processes oder der Kategorien der Physik.*

2. Cf. l'*Einleitung zu dem Entwurf eines Systems der Naturphilosophie*, 1799, *SW* III, 280 *sq.*, § 5.

82 | 2/ Beaucoup chercheront dans mon *Esquisse* leurs concepts de la physique dynamique, parmi lesquels je mentionnerai notamment ceux qui posent que tous les changements et toutes les différences spécifiques de la matière doivent être considérés comme de simples changements ou différences dans le degré de densité, ce qui pourtant, derechef, n'est pas mon avis.

Ce sont là précisément les points sur lesquels M. Eschenmayer, dans la critique qui précède de mon *Esquisse de philosophie de la nature*, est en désaccord avec moi. J'aurais pu souhaiter qu'il lui eût agréé de ne pas laisser de côté sans la lire l'Introduction en question – qu'il n'a pas connue, à en juger d'après plusieurs traces, lors de la rédaction de sa critique –, d'autant que, dans la *Préface* à l'*Esquisse*, je m'y suis expressément référé pour ce qui est du concept de cette science, que j'avais partout dans l'*Esquisse* seulement présupposé – et le souhaiter d'autant plus que le jugement de ce philosophe subtil sur mes travaux doit nécessairement davantage importer à mes yeux, puisqu'il s'est acquis le tout premier mérite, après Kant, de la fondation d'une physique dynamique. Par ailleurs M. Eschenmayer se serait rendu compte que ses objections ne pouvaient d'aucune façon me prendre au dépourvu, il n'aurait pas seulement allégué des raisons contre mon traitement de cette science, mais aurait aussi cherché à répondre derechef aux raisons qu'il pouvait présupposer chez moi pour justifier ce traitement, – et ainsi, dès le premier pas, nous nous serions retrouvés plus loin que là où nous en sommes à présent.

Après que M. Eschenmayer s'est vu déçu dans l'espoir qu'il plaçait en mon *Esquisse* de trouver là – je ne sais quoi : la philosophie transcendantale ou une partie de celle-ci, n'étaient plus alors possible que deux hypothèses : *ou bien* j'avais absolument méconnu cette façon de voir que M. Eschenmayer tient pour la vraie, la façon de voir idéaliste – ce qui à vrai dire était difficile à croire, puisque cette façon de voir, au lieu d'être comme il se doit esquissée au début de l'œuvre, est bien plutôt seulement cachée au milieu de celle-ci et en est sans nul doute à dessein bannie, dans la mesure où l'auteur dit assez distinctement en un passage, que la philosophie de la nature est d'après lui empirisme inconditionné [1] (un mot qui, utilisé en lieu

---

1. Cf. *Erster Entwurf eines Systems der Naturphilosophie*, *SW* III, 24 : « Car notre connaissance ne s'étend pas *au-delà* du produit, et pour la grandeur de l'action il ne peut y avoir d'autre expression que le *produit même*. La philosophie de la nature n'a rien de plus à faire que de reconnaître en ces actions l'inconditionnellement empirique. Car la philosophie de la nature est bien l'empirisme élargi à l'inconditionnalité », et la note sur la qualité « inconstructible ». Cf. aussi *SW* III, 27 : « On doit enfin encore faire remarquer ici que, puisque notre science part d'un empirisme inconditionné en tant que principe, il ne peut pas du tout être question d'une construction transcendantale, mais exclusivement d'une

et place de *réalisme*, comme on pouvait peut-être le conclure à partir de l'Introduction, serait pourtant une expression très malheureuse); *ou bien* | 83 l'auteur a pris peur devant la masse formidable que devait mettre en mouvement le levier de l'idéalisme, et peut-être encore plus devant certaines questions insidieuses qui surgissent de la collision de l'idéalisme avec l'expérience, par exemple : « L'enfant tout juste né qui aperçoit sa mère pour la première fois serait-il censé avoir aussi projeté hors de soi sa mère, en même temps que le rayon de soleil qui brille à ses yeux précisément pour la première fois à cet instant? », et d'autres du même style, comme il s'en rencontre dans une *Clavis Fichtiana seu Leibgeberiana*[1], et dont je n'entends convoquer ici que quelques-unes, à titre de spécimens. Par exemple : « L'homme que je rencontre à présent se proposait de sortir de sa maison par une décision libre : or comment est-il possible qu'il se retrouve en même temps dans la rue en vertu de mon produire nécessaire? ». Ou bien : « Il y a ici un arbre que quelqu'un a planté voilà cinquante ans pour la postérité : comment se fait-il que je le produise précisément maintenant tel qu'il est, par l'intuition productive? »[2]. Ou bien encore : « Quel est le bonheur de l'idéaliste, de pouvoir considérer les œuvres divines de Platon, de Sophocle et de tous les autres grands esprits comme les siennes? » : dans une telle question, celui qui questionne ne doit seulement pas oublier à quel point ce bonheur est tempéré par d'autres œuvres (par exemple les siennes).

Ceci seulement en guise d'exemple du profond embarras où bien entendu peuvent jeter de telles questions; cependant tel n'a pas été pour moi le cas, j'ai d'autre part fourni avant et après la parution de mon *Esquisse* quelques preuves à partir desquelles on peut conclure qu'une façon idéaliste de voir la nature ne m'est précisément pas étrangère. Sans aucun doute, par conséquent, se trouvait-il dans la *chose* une raison pour que j'aie opposé l'une à l'autre philosophie de la nature et philosophie transcendantale, et cherché à produire au jour la dernière selon une direction tout autre que la première. Si cette raison tirée de la chose même n'a pas jusqu'ici été analysée plus en détail dans cette Revue, c'est arrivé simplement parce que celle-ci est provisoirement destinée davantage à la culture interne de cette science qu'à des recherches et preuves portant sur sa possibilité (dont je suis pour ma part certain), d'autant plus que ces preuves ne peuvent être conduites avec succès que dans une exposition générale de

---

construction empirique de la matière». – Sur l'empirisme inconditionné, cf. l'écrit d'Eschenmayer, *Spontaneität = Welseele, Zeitschrift*, II, 1, p. 4-5.

1. La *Clavis Fichtiana seu Leibgeberiana* formait une partie du *Titan* de Jean-Paul Richter (Erfurt, 1800).

2. Sur l'intuition productive, cf. note 1, p. 35 (*SW* IV, 109).

84 la | philosophie. Cependant la prochaine livraison de cette Revue sera entièrement dédiée à une nouvelle élaboration et à un nouveau développement de mon système depuis ses premiers fondements, je serai donc, en la présente occasion aussi, très bref à ce sujet, et remarquerai seulement ce qui suit

Si à vrai dire il s'agissait bien d'un style idéaliste d'explication ou bien plutôt de construction[1], celui-ci ne peut être trouvé dans la philosophie de la nature telle que je l'ai établie. – Mais s'agissait-il enfin de cela? – J'ai expressément expliqué le contraire. – Si par conséquent la construction idéaliste de la nature, telle que je l'établis, doit être jugée, c'est mon *Système de l'idéalisme transcendantal*[2] qui doit être jugé, non pas mon *Esquisse de philosophie de la nature*.

Mais pourquoi donc la philosophie de la nature ne doit-elle pas être idéaliste? Et y a-t-il donc en général (même selon l'auteur) une autre façon de philosopher que l'idéaliste? Je souhaite par-dessus tout que cette expression devienne plus précise qu'elle ne l'a été jusqu'ici. Il y a un idéalisme de la nature et un idéalisme du Moi. Celui-là est pour moi l'idéalisme originaire, *celui-ci* le dérivé.

Je souhaite que l'on différencie avant toute chose la philosophie sur le philosopher de la philosophie même. Je dois, pour pouvoir philosopher, avoir déjà philosophé, car d'où saurais-je sinon ce qu'est philosopher? Or, si à présent je vise à trouver ce qu'est le philosopher lui-même, je me vois à vrai dire tout simplement renvoyé à moi-même – et dans toute cette recherche je ne sors jamais de moi-même. – Cela ne fait pas question : cette philosophie sur le philosopher est subjectivement (par rapport au sujet philosophant) *première*, il est aussi peu douteux que dans la question : comment la philosophie est-elle possible? je *me* reçois d'emblée à la plus haute puissance, et par conséquent je réponds à la question, même si ce n'est que pour cette puissance. – Déduire derechef cette puissance même, ne peut être exigé de la réponse, car la *question* même la présuppose déjà. Aussi longtemps que dans le philosopher je me conserve à cette puissance, je ne
85 puis non plus apercevoir aucun objectif autrement qu'au moment de son | entrée en scène dans la conscience (car la conscience est justement la plus haute puissance, à laquelle j'ai par la liberté une fois pour toutes élevé mon objet), mais jamais plus dans son surgissement *originaire* au moment de sa *première* apparition en scène (dans l'activité *inconsciente*) – il a, cependant qu'il me vient entre les mains, déjà traversé toutes les métamorphoses qui sont nécessaires pour l'élever à la conscience. – Voir l'objectif en son premier surgissement n'est possible qu'en *dépotentialisant l'objet* de tout

---

1. Sur la construction, cf. note 3, p. 42 (*SW* IV, 113) à la traduction de l'*Exposition*.
2. Sur cette question de la double nature, cf. notre *Introduction*, p. 11 *sq*.

philosopher, qui est à la plus haute puissance = Moi, et en construisant depuis le commencement avec cet objet réduit à la première puissance.

Ceci n'est possible que par l'intermédiaire d'une abstraction qu'il convient de déterminer immédiatement de plus près, et avec cette abstraction on se transporte hors du champ de la Doctrine de la science dans celui de la philosophie *purement théorique*. La Doctrine de la science n'est pas la philosophie même, mais la philosophie sur la philosophie. En elle n'est jamais supprimée l'identité posée par la conscience entre l'objet *sur* lequel il est philosophé, et qui dans le philosopher est le produisant, l'*agissant*, et le sujet *qui* philosophe et qui dans ce même acte est le réfléchissant, le spectateur, et jamais elle ne doit être supprimée, si cet objet doit être = Moi. En effet la conscience, une fois atteinte, consiste précisément en l'identité continue de l'*agissant* et de l'*intuitionnant* qui intuitionne cet agir ; l'agissant n'est pas non plus *en soi* = Moi, il n'est = Moi que *dans* cette identité de l'agissant et du réfléchissant qui réfléchit sur cet agir ; et puisque la Doctrine de la science reçoit son objet immédiatement à la puissance où il est déjà élevé à l'identité avec le réfléchissant, par conséquent où il est = Moi, elle ne peut jamais non plus construire par-delà cette identité, par conséquent jamais non plus en-dehors du cercle de la conscience, partant aussi ne peut *tout* construire que tel que cela se présente dans la conscience, donc *tout* construire seulement à la plus haute puissance.

La Doctrine de la science, bien qu'elle veuille au premier chef déduire la *conscience*, se sert pourtant, selon un cercle inéluctable, de tous les *moyens* que lui offre la conscience déjà *toute prête* (dans le sujet philosophant) | , pour tout exposer immédiatement à la puissance où il n'est 86 pourtant élevé qu'avec la conscience. Elle reçoit par conséquent son objet aussi (l'agissant, le produisant) d'emblée en tant que Moi, bien qu'il ne devienne = Moi qu'en tant que le réfléchissant le pose comme identique à soi, ce qui n'a pourtant lieu que dans l'*agir libre et conscient* ; l'agissant dans l'agir *libre* est encore le même objectif qui a agi dans l'intuition inconsciente ; il n'est librement agissant que par là qu'il est posé comme identique à l'intuitionnant.

Or si j'en abstrais ce qui n'est posé dans l'objet du philosophe que par l'agir libre, il ne reste qu'en tant que *pur objectif* ; par cette abstraction je me transporte au point de vue du philosopher *purement théorique* (libéré de toute immixtion subjective et pratique) : ce philosopher purement théorique a pour produit la *philosophie de la nature* ; car par cette abstraction j'atteins le concept du pur sujet-objet (= nature), à partir duquel seulement je m'élève au sujet-objet de la conscience (= Moi) ; celui-ci est le principe de la partie idéaliste ou, ce qui à mes yeux est synonyme, de la partie pratique de la philosophie, celui-là est le principe de la partie purement

théorique, toutes deux dans leur réunion donnent le système de l'idéal-
réalisme devenu *objectif* (le système de l'art), avec lequel la philosophie,
qui dans la Doctrine de la science devait procéder d'un idéal-réalisme
simplement subjectif (contenu dans la conscience du philosophe), se porte
pour ainsi dire hors de soi-même, et atteint ainsi son achèvement.

Par cela que le *pur sujet-objet* progressivement devient *complètement*
objectif, l'activité idéelle (intuitionnante) dans le *principe* illimitable
s'élève de soi-même jusqu'au Moi, c'est-à-dire jusqu'au sujet, pour lequel
ce sujet-objet (cet idéal-réal) est soi-même objet. Du point de vue de la
conscience la nature m'apparaît donc en tant que l'objectif, le Moi au
contraire en tant que le subjectif ; de ce point de vue je ne puis par conséquent exprimer le problème de la philosophie de la nature autrement que je
ne l'ai aussi fait dans l'*Introduction* de mon *Système de l'idéalisme* encore,
87 à savoir : *faire surgir le subjectif de l'objectif.* | Exprimé dans la langue
philosophique supérieure, cela donne : *faire surgir le sujet-objet* de la
conscience *du* pur sujet-objet.

Plusieurs auteurs philosophiques – dont un, récemment, qui se propose
de porter un jugement sur quelque chose qui est fondé sur l'idéalisme et
n'est devenu possible que par lui, bien qu'il doive être convaincu qu'il est
encore loin de s'en être procuré une connaissance suffisante – semblent
avoir tenu cet *objectif,* à partir duquel la philosophie de la nature devrait
procéder – je ne sais pas pour quoi au juste – mais en tout cas pour quelque
chose d'objectif en soi, et il n'est pas étonnant que la confusion de leurs
représentations se soit encore accrue par là de façon considérable. Je
présupposais que ceux avec qui je parlais connaîtraient ce que la philosophie entend par l'objectif.

Pour eux objectif est synonyme de *réal. – Pour moi,* comme ils pouvaient s'en rendre compte à la lecture du *Système de l'idéalisme,* l'objectif
lui-même est quelque chose d'*idéel et réel tout à la fois ;* les deux ne sont
jamais séparés, mais originairement (même dans la nature) réunis ; cet
idéal-réal nc devient objectif que par le surgissement de la conscience, dans
laquelle le subjectif s'élève à la plus haute puissance (théorique).

Je ne sors jamais, avec la philosophie de la nature, de cette identité de
l'idéal-réal, je garde constamment les deux en cette liaison originaire, et le
pur sujet-objet dont je pars est précisément cet idéel et réel tout à la fois à la
puissance 0. C'est de lui seulement que surgit pour moi l'idéal-réal de la
puissance supérieure, le *Moi,* par rapport auquel ce *pur* sujet-objet est déjà
objectif.

La raison qui explique que même ceux qui ont bien compris l'idéalisme
ne comprennent pas la philosophie de la nature est qu'il leur est difficile ou
impossible de s'affranchir du subjectif de l'intuition intellectuelle. – Je

requiers, en vue de la philosophie de la nature, l'intuition intellectuelle, comme elle est requise dans la Doctrine de la science ; mais je requiers d'autre part encore l'abstraction de | l'*intuitionnant* dans cette intuition, **88** abstraction qui me laisse le purement objectif de cet acte, lequel est en soi simplement sujet-objet, mais nullement = Moi, pour la raison plus d'une fois indiquée.

Même dans le *Système de l'idéalisme* je devais, pour parvenir à édifier une partie théorique, extraire le Moi de sa propre intuition, faire l'abstraction du subjectif dans l'intuition intellectuelle – en un mot le poser comme *inconscient*. Mais le Moi, dans la mesure où il est inconscient, n'est pas = Moi ; car le sujet-objet n'est Moi que dans la mesure où il se connaît soi-même comme tel. Les actes qui furent établis en cet endroit en tant qu'actes du Moi, donc aussi immédiatement à la plus haute puissance, sont proprement des actes du pur sujet-objet, et ne sont pas encore *en tant que* tels *sensation, intuition,* etc., ce qu'ils ne deviennent que par l'élévation à la conscience.

Je n'exige de personne qu'il me comprenne à ce degré de généralité. C'est contre ma volonté qu'il arrive que je parle ici de mes desseins ; car ce que l'on veut, on l'énonce au mieux en le faisant[1]. Quoi qu'il en soit, même ceux qui ne s'entendent pas avec moi sur le principe pourraient cependant prendre part aux recherches, puisqu'il leur est loisible, si la chose est nécessaire pour qu'ils comprennent, de transposer toutes les propositions à la puissance idéaliste. Pour l'*intérieur* de la science il est en attendant assez indifférent que la nature soit construite par une voie ou une autre, pourvu seulement qu'elle soit construite. Il ne s'agit pas au premier chef de la science de la nature, il s'agit d'une vue métamorphosée de la philosophie tout entière et de l'idéalisme même, que celui-ci sera contraint d'accepter tôt ou tard. – L'idéalisme restera ; il est seulement déduit, plus loin en arrière et dans ses premiers commencements, de la nature même, qui semblait être jusqu'ici la plus forte protestation contre lui. Reste aussi complètement hors de cause, comme je l'ai déjà remarqué plus haut, la *Doctrine de la science*. – Tout philosopher, par conséquent aussi le philosopher purement théorique par lequel surgit la philosophie de la nature, présuppose, pour être subjectivement possible, la | Doctrine de la science, **89** et en appelle à elle. – *Celle-ci*, précisément parce qu'elle est doctrine du *savoir*, ne peut tout prendre qu'à la plus haute puissance, et n'a pas le droit d'abandonner celle-ci. – Mais la question ne porte pas sur la Doctrine de la science (science close et achevée), mais sur le système du savoir lui-même. – Ce système ne peut surgir que par des abstractions de la Doctrine de la

---

1. Motif que reprendra avec éclat Hegel, *Phénoménologie de l'esprit*, Préface.

science et, si celle-ci est idéal-réaliste, ne peut avoir que deux parties principales, une partie purement théorique ou réaliste, et une partie pratique ou idéaliste; de la réunion de ces deux parties ne peut derechef surgir un idéal-réaliste, mais doit bien plutôt surgir un réal-idéalisme (ce que je nommais plus haut l'idéal-réalisme devenu objectif), par où l'on n'entend rien d'autre que le système de l'art. Mais que l'on ne se représente pas ces parties dans le système lui-même aussi séparées que je les représente ici. – En lui il y a continuité absolue, il y a *une seule* série sans interruption qui s'élève du plus simple dans la nature jusqu'au plus haut et au plus composé, l'œuvre d'art. – Est-ce s'aventurer trop loin que de vouloir établir le premier système vraiment universel, qui lie les uns aux autres les extrémités les plus opposées du savoir? – Celui qui a examiné le *Système de l'idéalisme* et suivi les recherches de philosophie de la nature avec quelque intérêt ne tiendra pas la chose du moins pour absolument impossible. Il aura vu comment progressivement, de tous côtés, tout s'approche de l'Un, comment déjà des phénomènes très éloignés, que l'on a cherchés dans des mondes entièrement différents, se tendent la main et attendent, comme impatients, le mot ultime qui les nouera lorsqu'il sera prononcé sur eux. Si l'on parvient à exécuter la première esquisse, on trouvera ensuite concevable et même on approuvera que l'assise ait été disposée à cette fin à partir de côtés entièrement différents, et que l'on ait cherché d'abord à mettre en ordre les recherches isolées avant de les unir comme parties d'un seul et même tout. – On trouvera donc également naturel que je considère tout ce qui peut se produire à présent comme un simple moyen en vue de la

90 fin; que je ne | cherche pas à m'entendre avec d'autres sur ce qui est *premier* avant d'avoir besoin de lui et de pouvoir m'en servir, le cas échéant il comparaîtra de lui-même et dépourvu de toute contradiction. Ce qui précède ne doit, par conséquent aussi, rien dire de plus, pour celui à qui cela n'est pas devenu clair, que ceci: ce n'est pas sans raison que je vais ce chemin, dont je sais qu'il conduit au but, et sur lequel je continuerai paisiblement d'aller sans prendre garde aux objections qui seront faites contre lui, et qui trouveront de soi leur réponse dans le succès à venir.

Dès que j'ai commencé à présenter la philosophie de la nature, fréquemment l'objection m'a été faite que je *présupposais* toutefois la nature, sans joindre à moi la question critique de savoir comment enfin nous en venions à admettre une nature. Monsieur Eschenmayer aussi a peut-être eu à l'esprit quelque chose de cet ordre. J'ai répondu que celui qui s'élève par abstraction au pur concept de la nature reconnaîtra que je ne présuppose pour la construction rien que ce que le philosophe transcendantal présuppose de la même façon. Car ce que je nomme *nature* n'*est* précisément rien d'autre que le purement objectif de l'intuition intellectuelle, le pur sujet-objet, ce que celui-là pose = Moi, parce qu'il ne fait pas abstraction de l'intuitionnant, abstraction pourtant nécessaire si une philosophie purement objective, c'est-à-dire effectivement théorique, doit être instaurée. *Ce pur sujet-objet est déjà par sa nature* (la contradiction qui gît en elle) *déterminé à l'activité, et à vrai dire à une activité déterminée.* Cette activité déterminée donne, poursuivie à travers toutes ses puissances, une série de produits déterminés, cependant qu'en conformité avec ce qui en elle est illimitable (l'idéel) elle se potentialise elle-même avec lui ; que ces produits soient ou non ceux qui se présentent dans l'expérience, je ne m'en soucie pas jusqu'à nouvel ordre ; je regarde seulement à l'*auto-construction* du sujet-objet ; si par elle surgissent des produits et puissances de l'activité idéelle comme on peut en exhiber dans la nature, je vois certes que mon affaire était proprement une déduction de la nature, c'est-à-dire philosophie de la nature ; je n'ai donc | pas présupposé, mais bien plutôt déduit ce 91 que *vous* vous représentez par nature (même si vous m'accorderez, après que j'ai fait l'expérimentation de mon côté, le droit d'annoncer à l'avance ma philosophie comme philosophie de la nature), d'une façon générale je n'ai rien présupposé d'autre que ce qui, immédiatement à partir des conditions du savoir même, se laisse apercevoir comme premier principe, quelque chose d'originairement subjectif et objectif à la fois, par l'agir duquel, en même temps que le monde objectif en tant que tel, est aussi déjà posé un conscient pour lequel celui-ci est objet, et inversement – et avec le concept de sujet-objet nous revenons en arrière plus loin encore que Spinoza avec le concept de *natura naturans* et de *natura naturata*, qui sont opposées de façon simplement relative, et ne sont *toutes deux* que le sujet-objet considéré de points de vue différents.

La philosophie de la nature a cet avantage sur l'idéalisme, qu'elle prouve ses propositions de façon purement théorique et n'a pas à adresser d'exigences pratiques particulières, comme celui-là, qui précisément pour cette raison n'a pas non plus de réalité purement théorique, comme je l'ai déjà remarqué dans la *Préface* du *Système de l'idéalisme*[1].

En faisant abstraction de l'activité intuitionnante dans l'intuition intellectuelle, je ne prends le sujet-objet qu'à partir de sa propre intuition (je le rends inconscient), non à partir de la mienne. Il reste aussi continûment compris dans mon intuition en tant que *ma* construction, et je sais que j'ai couramment affaire seulement à ma propre construction. La tâche est celle-ci : rendre le sujet-objet à ce point objectif, et l'extraire de lui-même jusqu'au point où il coïncide en un seul avec la nature (en tant que produit) ; le point où il devient nature est aussi celui où l'illimitable en lui s'élève

---

1. Sur ces textes du *Système*, cf. notre Introduction, p. 11 *sq.*

jusqu'au Moi, et où l'opposition entre le Moi et la nature, pratiquée dans la conscience commune, disparaît complètement, la nature est = Moi, le Moi est = nature. À partir de ce point où tout ce qui est encore activité (et non produit) dans la nature est passé dans le Moi, la nature ne continue de durer et de vivre qu'en celui-ci, le Moi est à présent Un et Tout[1], et tout est renfermé en lui. Mais c'est justement à partir de ce point que commence aussi l'idéalisme.

92 | Ainsi, ce qui dans le *Système de l'idéalisme* a été établi sous le nom de philosophie théorique et pratique doit déjà être considéré comme la partie idéaliste du système complet de la philosophie ; les actes qui sont déduits dans la partie théorique de l'idéalisme sont des actes dont des puissances simples existent dans la nature et sont établies dans la philosophie de la nature. – Le surgissement de ces puissances plus hautes prend place dans le passage de la partie réaliste à la partie idéaliste ; *dans la mesure où* la conscience surgit, tous les actes antérieurs s'élèvent d'eux-mêmes à la sensation, à l'intuition, etc. – Plusieurs ont demandé, parce qu'il était question de la philosophie de la nature et de la philosophie transcendantale comme de directions opposées également possibles de la philosophie, à laquelle des deux revenait enfin la priorité. Sans aucun doute à la philosophie de la nature, parce que celle-ci fait surgir pour la première fois le *point de vue* de l'idéalisme même, et lui fournit par là une assise fondamentale sûre, *purement* théorique. Cependant l'opposition entre philosophie de la nature et idéalisme doit être tenue pour identique à celle qui était jusqu'ici pratiquée entre philosophie théorique et philosophie pratique. – La philosophie revient par conséquent à l'antique partage (grec) en physique et éthique, qui toutes deux sont derechef unies par une troisième partie (la poétique ou philosophie de l'art).

M. *Eschenmayer* estime, à vrai dire, qu'il n'est d'une façon générale pas encore temps de parler d'un système de philosophie de la nature. Je serais très désireux de savoir combien de temps cet « encore » est encore censé durer, et à quoi, dans l'avenir, on reconnaîtra que le temps de cette science est venu. – Peut-être à ce que l'expérience aura progressé encore plus loin ? – Mais *où* nous en sommes proprement avec l'expérience, – cela justement ne peut être évalué qu'à partir de la philosophie de la nature. L'expérience est aveugle, et doit apprendre à apercevoir sa propre richesse ou son propre manque par la science seulement. D'ailleurs une science qui subsiste entièrement *a priori* ne peut dépendre de conditions contingentes comme celle des progrès de l'expérience ; bien plutôt, à l'inverse, ceux-ci doivent-ils être accélérés par celle-là, dans la mesure où elle présente les

---

1. Le motif du *Hen kai Pan* était un *topos* du jeune Schelling – et d'ailleurs de l'époque entière : cf. X. Tilliette, *Schelling*, t. I, p. 71.

Idées qui conduisent à la découverte. D'une science qui | subsiste par elle- 93
même on ne peut d'une façon générale jamais dire : il n'est pas encore
temps de la découvrir, car il est toujours temps de découvrir une telle
science. – On ne pourra donc toujours dire que ceci : cette tentative déterminée d'établir la science n'y est pas encore parvenue. – Que je ne tienne
pas moi-même ce que j'ai établi dans mon *Esquisse de philosophie de la
nature* pour *le système même*, je l'ai expliqué, déjà par le titre de l'œuvre,
mais de façon tout à fait précise dans la « Préface », où il est dit : « L'auteur a
de trop hauts concepts de la grandeur d'une telle entreprise pour, bien loin
de vouloir dans le présent écrit établir le système même, annoncer même
seulement davantage que la première esquisse de celui-ci » [1]. Par-dessus le
marché j'ai encore expliqué que cet écrit était destiné au premier chef, non
pas du tout au grand public, mais immédiatement à mes auditeurs. L'ensei-
gnant académique qui doit exposer une science entièrement nouvelle ne
peut espérer se faire comprendre suffisamment sans un fil conducteur ; et
pour autant qu'il ne veut pas dilapider son temps en dictant, il ne lui reste
rien d'autre que la voie de la presse. Il n'est pas équitable d'exiger d'une
œuvre qui paraît par feuillets, comme les circonstances l'exigent, à cette fin
particulière, expressément indiquée, cet achèvement que l'on exige d'une
œuvre élaborée en vue d'une fin plus générale et avec le loisir requis. –
Mais même si notre pensée chasse ces conditions contingentes, il était
impossible de penser à un *système* de philosophie de la nature, aussi
longtemps que l'on ne pouvait même pas encore présupposer le point de
vue requis pour celle-ci. Il ne restait qu'à conduire d'une façon générale la
science jusqu'à ce point à partir duquel elle pouvait *commencer* à devenir
système. Cela a d'ailleurs été effectivement accompli par cet écrit. Les
germes du système, tel que je l'établirai dans l'avenir, gisent tous là, dis-
séminés, et la théorie du procès dynamique, qui est l'assise fondamentale
de la physique spéculative tout entière et même de la doctrine de la nature
organique, est énoncée de façon tout à fait précise dans l'*Esquisse* et dans
l'*Introduction*. – Dans une telle exposition devaient nécessairement être
passés en revue et caractérisés tous les angles de réflexion possibles sur la
base desquels peut se dresser la philosophie de la nature |, et le plus haut, qui 94
comprend sous lui tous les autres et qui devrait dans un système effectif être
le principe, ne pouvait bien plutôt être ici que le *résultat*.

Or parmi ces angles de réflexion, sans aucun doute celui de l'atomisme
est le premier [2] ; partant il était naturel de s'en servir pour trouver par
son intermédiaire l'accès au système. Que cependant je ne tienne pas

---

1. *SW* III, 3.
2. Pour la discussion qui va suivre, on se reportera au texte d'Eschenmayer, *Spontaneität
= Weltseele, Zeitschrift*, II, 1, p. 32 *sq.*

l'atomisme habituel pour une perspective telle qu'elle pourrait être édifiée dans une vraie philosophie de la nature, ne fût-ce qu'en tant qu'angle de réflexion subordonné, a été clairement indiqué lorsque j'ai transformé les atomes de la physique en quelque chose de tout autre. – Mais je livre bien volontiers cette perspective atomiste tout entière à Monsieur Eschenmayer et à qui veut s'exercer sur elle. Par la construction qui la suit, progressivement introduite et fondée, toutes ces propositions attaquées par M. Eschenmayer avec le système dont elles tirent leur source se suppriment d'elles-mêmes; que l'on prenne par exemple la proposition si choquante pour M. Eschenmayer : Toute qualité est une action d'un degré déterminé, pour lequel on n'a d'autre mesure que le produit de celle-ci. – Mais qui parle ici? – L'atomiste. Or d'où est censée lui venir la mesure d'un degré? Aucun degré n'est possible que par un rapport inverse de facteurs opposés, comme par exemple un degré de vitesse par le rapport inverse de l'espace parcouru et du temps qui est mis pour le parcourir. Mais il manque justement à l'atomiste une telle mesure, puisque pour lui l'action ne désigne pas un rapport déterminé de forces opposées, mais quelque chose d'*absolument* simple. Ce n'est pas dans *ces* propositions que se trouve la différence de ma perspective d'avec celle de M. Eschenmayer, mais en ce qu'il a tenu pour possible, dans le rapport réciproque des forces originaires, une simple différence quantitative, déterminable par le plus ou le moins relatif de l'une ou de l'autre force, et qu'il la tient encore à présent pour possible, comme il appert de la première partie de son *Traité*, et qu'il croit avoir déduit, avec ces différents rapports quantitatifs et les formules par lesquelles ils sont exprimés, la différence spécifique *tout entière* de la matière, | bien que de toute éternité ils ne lui donnent rien d'autre que des degrés divers de densité spécifique, par lesquels un grand nombre d'autres déterminations de la matière restent complètement indéterminées.

95

    Quant à moi, je tente de construire les déterminations qualitatives de la matière à partir d'un rapport réciproque des deux forces autre que celui par lequel est déterminé le poids spécifique; M. Eschenmayer, dans la mesure où il croit ces qualités déterminées par *celui-ci*, auquel elles ne sont pourtant jamais réductibles, les abandonne justement pour cette raison *en tant que* propriétés spécifiques. Qu'a-t-on en effet de tout temps entendu par «spécifique» sinon l'inconstructible, ou bien plutôt ce que l'on ne savait pas construire?

    Puisque pour Monsieur Eschenmayer il n'y a rien dans la matière hors ce rapport des forces qui détermine le degré de son remplissement de l'espace, rien d'autre de *positif*, même par une modification de ce degré, ne peut à ses yeux être posé, qui contiendrait le fondement d'autres déterminations. Les propriétés des corps doivent par conséquent pour lui être toujours en rapport direct avec les degrés de leur remplissement de l'espace. Or je voudrais bien savoir en quel rapport direct au poids spécifique du fer, par exemple, pourrait être l'importante cohésion de ce métal, ou en quel rapport direct au poids spécifique du mercure pourrait être la faible cohésion de ce métal ? – Par la modification du poids spécifique, pour celui qui ne connaît rien d'autre dans la matière que précisément celui-ci, rien d'autre non plus à l'infini n'est modifié que justement le poids spécifique. Or je désirerais savoir comment avec la modification des poids spécifiques peuvent surgir encore d'autres déterminations de la matière, qui n'entre-tiennent manifestement avec lui aucun rapport direct. – M. Eschenmayer lui-même a depuis longtemps admis que les séries des déterminations qua-litatives de la matière ne courent pas du tout parallèlement aux séries des poids spécifiques, et il l'admet maintenant à nouveau. – Et comment répond-il à cette difficulté ? Par la question de savoir si l'*expérience* peut être l'arbitre entre le produit qui doit être construit et la raison qui construit. – Le produit que l'on | se propose de construire, on ne le connaît justement 96 aussi, jusqu'à ce que ce problème soit résolu, que par expérience. Partant la question revient à demander si l'expérience doit être l'arbitre *entre* l'expérience et la raison qui construit. – La question ainsi exprimée, l'absurdité d'une réponse affirmative apparaît immédiatement. – Mais je demande au contraire : la coïncidence du produit qui se présente dans l'expérience avec celui qui a été construit ne devrait-elle pas être le test le plus sûr de la *correction* de la construction ? – Il n'est pas du tout question de devoir construire *en général* (ceci se comprend de soi-même), il est question de construire *correctement*. Or que cela soit advenu – ne peut tout de même pas être suffisamment démontré avec l'énoncé général : l'esprit humain est législateur de la nature [1]. Cet énoncé est tout à fait valable : il n'y a aucun doute que la raison donne à la nature des lois, et aussi que la raison construit toujours correctement – la question est pourtant dans le cas particulier précisément de savoir *si* c'est effectivement la *raison* qui a construit. – De ce que la raison donne à l'expérience des lois, il ne suit pourtant certes pas qu'elle a le droit de contredire l'expérience ; bien plutôt, précisément parce qu'elle est sa législatrice, celle-ci doit-elle s'accorder avec elle de la façon la plus parfaite, et là où ce n'est pas le cas, on conclut à bon droit que ce n'est pas la raison législatrice mais quelque raison empi-rique qui a construit. – Je dis dans la philosophie de la nature : la nature est sa propre législatrice. M. Eschenmayer ne peut pas concevoir comment, ceci présupposé, on peut encore seulement se donner la peine de construire la nature. Si M. Eschenmayer avait le même concept de la *nature* que moi,

1. Cf. Eschenmayer, *Zeitschrift*, II, 1, p. 23.

cette proposition pourrait aussi peu le surprendre que celle qu'il lui oppose
en tant que principe du rationalisme, à savoir que l'esprit humain est son
propre législateur. Si tel est le cas, pourrait-on dire, comment le philosophe
peut-il se donner encore seulement la peine ingrate de construire le Moi
avec toutes ses déterminations ? – l'esprit humain sera certes bien assez
humain pour se charger déjà lui-même de cette peine, ou bien plutôt pour
s'en être déjà chargé.

Dans la philosophie de la nature je considère bien entendu ce sujet-
97 objet, que | je nomme nature, dans son auto-construction. On doit s'être
élevé à l'intuition intellectuelle de la nature pour concevoir cela. – L'empiriste ne s'élève pas jusque là ; et précisément pour cette raison c'est toujours
à proprement parler *lui* qui est le construisant, en toutes ses explications. Il
n'est donc pas étonnant que le construit et ce qui devrait être construit se
rencontrent si rarement. – Le philosophe de la nature ne peut, précisément
parce qu'il élève la nature à l'autonomie et la laisse se construire elle-
même, jamais en venir à la nécessité d'opposer la nature construite (c'est-à-
dire l'expérience) à celle-là, à corriger celle-là d'après elle ; la nature
construisante ne peut errer ; et le philosophe de la nature a seulement besoin
d'une méthode sûre pour ne pas l'induire en erreur par son immixtion ; une
telle méthode est possible, et doit prochainement être rendue publique en
son détail. Mais qu'il a aussi appliqué correctement cette méthode, qui en
soi doit nécessairement être infaillible, le philosophe ne peut finalement
s'en convaincre que par le succès, c'est-à-dire par la coïncidence de la
nature se construisant soi-même sous ses yeux avec la nature construite ;
l'expérience est par conséquent pour lui non pas, à vrai dire, principe, mais
bien tâche, non pas *terminus a quo*, mais *terminus ad quem* de la
construction. – Là où ce *terminus ad quem* n'est pas atteint, on peut à bon
droit conclure que, soit la méthode correcte n'a pas été appliquée du tout,
soit la méthode correcte l'a été incorrectement ou incomplètement.

Je reviens à la question du fondement des propriétés spécifiques de la
matière. – M. Eschenmayer a lui-même, dans le *Traité* qui précède, cherché
à conduire plus loin l'enquête à ce sujet ; il admet à présent dans sa
construction des relations que dans le passé il ne prenait pas en considération, je veux dire les relations des corps aux divers sens, dont il cherche à
exposer la diversité à son tour comme une diversité simplement graduelle ;
je trouve l'ensemble très subtil, certaines affirmations particulières d'une
vérité convaincante – mais la question capitale reste encore et toujours sans
réponse, autour de laquelle est édifié tout ce dispositif, à savoir : *comment*
enfin par la simple diversité des degrés de densité sont posés même ces
98 différents rapports des corps | aux différentes façons de sentir. – L'auteur ne
rattache pas en retour le résultat, qu'il a trouvé par une tout autre voie et

comme par anticipation, à sa proposition principale, selon laquelle l'expression commune d'un objet est sa densité spécifique – rien par conséquent à travers toute l'enquête, comme il l'avoue lui-même (p. 56), n'est encore décidé sur le point capital. Il semble bien plutôt que l'auteur, sur ce nouveau chemin, se soit seulement embarrassé dans de nouvelles difficultés ; puisqu'il doit désormais indiquer aussi les différentes façons de sentir à présent entrées en jeu comme différant de façon simplement graduelle, bien qu'il eût été convenable de déterminer préalablement *ce qui* proprement dans les façons de sentir est élevé à des degrés divers. Cela ne peut pourtant pas être à nouveau la même chose que ce qui gît au fondement de la gradation de la matière (de ce qui affecte les sens); les questions restent sans réponse, de savoir quelle gradation de la matière est alors requise pour qu'elle tombe par exemple par l'odeur dans la gradation de la sensibilité correspondant directement au sens de l'odorat, quelle autre, pour qu'elle tombe par l'accroissement de la lumière dans la gradation correspondant à celui de la vue, et comment derechef ces gradations de la matière, par lesquelles elle acquiert un rapport déterminé à des façons de sentir déterminées, se rapportent à celles par lesquelles elle entretient un rapport déterminé au procès électrique ou chimique. – Sans doute possible, à chaque gradation déterminée de la dernière sorte correspond un rapport déterminé des corps à certains sens, et inversement – mais manque ici complètement le concept médiateur, et c'est une antithèse entièrement irrésolue qui reste en souffrance [1].

Seulement je ne veux pas parler maintenant des manques de la théorie esquissée par M. Eschenmayer (qu'il pourrait assurément remplir par des recherches à venir), mais m'en tenir seulement à la première proposition, à savoir que la diversité de toutes les façons de sentir est *simplement gra-duelle*, qu'il n'a, pour autant que je comprenne, ni prouvée ni rendue intelligible même seulement en quelque mesure. L'ensemble me paraît se ramener aux propositions principales qui suivent.

1/ Il y a diverses façons de sentir (ce qu'il postule en premier lieu).

2/ À chacune de ces façons de sentir sont propres certaines sensations (ce qui derechef est entre-temps postulé).

| 3/ Entre les diverses sensations d'une seule et même façon de sentir il y **99** a une différence simplement graduelle, par exemple entre les divers sons qu'un seul et même corps sonore donne de soi.

4/ À l'intérieur de la sphère générale de chaque sensation d'un sens et même là où n'intervient pas la diversité graduelle déterminée par le point 3, il y a à nouveau des différences qui apparaissent spécifiques (par exemple

---

1. Sur toute cette discussion, cf. Eschenmayer, *Zeitschrift*, II, 1, p. 39 *sq.*

le son spécifique d'un violon, d'une flûte, à une égale hauteur du son, aiguë
ou grave, pour les deux).

5/ Dans les points 3 et 4 s'attestent donc des gradations diverses ; l'une
se fonde sur un rapport arithmétique, l'autre sur un rapport géométrique. –
« On a donc par là expliqué comment le son en dehors de son rapport
graduel (interne) peut encore en admettre un autre (externe). Les sons
spécifiquement différents sont simplement des intensités différentes, où
toujours le maximum d'une série tonale passe dans le minimum d'une
autre » [1]. La même chose est applicable à tous les autres sens, bien que
l'analyse dans leur cas n'ait pas encore été poussée assez profondément.
Par exemple, les sensations spécifiquement différentes de l'odorat ne sont
que des intensités différentes d'un seul et même rapport fondamental (géométrique ?), cependant que chaque type spécifique d'odeurs a derechef en
soi sa propre série arithmétique.

6/ Mais précisément un rapport tel que celui qui existe entre les
sensations spécifiquement différentes d'une seule et même façon de sentir
(4) existe aussi derechef entre les différentes façons de sentir elles-mêmes,
en sorte que même ici, derechef, le minimum de l'une (par exemple de la
sensation de la lumière) passe immédiatement dans le maximum de l'autre
(par exemple de la sensation du son ?).

Nous nous abstenons de toutes remarques concernant cette théorie
ingénieusement conçue – en partie parce qu'elles se présentent d'elles-
mêmes, en partie parce que nous pouvons toujours à cet égard attendre que
l'auteur ait déduit sa théorie, par une construction continuée, *de sa
première proposition*, sur laquelle nous ne sommes pas d'accord.

Les propositions principales n'en sont mises en relief qu'afin de faci-
liter la comparaison avec nos vues sur la chose.

100   Il nous paraît, à vrai dire, que nous nous | tenons un peu moins loin de
M. Eschenmayer, depuis qu'il fait valoir un autre rapport que le simple
rapport arithmétique des forces (par lequel n'est déterminé que le poids
spécifique). Il admettra aussi, une fois qu'il a admis un rapport géométrique
– sans doute bien entre les forces ? –, que la possibilité des différentes
dimensions de la matière (qui ne peut jamais être comprise par le rapport
simplement arithmétique) repose sur leurs différents rapports les unes aux
autres dans l'espace, que par conséquent, de même qu'il n'y a que trois
dimensions de la matière, de même ne sont possibles que *trois* rapports différents des forces entre elles par rapport à l'espace. Nous nous entendrons
sur ce point : dans la *première* construction ne surgit absolument que la troisième dimension (sur laquelle la pesanteur seule a pouvoir, et dans laquelle,

1. Eschenmayer, *Spontaneität = Weltseele*, *Zeitschrift*, II, 1, p. 48.

là où elle est produite en sa perfection, les deux premières s'éteignent), par conséquent avec la *première* construction, à vrai dire, rien n'est donné non plus qu'un rapport arithmétique des deux forces l'une à l'autre, donc le rétablissement des différentes dimensions *en tant que* telles n'est possible que par une *reconstruction* du produit ; nous conduirons par là le produit au-delà de la première puissance, pour laquelle Kant par exemple l'a seulement construit, dans une deuxième où la construction ne repose plus sur l'opposition simple des deux forces, mais sur l'opposition entre l'activité idéelle de la puissance supérieure (la lumière) et l'activité constructrice de la première ; où le produit, retenu à différents niveaux de la reconstruction, reçoit aussi pour la première fois des *qualités*, qui ne désignent précisément rien d'autre que différents rapports des corps aux différents moments de la reconstruction, et qui, bien loin d'être dépendants du poids spécifique, sont bien plutôt posées dans la matière par la tendance de l'activité naturelle idéelle à supprimer celle-ci ; après l'avoir arraché à la première construction, nous aurons rendu le produit pour toujours vivant et capable de toutes les puissances supérieures ; nous trouverons que la nature uniforme, se répétant toujours bien qu'à des puissances supérieures, répète aussi dans l'organisme – et particulièrement, ici, dans la seule fonction de la sensibilité – *toutes* les fonctions de la puissance précédente ; | on devra accorder 101 que la différence des diverses façons de sentir, non moins que celle des deux forces ou celle des deux pôles d'un aimant, est une différence simplement *graduelle*, que le sens de la vue par exemple représente pour nous le pôle *idéaliste*, le sens du toucher le pôle *réaliste* (par où l'on expliquera dans la suite que celui-là, parce que de fait sa condition externe est une activité idéelle, agissant à *distance*, n'est pas du tout borné comme celui-ci par des conditions spatiales), – nous apercevrons derechef dans les trois autres façons de sentir seulement une répétition survenant dans la puissance supérieure des trois moments de la reconstruction, du magnétisme, de l'électricité et du procès chimique (par où à nouveau s'expliquera de soi-même le fait que pour la première ait été produit précisément surtout un support de corps rigides, cependant que l'organe de la deuxième se déploie en surface et que la troisième enfin paraît liée à un organe à moitié fluide). La nature ne sera plus alors pour nous un tout mort, remplissant simplement l'espace, mais bien plutôt un tout vivant, de plus en plus transparent pour l'esprit incarné en elle, retournant finalement en soi-même et se refermant à travers la plus haute spiritualisation.

En fin de compte la différence qui prédomine entre M. Eschenmayer et moi eu égard au traitement *d'ensemble* de la nature repose simplement là-dessus : *lui s'en tient* à l'opposition qui se présente dans la *conscience* entre l'esprit et la nature, et a besoin du premier en tant qu'unique facteur pour la construction de cette dernière, tandis que *pour moi*, dans la philosophie transcendantale, ce qu'il accorde encore à la nature est aussi dans le Moi – dans la philosophie de la nature, ce qu'il accorde encore au Moi est dans la nature elle-même. C'est à une telle différence de fond entre nos vues que je dois conclure à partir de déclarations comme les suivantes : « c'est un *quantum* absolu d'activité qui est partagé en deux puissances opposées (esprit et nature), autant d'activité en moi, autant de négation dans la nature, et inversement » [1] (ce qui est vrai à un niveau inférieur de réflexion, mais faux à un niveau supérieur). « Le principe originaire qui d'après *Baader* [2] | donne le souffle d'en haut à la statue sans vie de Prométhée, met en mouvement la première vague dans le pouls de la nature (l'alternance de son dualisme) – est la *spontanéité* », que *lui* pose dans l'esprit, tandis que *pour moi* ce qui fait tout cela est encore *dans la nature même* – la véritable *âme* de la nature –, puisque je n'admets pas du tout deux mondes différents, mais absolument un *seul* et même monde, dans lequel tout est compris, même ce qui est opposé dans la conscience commune en tant que nature et esprit.

Plût à M. Eschenmayer de s'expliquer sur ce point ; la science ne pourrait qu'y gagner.

Il apparaît peu à peu que l'idéalisme lui aussi a son esprit et sa lettre – et qu'il y a différentes façons de le comprendre. Dans la prochaine livraison, je pense faire précéder la nouvelle exposition de mon système d'un recensement de ces différentes compréhensions, et faire voir comment l'on est finalement contraint de tenir pour seule vraie celle que j'ai précisément caractérisée ainsi, c'est-à-dire celle par laquelle tout dualisme est anéanti pour toujours, et tout devient absolument un. Puisque je suis en droit d'espérer que M. Eschenmayer, aussi bien à travers mon *Système de l'idéalisme* que par ce qui a été traité ici (dans cette Revue), s'est acquis de ces vues une connaissance plus précise que celle qu'il lui a été possible d'acquérir par la simple lecture de l'*Esquisse*, nous pourrions très rapidement nous entendre sur nos vues et vérifier si nous partons tous deux effectivement des *mêmes* principes ou s'il n'y a là qu'une apparence.

Après avoir parlé jusqu'à présent presque exclusivement des points sur lesquels il y a, entre M. Eschenmayer et moi, un dissentiment au moins apparent, je souhaiterais vivement et de préférence parler de ceux où nous nous sommes rencontrés, ou à propos desquels je dois adhérer sans réserve à ses subtiles déclarations. Mais l'espace ne l'autorise pas aujourd'hui. Je prie seulement M. Eschenmayer de comparer ce qu'il dit page 58 et suivante sur

---

1. Eschenmayer, *Zeitschrift*, II, 1, p. 8.
2. Franz von Baader (1756-1841), cité par Eschenmayer, *Spontaneität* = *Weltseele*, *Zeitschrift*, II, 1, p. 5.

le *quatrième* principe, la spontanéité, en tant qu'elle est à demeure en *nous*, à la citation qu'il donne p. 65 de sa dissertation : *Causam, quae tellurem nostram a nanciscendo | absoluto aequilibrio arcet, sol ministrare videtur* [1]   103 – pour se trouver en accord avec moi même sur l'ultime point qui était encore resté douteux. Cette impulsion de la spontanéité tombe encore dans la sphère de la nature même ; c'est la *lumière*, le sens de la nature, avec laquelle elle voit en son intérieur limité et cherche à arracher à l'activité constructrice l'activité idéelle entravée dans le produit. Comme celle-ci est le jour, celle-là (l'activité constructrice) est la nuit, celle-ci est le *Moi*, celle-là le Non-Moi de la nature même. Et de même que celle-ci, en soi simple et pure activité, devient par le conflit avec celle-là *empirique* (couleur), de même celle-là dans le conflit avec celle-ci est contrainte de devenir *idéelle* avec le produit, de le reconstruire et, sous des formes différentes – tantôt par le magnétisme, où les deux facteurs de l'indifférence sont encore en lui-même, tantôt par l'électricité, où elle doit chercher l'un des facteurs de l'indifférence en dehors de lui, dans un autre produit, tantôt en tant que force chimique, où elle a besoin d'un troisième pour atteindre l'un des deux ou les deux facteurs de l'indifférence –, de le ramener sous sa domination, jusqu'à ce qu'à la fin cette activité immortelle, en son principe illimitable, se marie purement, *en tant qu'idéelle*, au produit, et dépose dans la nature le fondement de la vie, qui par une potentialisation encore supérieure s'élève derechef, de degré en degré, jusqu'à l'indifférence *suprême*.

---

1. « ... C'est le soleil qui paraît fournir la cause qui empêche notre terre de trouver l'équilibre absolu ».

J. G. FICHTE

SUR L'EXPOSITION DU SYSTÈME DE L'IDENTITÉ DE SCHELLING

Les notes de Fichte dont nous présentons ici la traduction sont restées inédites du vivant de l'auteur. Elles font partie d'un ensemble de manuscrits où Fichte consigne ses commentaires sur ou à partir de Schelling (Bemerkungen bei der Lektüre von Schellings transcendantalem Idealismus; Sätze zur Erläuterung des Wesens der Thiere; *on ajoutera aussi les* Vorarbeiten gegen Schelling[1]). *Nous traduisons le texte de la* Gesamtausgabe, *publiée par l'Académie de Bavière sous la direction de Reinhard Lauth et Hans Gliwitzky, Friedrich Frommann Verlag, Stuttgart – Bad Cannstatt, II, 5, 487-508, dont nous indiquons la pagination en marge et en italique. Nous faisons également figurer en marge la pagination des* Nachgelassene Werke, III, *édités par I.H. Fichte et réimprimés chez Walter de Gruyter, Berlin, 1962, plus commodes d'accès (371-389). Pour des éclaircissements historiques sur les rapports Fichte-Schelling, on se reportera particulièrement, en français, à la* Présentation *de Myriam Bienenstock, au seuil de sa traduction de la* Correspondance Fichte/Schelling (Paris, P.U.F., «Épiméthée», 1991), *aux lettres elles-mêmes et surtout à Reinhard Lauth,* Die Entstehung von Schellings Identitätsphilosophie in der Auseinandersetzung mit Fichtes Wissenschaftslehre, Freiburg/München, Karl-Alber Verlag, 1975.

---

1. Respectivement: *GA* II, 5, 413-415; *SW NW* III, 368-370; tr. Myriam Bienenstock, Fichte/Schelling, *Correspondance*, p. 151-153, et *GA* II, 5, 421-430; *SW NW* III, 362-367; enfin *GA* II, 5, 483-485.

SUR L'EXPOSITION DU SYSTÈME DE L'IDENTITÉ
DE SCHELLING

|| L'exposition commence avec l'éclaircissement suivant :

> J'appelle raison la raison absolue, ou la raison *pensée comme indif-
> férence totale du subjectif et de l'objectif.*

Par un tel éclaircissement ou *définition réelle* l'objet défini est proposé
et achevé comme un objet fini : aussi je ne vois pas comment le *passage* est
censé se produire de ce point à la prochaine pensée et à chacune des
suivantes. Alors on ne peut que recommencer avec un nouvel élan et poser
quelque chose de nouveau, tout aussi achevé. Le commencement ne peut
être que le plus indéterminé, le moins fini, parce que sinon nous n'aurions
absolument aucune raison de progresser à partir de lui et de le déterminer
plus précisément en continuant de penser. Par conséquent la suite n'est
également que tout aussi historique, rapportant sur une construction peut-
être déjà accomplie, mais non la construction philosophique elle-même
s'accomplissant.

Il est encore plus fâcheux cependant de ne pas voir que l'unique raison
absolue, hors de laquelle rien ne doit être, ne peut être l'*indifférence* du
subjectif et de l'objectif, sans être en même temps et dans la même essentialité indivise aussi la *différence* des deux ; qu'ici, d'après cela, hors
l'unique raison *différenciante*, encore une seconde raison *différenciante* est
gardée à l'esprit, qui par la suite pourrait bien en sourdine rendre de bons
services, en étant effectivement le motif tacite ne serait-ce que pour en
général aller plus loin à partir de l'indifférence vide et abstraite avec
laquelle rien ne peut commencer. Or cette faute n'est pas seulement un petit
manquement insignifiant, mais elle est de la plus grande conséquence,
puisque la déduction tout entière a lieu grâce à cette confusion.

En fin de compte par cet éclaircissement la raison est intégralement déterminée et en soi achevée, c'est-à-dire morte; et l'auteur peut bien à 372 présent répéter et paraphraser à volonté sa proposition, | mais jamais trouver le moyen, de façon correcte et conséquente, de passer de celle-ci à ses déterminations ultérieures.

488 | Or lorsqu'il commence effectivement selon sa façon de réveiller les morts, et dans les § suivants accroche à ce concept de la raison et démontre tout au long les prédicats du Rien et de la totalité, de l'unité et de l'identité avec soi-même, on doit avant tout demander comment il atteint lui-même seulement ces prédicats, puisque en effet, si l'essence de la raison était effectivement épuisée par le premier éclaircissement, c'est seulement par une analyse de cet éclaircissement que ces prédicats devraient être dérivés, en tant que fondés nécessairement dans l'essence de la raison. Ici la vie et le mouvement de cette raison *différenciante* gardée à l'esprit au § 1 se montrent déjà dans la personne de son auteur, qui entre en scène immédiatement dans le § suivant.

§ 2. « *Rien n'est en dehors de la raison, et tout est en elle* ». Cette proposition suit immédiatement du § 1. Par rapport à tout différent possible – un tel différent une fois présupposé, ce qui ne peut être admis qu'en vertu de l'expérience de fait –, la raison est l'*indifférent*. Mais la preuve qui suit, qui de la même façon n'est que formelle et reste extérieure, gâte tout. La raison ne peut, avec un existant en dehors d'elle, être dans un rapport ni de sujet à objet, ni d'objet à objet, parce que les deux cas sont contraires à la *présupposition* du § 1, qui est de penser la raison comme *l'indifférence* du subjectif et de l'objectif. – a) Nous apercevons ce qui suit du § 1 : si la raison absolue se rapportait à ce qui est admis en dehors d'elle comme le subjectif à l'objectif, elle aurait déjà dû abandonner son essence, être entré dans la différence. b) Un rapport d'objectif à objectif est entièrement impensable. L'objectivité n'existe et ne peut être pensée d'une façon générale qu'en opposition au subjectif : objet *pour* un sujet et réciproquement. Mais de l'objet d'un objet on ne peut parler en absolument aucun sens. Ce qui véritablement serait en dehors de l'indifférence absolue, n'a avec elle aucun rapport du tout; ce serait précisément un *second* absolu, un second univers, qui ne | pourrait être ni affirmé ni nié. – On voit que l'éclair-
373 cissement bien plus lointain (§ 26) est déjà présupposé par l'auteur dans son §: « *l'identité absolue est l'absolue totalité, l'univers* ». Car c'est seulement de là que suit d'une façon correcte une proposition comme celle 489 qui est énoncée au § 2. – Directement il devait bien plutôt dire : *Ce qui | est en dehors de l'indifférence absolue*, – sans décider de ce que c'est ni s'il y a quelque chose – *n'est en aucun sens présent pour elle, dans la mesure où ni*

*en tant que subjectif ni en tant qu'objectif elle ne peut être en rapport avec
lui.*

§ 3. « *La raison est (a) absolument une, (b) absolument identique à elle-
même* ». – a) « Si en effet ce n'était pas le cas, il devrait y avoir à l'être de la
raison encore un autre fondement qu'elle-même : car elle contient seulement le *fondement de son propre être* » etc. – D'où surgissent soudain ici
les catégories du fondement, et par dessus le marché à cet effet de prouver
l'unité (formelle) de la raison ? Le fondement est une catégorie bien
particulière, intervenant là où une déterminité qualitative doit être
expliquée.

Mais même abstraction faite de ce point, cette administration de la
preuve est ou bien superflue, ou bien insuffisante. Si elle doit prouver que
pour tout différent présent de fait une seule indifférence doit être posée,
cela suit déjà immédiatement des § 1 et 2. Ou bien elle doit, dans une
indépendance absolue à l'égard de tout fait, comme on peut l'exiger des
voies de droit en philosophie, montrer que l'indifférence absolue d'après
son concept pur n'est qu'*une* ; (parce que sinon elle ne serait pas *absolue*,
comme cette preuve peut être entendue) : alors aucune preuve ne peut
s'acquitter de cela, et surtout pas la preuve proposée. À partir du simple
concept de l'absolu, de l'*être-à-partir-de-soi-même (Aussichselbstsein)* on
ne peut pas davantage conclure à l'unité ou à la multiplicité de celui-ci qu'à
l'existence de quelque chose de tel. La simple pensée d'un concept, d'une
forme de la subsomption ne peut comme on sait faire la décision sur ce qui
doit être subsumé sous elle.

§ 4. La raison est, d'après ce qui précède, en soi *simple* et *identique à
soi*. Par conséquent « la plus haute (on devrait dire | : « l'*unique* ») loi de   374
celle-ci est la loi d'identité, qui de façon générale s'exprime par A = A ».
Mais on a en même temps ajouté : | la plus haute loi non seulement pour elle,   490
mais pour tout être (*pour autant qu'il est compris dans la raison*), puisque
rien n'est en dehors de la raison. – Cette loi est, comme on l'admet, la seule
vérité inconditionnée pour tout ce qui est posé dans le *penser* ou dans l'*être*
(le *positif*) ; exprimant la pure *affirmation*, qui ne peut en même temps *nier*
la même chose, – la forme de la position, et absolument rien de plus. Mais
dans cette version elle paraît ne devenir pour les choses qu'une loi
médiatisée par l'être-compris de toutes choses dans la raison : elle n'est pas
dans leur cas valable absolument, mais seulement parce que la raison
absolue s'affirme en elles, comme il est dit plus loin ; par où la signification
seulement formelle de cette proposition est renversée dans le sens d'un se-
poser-soi-même restant identique à soi de la raison absolue dans les choses.

Le *Supplément 2* est accordé.

Le § 6 enseigne que A = A, pensé d'une façon universelle, ne parle pas du tout de l'être de A, mais seulement de ceci que, *au cas où* il est, il tombe sous la loi de l'identité, est absolument *identique* à soi-même : l'unique être qui est posé par cette proposition, est par conséquent (non pas l'*être* de A mais) l'*ÊTRE* de l'identité. Si par *être* de l'identité on ne doit rien entendre d'autre que la *validité* inconditionnée de cette loi, donc ce qui dans le supplément 2 au § 4 est nommé *vérité éternelle*, (un être *idéel = validité universelle*, où il n'est pas question de l'*effectivité;*) alors il faut accorder ladite proposition.

§ 7. «*L'unique connaissance inconditionnée est celle de l'identité absolue*». Que A = A soit connaissance *inconditionnée* est déjà contenu dans ce qui précède, où cette proposition a été nommée vérité éternelle. Donc : *491* qu'elle soit l'*unique* connaissance inconditionnée doit ici être prouvé | par *375* ceci qu'elle *seule* exprime l'essence de la raison (indifférence) absolue |. Ce qui peut être accordé, nonobstant la version là aussi seulement extérieure de la preuve.

Le § 8 ne serait, si l'*être de l'identité* ne doit rien signifier de plus que ce qui a été remarqué au § 6 comme seul admissible, qu'une répétition de ce qui a déjà été établi dans ce §, où l'être absolu de l'identité (dans ce sens) a déjà été mis en évidence.

§ 9. «*La raison ne fait qu'un avec l'identité absolue.* A = A est l'unique loi de son être; or par cette proposition l'être de l'identité absolue est immédiatement posé; et, puisque l'être de celle-ci ne fait qu'un avec son essence» (§ 8, Supplément 1), «la raison, aussi bien selon son être que selon son essence, ne fait qu'un avec l'identité absolue; et c'est pourquoi» (*Supplément*) «l'*être* appartient tout autant à l'*essence* de la raison qu'à celle de l'identité absolue». – La preuve à nouveau est purement formelle. Le nerf de celle-ci repose sur ceci que l'indifférence absolue n'est rien d'autre, c'est-à-dire ne peut être définie autrement que comme l'*identique à soi-même;* d'après cela, elle est immédiatement une avec l'identité absolue selon l'*être* et l'*essence*. C'est dire que tout d'abord l'identité absolue est la loi qui vaut généralement, absolument pour tout être; l'*être* de celle-ci, si cette expression doit en général avoir un sens, ne peut par conséquent signifier rien d'autre que l'absoluité, l'inconditionnalité, la validité générale de cette loi. Que la raison absolue ne fasse qu'un avec cette identité ne peut encore une fois vouloir dire que ceci : elle tombe sous cette loi, doit être subsumée sous elle, comme tout existant en général. Que l'indifférence soit soumise à cette loi seulement, et ne doive être déterminée que d'après elle, et absolument par aucune autre (comme le cas échéant le reste de l'existence concrète) – ce qui est censé être exprimé par les mots : «selon l'essence et l'être, un avec l'identité absolue» – ne change absolument rien à cette relation. Jusqu'à présent la chose en est donc là : la raison absolue se dissout dans la loi de l'identité absolue, une autre loi, une autre détermination ne s'applique d'aucune façon à elle, parce que celle-ci tomberait déjà dans la différence. C'est tout ce qui est clair. Mais il est en même temps clair d'autre part ‖ que l'auteur a voulu *implicitement* extor- *492* quer la proposition : *à l'essence de la raison absolue appartient l'être ;* *376* mais ni celle-ci ne peut être prouvée de cette façon ; ni en général on ne peut dire de quoi que ce soit que son essence (concept) comprend déjà en soi l'être (cf. *Éthique* de Spinoza, Livre I, propositions VII et XI)[1].

§ 10. *L'identité absolue est absolument infinie.* Que veut dire ici « *in-finie* » ? *Éternelle ? Absolue ?* Sans aucune relation au temps ? Alors il faut concéder la proposition, mais il s'agit simplement d'un concept identique, dans la mesure où ceci se trouve déjà immédiatement dans la pensée de l'absoluité. Mais si *infini* veut dire *positivement* infini dans ses affections et déterminations, comme Spinoza dit : *de l'essence de Dieu suit l'infini d'une façon infinie*[2], alors la preuve ne suffit pas : « si en effet elle était *finie* » (c'est-à-dire que seul le *fini* suivrait d'une façon *finie* de son essence), « le fondement de sa finitude ou bien se trouverait en elle-même, c'est-à-dire qu'elle serait la cause originaire d'une détermination en soi, *donc à la fois le produisant et le produit, et partant elle ne serait pas identité absolue* ». Mais c'est bien plutôt l'absolu qui doit sans aucun doute être pensé à la fois comme le *produisant* et le *produit* : c'est précisément le caractère distinctif de l'absoluité qu'elle soit elle-même fondement de son être, par conséquent à la fois et d'un seul coup le produisant et le produit : par là cependant n'est posée aucune dualité, aucune condition double de celle-ci, mais la *différenciation* tout entière est seulement le produit de la pensée analysant le concept de l'*être-par-soi-même (Durchsichselbstsein)*. Par conséquent cette preuve, parce qu'elle reste à nouveau seulement extérieure, est construite sur un argument absolument sans vérité, contredisant directe-ment le concept en question : l'identité absolue, précisément parce qu'elle est *absolue,* est à la fois le produisant | et le produit, et c'est là l'unique *493* concept qui lui soit adéquat. Si elle était « finie », le fondement de sa *finitude* se trouverait en effet en elle-même, car elle ne peut être limitée de l'extérieur ou déterminée d'aucune façon, aussi certainement qu'elle est absolue. Mais que l'identité absolue en son absoluité ou infinité soit en

1. *Éthique*, Iʳᵉ partie, prop. VII : « À la nature de la substance, il appartient d'exister » ; prop. XI : « Dieu, autrement dit une substance consistant en une infinité d'attributs, dont chacun exprime une essence éternelle et infinie, existe nécessairement » (tr. A. Guérinot, Paris, Ivrea, 1993).

2. *Éthique*, Iʳᵉ partie, prop. XVI : « De la nécessité de la nature divine doivent suivre une infinité de choses en une infinité de modes (c'est-à-dire tout ce qui peut tomber sous un entendement infini) ».

377 même temps *finie* par soi-même, il ne se trouve là aucune | contradiction : l'absoluité est précisément la pure *autodétermination.* Il se trouve ici d'une façon générale encore de profondes obscurités, surtout dans le concept de la *suite (Folgen)* des déterminations à partir de l'absolu ; par là est déjà adjoint le principe du changement de l'immuable, dont, dans une déduction précise et continue, nous ne serions censés encore rien savoir.

La suite dans une présentation plus succincte. Le § 11 est à considérer comme liquidé par ce qui précède.

§ 12. «*Tout ce qui est est l'identité absolue, et par conséquent un*» *(Suppl. 1)* «*et celle-ci est*» *(§2)* «*par suite l'Unique qui soit* EN SOI *ou absolument*». Nous le concédons inconditionnellement, si nous nous plaçons d'une façon générale à ce point de vue, mais la proposition serait proprement déjà contenue dans le § 2. Par conséquent nous n'avons en rien progressé à l'aide de toutes les propositions précédentes, si ce n'est que nous avons obtenu la nouvelle expression : *identité absolue*, et appliqué A = A à la raison absolue.

Les § 13 et 14 suivent tout uniment de ce qui précède : «*Rien, selon* 494 *l'être en soi, n'a pris naissance*», et : «*Rien, considéré en soi,* | *n'est fini*». Ici toute naissance et toute façon de procéder sont contestées avec vérité ; absolument rien ne *change* ni ne se *transforme*, parce que rien n'est, sauf l'identité absolue, la *pure, immuable, originaire* existence. De même aussi, exactement, chez Spinoza[1]. Or reste la question de savoir comment par là un *devenir*, un *changement*, d'une façon générale un *divers* peut s'équilibrer réciproquement au-dehors : en un mot, les choses, telles que nous les représentons dans le *temps* (le schème du changement) et l'espace (le schème de la diversité). *Schelling* se tient ici au point de vue de la spéculation authentique ; ce qui apparaît dans le temps et l'espace n'*est* pas 378 effectivement ; | ces formes sont absolument nulles et doivent être retranchées de la réalité vraie ; il l'affirme avec toute philosophie spécula-tive. Pourtant, de quelle façon il rend fondamentalement concevables dans cet *immuable*, cet *Un*, ces formes, c'est-à-dire veut dériver une *finité* à partir de l'*éternel*, à cela il s'agit de prendre garde ; car cette dérivation est précisément la tâche de la philosophie[2]. – Le *Supplément* et l'Explication du § 14 expriment exactement ce point de vue. Il dit : «Considérer les *choses* en tant que *finies* veut dire ne pas les considérer comme elles sont en

1. *Éthique*, Ire partie, prop. XXI : «Tout ce qui suit de la nature absolue d'un attribut de Dieu, a dû toujours exister et être infini, autrement dit est éternel et infini de par cet attribut», et prop. XXII : «Toute chose qui suit d'un attribut de Dieu, en tant qu'il est modifié de telle modification qui, de par cet attribut, existe nécessairement et est infinie, doit aussi exister nécessairement et être infinie».
2. C'était bien là, en effet, la détermination schellingienne du problème fondamental de la philosophie : cf. n. 1, p. 48, n. 3, p. 52, n. 1, p. 53, n. 3, p. 62.

soi; de même les considérer en tant que multiples ». Formellement considéré, ce dernier supplément se contredirait : si dans les choses nous supprimons leur *multiplicité*, elles sont du coup elles-mêmes supprimées ; mais d'une façon générale il ne peut encore pas du tout être question de choses ; pour l'instant nous ne connaissons rien encore, hormis l'*être de l'unique identité absolue*. (Dans l'«*Explication*», précisément en tant que *telle*, une langue plus libre, allusive, est permise à l'écrivain, aussi n'avons-nous pas | *495* à blâmer les assertions non prouvées qu'elle contient). – «Entre tous les philosophes apparus jusqu'à ce jour seul *Spinoza* a reconnu cette vérité, bien qu'il n'en ait pas conduit la preuve si *complètement* ni ne l'ait exprimée si *clairement*», etc. Pourquoi ne l'aurait-il pas complètement conduite et clairement exprimée? Vraisemblablement, plus complètement et plus clairement que Schelling lui-même. Où en trouve-t-on une expression plus acérée que celle de Spinoza : Dieu est la *cause originaire immanente (inwohnende Ursache)*, non *transitive (vorübergehende) des choses*? [1]

§ 15. «*L'identité absolue n'est que sous la forme de la proposition A = A*; ou encore : *cette forme est immédiatement posée par son être*». Précédemment il a prouvé que par la proposition A = A est immédiatement posé l'*être* de l'identité absolue (§ 6); et manifestement même l'identité absolue ne peut être *pensée* et *décrite* que sous la forme de la proposition A = A; or comment inversement A = A est posé par *son* être, comment d'autre part elle ne peut *être* que dans la *FORME* de la proposition, à cela on ne peut donner absolument aucun sens. A = A est dans la *pensée* une *expression*, un *schème* pour la | loi absolue de l'identité; lui attribuer d'une façon ou d'une 379 autre un être, ou affirmer que l'identité *existe* (pourtant bien objectivement) nécessairement sous la forme de celle-ci; et, plus loin, qu'il faut lui attribuer une *DUPLICITÉ* du sujet et du prédicat : qu'elle est dans l'unité à la fois sujet et prédicat : tout cela n'a, d'après la discussion qui précède, absolument aucun sens : ce sont des formes logiques qu'il est purement et simplement absurde d'élever en tant que telles à une existence *objective*. Plus loin, forme et être, de façon tout aussi arbitraire, sont différenciés dans l'Un, le Simple, l'Indifférenciable. Mais toutes deux convergent absolument ici, l'identité n'a pas d'autre forme que son existence. – Par conséquent : 1/ il aurait été nécessaire d'une façon générale de prouver comment dans l'identité absolue forme et être doivent être différenciés : elle n'est rien d'autre que la pure existence *identique à soi-même*; mais cet *être-identique à soi* n'est rien de particulier qui *DANS l'identité* devrait être différencié, en tant que forme, de son être, mais rien de plus que l'*expression* de la pure *relation, position;* | (voulant dire : «elle est *cela* et rien *496*

---

1. *Éthique*, I [re] partie, prop. XVIII : «Dieu est cause immanente, mais non transitive, de toutes choses».

d'autre »). Mais même si on lui fait cadeau de ce point, 2/ A = A en tant que duplicité du sujet et du prédicat ne peut être forme *objective* de quelque chose ; car cette duplicité n'est elle-même qu'un acte de penser et pour le penser ; celui-ci *différencie* le sujet et le prédicat, qui *objectivement* en tant que *dualité* n'existent pas du tout ; car le jugement, par exemple : « *L'arbre est vert* », énonce précisément que les deux sont liés en *UN*, par conséquent *nie* toute *dualité* en eux et ne maintient précisément les deux termes séparés, dans le penser seulement, que pour les lier d'autant plus fermement. A = A ne peut par conséquent, en aucun sens, devenir *forme objective* de quoi que ce soit. Dans le Supplément 1, A = A est aussi nommé la forme ou la « *façon* » de l'être de l'identité absolue.

Supplément 2. « Ce qui suit de la simple *forme* n'est pas posé *en soi* ». *En soi*, d'où le contraire : posé par *un autre*. Non pas l'absolu, mais *par* l'absolu ; comme chez Spinoza les affections et les modes, qui sont là la *forme* de l'absolu ; ceux-ci sont posés par l'absolu, causés seulement par
380 son *être* ; c'est-à-dire que | c'est la pensée de ceux-là qui différencie celui-ci ; sinon aucune *succession* ou aucun *devenir* en lui.

§ 16. « *Entre le sujet et le prédicat dans la proposition A = A, aucune opposition n'est EN SOI possible* ». C'est bien *le même* qui est posé en A^I et qui est posé en A^{II} ; donc cela se comprend de soi. – Pourtant il glisse déjà ici une différenciation de l'*en-soi* par rapport au *non-en-soi*, dans la mesure où il fait allusion aux contraires de' fait ; par où précisément, sans se soucier le
497 moins du monde de la déduction de cette facticité, | il est censé préparer la proposition selon laquelle ces contraires en soi *ne sont pas*. Or ceci se trouve déjà dans ce qui précède ; son souci principal devrait bien plutôt être de nous faire comprendre comment ils peuvent cependant pour le moins *paraître*. Ici se rencontre, inaperçue, la différenciation entre l'*en-soi* et l'*existence*, qui rend plus loin de bons services. Or parce que c'est le même A qui tient lieu de sujet et de prédicat, la forme de l'identité absolue s'énonce : *forme de l'identité de l'identité* (Supplément 2).

§ 17. « Il y a une connaissance originaire de l'identité absolue, et celle-ci est posée par la proposition A = A ». « Il y a une connaissance de celle-ci en général ». (Ceci est un fait ; nous le concluons de ce que la vérité de la proposition A = A est immédiatement connue). Or puisque tout ce qui est est dans l'identité absolue, la connaissance est aussi en elle ; mais puisque celle-ci ne suit pas de l'essence de l'identité absolue – c'est qu'elle suit de la *forme*, et appartient à celle-ci. – Mais la forme est aussi *originaire* que son être ; par conséquent tout ce qui est posé par la forme est également tout aussi originaire que l'identité absolue. Or ceci vaut aussi de la connaissance absolue. L'identité absolue est par conséquent originairement sous la forme de la connaissance absolue : (ce qui ressort d'ailleurs encore plus distinctement du § 18). Contre cela il y aurait beaucoup à objecter. À partir du fait *(Thatsache)* du connaître on glisse jusqu'à l'existence de *celui-ci,* en tant que Fait *(Faktum)*[1], dans la forme de l'identité absolue : parce qu'il y a un connaître absolu, l'identité est aussi (entre autres) un *connaître.* Ceci | 381 peut être ajouté eu égard à la proposition déjà admise, selon laquelle seul *est l'Un*[2] etc.; mais par là nous n'arrivons jamais à la proposition 18; à savoir que *Tout ce qui est est* selon la *forme* de l'être *connaître | de l'identité* 498 *absolue.* – D'où sort ce «Tout»? La pétition de principe se révèle même dans les termes de la preuve : si le connaître appartient à la forme de la proposition de l'identité absolue, mais que celle-ci est inséparable de l'être, alors *Tout ce qui est (! !)* est, selon *la forme de l'être,* = au connaître absolu de l'identité. – Or quelle doit d'ailleurs être la signification du *connaître de l'identité absolue*? On n'a jamais rencontré davantage dans ce qui précède que ceci : la proposition A = A est immédiatement connue. Le dessein est à nouveau simplement de plonger dans le noir une *différence* et à la vérité la différence capitale entre toutes, celle de la *subjectivité et de l'objectivité,* ce qui est encore plus manifeste dans la proposition suivante, où cette «forme de l'être de l'identité absolue» est décrite de plus près.

§ 19. (Si l'identité est bien connaître absolu, elle ne peut être que *connaissance de soi,* en tant qu'identité absolue). «*L'identité absolue n'est que sous la forme d'une connaissance de soi-même en tant qu'identique à soi-même*» = *connaissance de soi en tant qu'absolument* IDENTIQUE *(GLEICH) À SOI-MÊME.* Nous faisons cadeau de la preuve, qui porte le même caractère que les *Suppléments* précédents. Ce qui est est l'identité absolue, et à vrai dire dans la forme de la *connaissance de soi* de l'identité en tant qu'*identique (gleich) à soi-même.* – Cette forme nécessaire de son être est cependant manifestement *infinie* (§ 20), parce qu'elle-même selon son être est infinie. Il faudrait l'ajouter, si ce qui précède se tenait et était exact : mais c'est toute la doctrine de la connaissance de soi de l'identité absolue qui est non démontrée.

§ 21. Dans cette connaissance de soi infinie il est manifestement nécessaire de différencier le sujet et l'objet : par cette forme l'identité absolue se pose donc infiniment en tant que sujet et objet :

$$I = \frac{S}{0} \infty \; ;$$

---

1. Le *Faktum* est le fait en tant qu'il s'impose (ainsi la Loi morale comme «fait de la raison»), à la différence de la *Thatsache,* ce qui est sur le mode de la facticité ou «réalité».

2. Cf. § 12, particulièrement le Supplément 1 : «Tout ce qui est est en soi un».

et non autrement – non pas, par exemple,

$$\text{I}$$
$$\text{S}\,\underline{\Lambda}\,0\,\infty;$$

382   ceci n'est pas posé. Or puisque entre le sujet et l'objet aucune | opposition
en soi ne peut trouver place (Supplément au § 22), dans la mesure où tous
deux sont originairement liés dans l'*identité absolue*; n'est possible entre
499   les deux | qu'une *différence quantitative* (§ 23). Ici s'atteste à nouveau
l'insuffisance de la preuve : *parce que* dans les deux s'accomplit l'identité
immuable selon l'essence, ils ne doivent pas être divers *qualitativement*,
mais *quantitativement*. Pourquoi le même et unique ne peut-il pas exister
dans de véritables contraires? Sur tout ce rapport capital pas un mot! Il y a
selon l'essence *le Même*, cependant que la diversité quantitative selon
l'auteur lui-même et d'après ce qui est prouvé ne touche pas l'essence, mais
seulement la *forme*. Mais si l'on a prouvé que le Même ne pouvait exister
non plus sous une forme opposée, la différence quantitative ne peut pas
davantage aider, car celle-ci pose toujours à nouveau la diversité et même
l'opposition. Il reste donc encore ici des lacunes et des décisions arbitraires.

   § 24. *La subject-objectivité* (en tant que forme éternelle de l'identité)
n'*est* pas *actu*, si cette *différence quantitative* n'est pas posée.

   § 25. Cette différence et pour ainsi dire l'équilibre perdu entre les deux
s'identifie *(gleicht sich aus)* dans l'identité absolue; en celle-ci cette
opposition ne peut pas être distinguée : l'identité éternellement perdue dans
le particulier se restaure dans l'« *infini* ». (Cf. Explication du § 30).

500 | § 26. *L'identité absolue est absolue totalité* : cela suit assurément de la
présupposition entière du système. Par conséquent tout ce qui est compris
dans la sphère de l'*effectivité* = l'identité absolue : cette totalité est nommée
Univers.

   § 27. *Dans l'identité absolue, par conséquent, il n'y a absolument pas
de différence quantitative*, mais seulement en-dehors de celle-ci. (L'étant
qui se tient en-dehors de celle-ci, *Schelling* le nomme une chose *particulière*). Il n'y a par conséquent pas de chose *particulière*. Et dans une
remarque il ajoute que ne devient un particulier que ce qui, quel qu'il soit,
été arraché à la totalité par une séparation arbitraire. En soi tout est dans la
totalité, vit dans le tout, et ceci est précisément l'identité absolue.

383 | § 29. C'est donc seulement eu égard à l'être particulier, c'est-à-dire –
lorsque je considère quelque chose isolément – (comment cependant j'en
viens à ce point, donc à pouvoir considérer quelque chose, comment il
devient même nécessaire d'intuitionner non la totalité, qui est pourtant
censée être l'unique étant et l'unique intuitionnable, mais toujours
seulement un particulier *en tant que* particulier, c'est-à-dire précisément

pas l'« unique intuitionnable » ; de cela il n'est pas dit un mot) – et lorsque je compare celui-ci dans cette condition isolée avec un autre, que la *différence quantitative* est posée.

§ 30. Or si cette différence quantitative trouve effectivement place eu égard au particulier, donc si par exemple a est posé en comparaison avec b en tant que prédominant subjectivement ou | objectivement ; d'après son *501* « assertion » (hypothèse) – car de preuves proprement dites nous n'avons trouvé aucune trace – cette diversité se dissout complètement eu égard à la *totalité* ; si nous pouvions apercevoir le *rapport* entre le sujet et l'objet dans la totalité, il montrerait le plus parfait équilibre. Mais suit-il de là qu'il ne resterait rien si ce n'est la même identité, *en laquelle rien ne serait DIFFÉRENCIABLE* ? (*Cette proposition est d'ailleurs également contenue dans Spinoza*). L'Explication jointe est très importante. Passons pour le moment sur toutes ces questions.

§ 31. *Ce qui toutefois n'a été posé en ce qui précède qu'à titre hypothétique, à savoir que, pour le cas où la différence est* etc., *l'identité absolue est en même temps l'indifférence – cela, aux termes de cette proposition, doit être positivement affirmé :* elle est l'indifférence du sujet et de l'objet. – Car ceci est sa « forme éternelle » ; la différence dans le particulier *est* par conséquent l'être-supprimé *(das Aufgehobensein)* de celle-ci – l'équilibre – est par conséquent aussi – à savoir dans la *totalité* ou dans l'*identité*.

§ 32 et 33. L'univers = l'*identité absolue*, par conséquent celui-là est *éternellement identique (gleich) à celle-ci*.

§ 34. *En chaque partie de l'univers, par conséquent en chaque chose particulière sans préjudice de sa différence quantitative par rapport à une autre, l'identité absolue est toujours la même et unique.*

|| Supplément 2. *Rien ne peut* être *ANÉANTI selon l'être ;* car ce qui est, *384* c'est seulement l'Univers, ou l'éternelle *identité*. Et si elle pouvait être *502* anéantie en l'une de ses parties, elle pourrait l'être aussi dans le tout : ceci ne fonderait absolument aucune différence. Ce qui est en soi *ÉTERNEL* l'est aussi dans le périmètre total de son essence. Sans doute ne devait-on pas attendre cette proposition de Schelling dans cet enchaînement, dans la mesure où les propositions précédentes aboutissaient à introduire dans l'identité absolue un principe de la finitude, qui est ici à nouveau expressément supprimé et énoncé. Tenons fermement avec lui qu'absolument rien ne peut « être anéanti » (*rien* ne peut *disparaître*) : ceci est à nouveau incompatible avec l'assertion qui suit :

§ 35. « *Rien de particulier n'a son fondement en soi-même* ». Avec le rejet de la genèse, du surgir et du disparaître, c'est aussi à vrai dire le concept du « *particulier* » qui est éconduit et complètement détruit. Non seulement d'une façon générale il n'est pas *éternel*, mais il n'existe pas du tout. À PRÉSENT seulement devrait venir le Supplément au § 34 : c'est pourquoi on a besoin d'un autre particulier qui le précède en tant que son fondement ; et à dire vrai ce fondement doit (d'après le § 30) être une autre « chose particulière », et ainsi de suite *à l'infini*. Et à la vérité en vertu de la démonstration ci-dessous : le « particulier » n'est pas le fondement de soi-même : mais l'identité absolue non plus ; car celle-ci contient seulement le fondement de la totalité et de l'être, pour autant qu'il n'est pas le particulier, mais qu'il est compris dans la totalité. Ainsi selon l'affirmation de *Schelling* le particulier est et pourtant en même temps n'est pas ; ce qui peut bien dans les deux cas recevoir son sens spéculatif valable ; cela étant rien n'est fait ici pour aplanir *(auszugleichen)* ces contradictions. C'est ce qui manque logiquement ou formellement. Pourtant comment d'une façon 503 générale en vient-il | là ? Il veut insérer, précisément ici, le *devenir*, et partant considère les choses particulières d'une double façon : comme elles sont du point de vue de la totalité absolue ; elles sont comprises en celle-ci, partant supprimées *en tant* que particulières : celle-ci ne peut disparaître ou être anéantie en quelqu'une de ses parties ; par là cependant le principe de la 385 finitude, l'éternel devenir | et disparaître, n'est pas encore déduit, mais bien plutôt la négation de celui-ci. En vertu de cela il n'*est* pas de particulier ou de fini. – Or au lieu de poursuivre dans la droite ligne de la déduction et, à partir du concept de la totalité absolue, ou bien de déduire le fini, ou bien de l'éconduire en tant que *non étant* : il est admis et planté là en tant que *Fait (Faktum)*. La preuve tourne aussi en ce point autour de la forme de déduction connue à partir de *Spinoza* : tout ce qui est est éternel[1], car il est dans l'identité absolue ; or le particulier est DE FAIT un devenir, c'est-à-dire un surgir et un disparaître ; par suite le *devenir* est éternel ; *c'est une série sans fin de choses finies en séparation réciproque*. Il ne fait pas de doute que cette forme de déduction est complètement non spéculative et déficiente. S'il ne peut dériver la détermination de la finitude, il doit nécessairement en rester au résultat des Éléates : *les choses finies ne sont pas !*

§ 37. *La différence quantitative du subjectif et de l'objectif est l'unique fondement de la finitude.* Que veut dire ici fondement ? – Qu'une chose particulière peut être différenciée d'une autre chose particulière : et inversement l'identification *(Ausgleichung)*, l'indifférence est *infinité*. (Par conséquent en fait non identifiée, mais un compte *infini* qui n'est jamais purement exact). « L'expression universelle de la forme de toute finitude est donc A = B », c'est-à-dire que A est en effet conçu dans une différence

---

1. Cf. *Éthique*, Ire partie, prop. XXI : « Tout ce qui suit de la nature absolue d'un attribut de Dieu, a dû toujours exister et être infini, autrement dit est éternel et infini de par cet attribut ».

quantitative par rapport à B ; cependant il y a le même (=) dans les deux ; et cette différence aussi s'évanouit eu égard à la totalité absolue ; pourtant celle-ci est *infinité*, parce que la série des différentes finités se prolonge à l'*infini*.

§ 38. « *Chaque être particulier est* EN TANT QUE TEL *une forme déterminée de l'être de l'identité* », c'est-à-dire une | différence quanti- *504* tative déterminée ; ceci pourtant n'est pas son être même, qui n'est que dans la totalité. – Par conséquent la totalité (en laquelle, parce qu'elle comprend tout, la différence s'identifie à nouveau en indifférence) est *dans le particulier* une différence de choses, qui se développent dans une série infinie les unes à la suite des autres : par conséquent l'identité aurait un double visage : | tantôt à considérer dans sa totalité (dont la loi est A = A), et *386* pour autant qu'elle est fondement de particularités qui se trouvent toujours dans une différence quantitative (A = B). On pourrait bien, mise à part la tentative de preuve, l'admettre. Seulement entre ici toujours à nouveau en scène l'alternance sans concept du particulier, *qui* est *là* et pourtant *n*'est *pas*, par exemple dans les termes de la Remarque I du § 38 : « *C'est-à-dire parce qu'on ne peut jamais indiquer un point initial où l'identité absolue est passée en une chose particulière, puisque ce n'est pas le particulier mais la totalité qui est l'*ORIGINAIRE (par conséquent le particulier est pourtant là, même si ce n'est pas originairement), *en sorte que, si la série ne remontait pas à l'infini, la chose particulière ne serait pas contenue dans la totalité, mais devrait être* pour soi *en tant que chose particulière* » (qu'est-ce à dire à nouveau *ici*, et où le concept de l'*être-pour-soi* a-t-il été déduit dans ce qui précède ?) – « *ce qui est absurde* ».

§ 39. *L'identité absolue est dans le particulier sous la même forme que dans le tout, et inversement.* Elle est *la même* en tout particulier, le même vit en tout ; elle est donc indivisible (§ 34). Ici le principe antérieur de la différence quantitative est à nouveau supprimé par un nouveau saut de la pensée, à l'improviste.

§ 40. « *Tout particulier est dans la puissance de sa différence | infini* » : *505* par conséquent une autre détermination de l'« infinité ». La différence n'advient que par le degré déterminé du rapport du sujet et de l'objet ; or ce *degré* (puissance) est infini dans ses particularités. Chaque déterminité de cette puissance se propage à l'infini ; car elle exprime la forme de l'identité sur un certain mode ; par conséquent en tant qu'*éternelle* etc. (ajouter le § 41).

§ 44. « *Toutes les puissances de l'identité absolue sont absolument* SIMULTANÉES » (?) – Sont alors insérés des corollaires. 1/ A = B est l'expression de la puissance : A est le facteur subjectif – B le facteur objectif. B est donc ce qui est originairement, A au contraire ce qui connaît B (?). *En soi* | *387*

pourtant cette différenciation en *deux* membres n'a pas lieu d'être, mais A
est aussi bien que B; tous deux sont originairement un et fondus dans
l'existence. Or il compare cela avec l'*étendue* et la *pensée* de Spinoza, et
ajoute : ils ne sont pas ici liés simplement *idealiter*, comme on a ordinairement compris Spinoza, mais effectivement et actuellement. – II/ et III/ A
506 est | le limitant, mais B l'*infini*, cependant *limitable* (c'est-à-dire
l'extension universelle en vertu du n° I). Les deux facteurs sont toutefois
originaires et nécessaires, par conséquent infinis, mais dans une direction
opposée, l'un en tant que principe limitable, l'autre en tant que principe
limitant. – (Sans doute par conséquent faut-il comprendre : B est le côté,
commun à tout, du *réal*, par conséquent *non pas ce qui engendre* en soi *la
différence*; cela, c'est A, par la puissance, s'intensifiant dans la différence,
de la subjectivité, qui vient s'ajouter). – (Par là du reste le rapport de
Schelling à la W.-L. devient définitivement clair : cette subject-objectivité
A = B est en effet pour lui précisément la forme du Moi; c'est pourquoi tout
est dans la forme du Moi, tandis que la W.-L. fait de la nature seulement la
pure objectivité. Il pense avoir prouvé que la forme existentielle en général
est = *Moi*; que rien ne peut avoir d'effectivité sans celle-ci. Ne pourrait-on
lui montrer déjà en ce point l'obscurité et la confusion? Non pas une
conscience distincte, mais un *instinct*, une raison *aveugle*. Mais cela serait
principe absolu, primordial, des choses? De là, la raison *effective* ne s'y
retrouvant, ne venant à soi-même qu'à partir de la raison sans conscience, et
se *ressaisissant*? – Ne serait-il pas possible de lui montrer cette
contradiction de façon purement formelle?)

§ 45. *Ni A ni B ne peuvent être posés en soi, mais tous deux réunis, avec
la prédominance de l'un ou de l'autre, qui se réduit à nouveau à l'indifférence eu égard à l'universel.*

§ 46. *A et B ne peuvent être posés en tant que prédominants que dans des
directions opposées.* Ou bien l'*un* est prédominant dans quelque partie, ou
bien l'*autre*; dans la sphère où A est ce qui prédomine, B est par là le
388 subordonné, et inversement; toujours | cependant, à cet égard, l'indif-
férence domine dans la totalité. Représentable donc, à vrai dire, sous la
forme de sa ligne.

Explication 2. « Ce qui vaut de la ligne tout entière, vaut aussi de toutes
les parties de celle-ci à l'infini ». En chaque partie il y a ou bien A = B ou
bien B = A avec A = A. En chaque point de celle-ci l'identité absolue *une* et
la *même* est dans la subject-objectivité, bien que l'un des côtés soit prédominant. Donc partout les deux points sont essentiellement et insépara-
blement réunis.

507 | « La ligne construite est partant divisible à l'infini, *et sa construction
est le fondement* (?) de toute divisibilité à l'infini ». (De la ligne en tant que

figure géométrique il ne peut être question : elle n'est qu'un symbole ; donc simplement de ce qui peut être construit sur elle ; comment par conséquent est-il ici question de la *divisibilité* de la ligne en tant que *fondement* de toute autre divisibilité ? etc. Mais voici ce qu'il entend : puisque en chaque point de l'univers ces deux parties intégrantes sont réunies, l'univers aussi peut être « *divisé* » à l'infini, désagrégé en différences ; il parle à nouveau de ce qu'il a nommé chose particulière. Mais là comme ici manque toujours et encore la dérivation du « *fondement* » de cette différence, ou de ce principe de la finitude dans l'identité absolue.

§ 47. *La ligne construite est la forme de l'être de l'identité absolue dans le particulier comme dans le tout.* Par là, pense-t-il, l'exigence du § 39 serait aussi clarifiée, à savoir la façon dont l'identité absolue dans chaque partie particulière reste pourtant la même. – La ligne n'est certainement pas la forme de l'être de l'identité absolue, mais l'image (*imago*) de la forme. La forme peut être construite sur elle en son infinité, et c'est ainsi que la chose est prise également dans les propositions ultérieures ; la ligne en tant qu'expression complète de la forme.

§ 48. « *A et B sont cependant compris en chaque point de la ligne en tant qu'étant* » ; car l'image n'est que sous la forme du sujet-objet dans la prédominance de l'un ou de l'autre ; A et B sont par conséquent immédiatement posés avec l'être de l'identité absolue.

| § 49. « La ligne construite (ou la *forme*) ne peut, considérée en soi, 389 contenir le fondement d'une *unique* puissance » ; car elles sont toutes comprises en elle. – Le § 50 paraît résulter immédiatement du § 48.

| *Éclaircissement.* Cette *Exposition* nomme totalité relative la réalité 508 commune (l'être, l'existence) de A et de B ; tous deux sont effectivement liés, *existent*, ainsi qu'un tout formé des deux. Or différentes puissances, selon que le sujet ou l'objet est posé comme prédominant dans cette totalité relative.

§ 51. *La première totalité relative est la* MATIÈRE. La totalité relative *est* aussi certainement que l'identité absolue est ; car celle-ci n'est que sous la forme A = B ; mais par là est immédiatement posé l'*être-lié* des deux facteurs.

Par là sont préparés les principaux maillons d'une critique englobante, et toute la différence entre Schelling et moi se laisse désormais reconduire à un petit nombre de points qui nous séparent.

REVUE DE PHYSIQUE SPÉCULATIVE
NOUVELLE REVUE DE PHYSIQUE SPÉCULATIVE
1800-1802

Sommaire

Nous traduisons ici le sommaire des différents numéros de la Zeitschrift.
*Dans les titres indiqués, « l'éditeur » désigne à chaque fois Schelling,
dont on constatera qu'il tenait la Revue à bout de bras.*

Revue de physique spéculative, *Tübingen, Cotta, 1800-1801.*

Volume I, Livraison 1 – 1800

1. *Recension des nouveaux écrits de philosophie de la nature de l'éditeur,* par
   le Dr. Steffens, de Copenhague [recension de la *Weltseele*, de l'*Erster
   Entwurf,* de l'*Einleitung zum Entwurf*].
2. *Appendice à l'essai précédent, concernant deux recensions de philosophie
   de la nature et la* Revue littéraire universelle de Iéna, par l'éditeur.
3. *Déduction générale du procès dynamique ou des catégories de la physique,*
   par l'éditeur.
4. *Sur le procès d'oxydation et de désoxydation de la terre, traité dont il a été
   donné lecture à la Société de sciences naturelles de Iéna,* par le Dr. Steffens.

Volume I, Livraison 2 – 1800

1. *Déduction générale du procès dynamique (Conclusion du traité interrompu
   dans la première livraison),* par l'éditeur.
2. *Conclusion de la recension des nouveaux écrits de philosophie de la nature
   de l'éditeur,* par le Dr. Steffens.
3. *Mélanges,* par l'éditeur.

Volume II, Livraison 1 – 1801

1. *Spontanéité = Âme du monde, ou le plus haut principe de la philosophie de la nature*, par K. A. Eschenmayer.
2. *Idées pour la construction de la maladie*, par le Dr. Ph. Hoffmann.
3. *Appendice à l'essai de M. Eschenmayer concernant le vrai concept de la philosophie de la nature et la façon correcte de résoudre ses problèmes*, par l'éditeur.
4. *Mélanges* (suite).

Volume II, Livraison 2 – 1801

Exposition de mon système de la philosophie, par l'éditeur.

Nouvelle revue de physique spéculative, Tübingen, Cotta, 1802.

Volume I, Cahier 1

1. *Expositions supplémentaires à partir du système de la philosophie*, par l'éditeur.
2. *Traits fondamentaux pour une exposition du concept de la physique et de la relation de cette science à l'état présent de la connaissance de la nature*, par le Dr. Karl Joseph Windischmann.
3. *Mélanges. Procédés de l'obscurantisme contre la philosophie de la nature* [sans mention d'auteur].

Volume I, Cahier 2

Seconde partie des *Expositions supplémentaires à partir du système de la philosophie*, par l'éditeur.

Volume I, Cahier 3

1. *Sur la genèse de la chaleur par le frottement, avec les conséquences pour la théorie des deux phénomènes*, par N. I. Möller.
2. *De la solubilité dans l'eau* [sans mention d'auteur].
3. *Les quatre métaux précieux*, par l'éditeur.

TABLE ANALYTIQUE DES MATIÈRES
POUR L'EXPOSITION DE 1801

Nous proposons ici une tentative de représentation de l'ordre des matières dans la Darstellung. *Mais il va de soi que le cours « géométrique » du livre, comme – et surtout – la constitution organique de celui-ci, avec ses multiples références internes et son exigence constante d'un* Regard *spéculatif ou rationnel, identifiant et totalisant, ne se laisse pas diviser fixement ni exactement. Aussi nous en tenons-nous à des repères pour l'orientation du lecteur. La pagination indiquée entre crochets droits est celle du texte allemand.*

Avertissement [107-114]

Philosophie transcendantale et philosophie de la nature – Idéalisme et réalisme – Fichte – Sur la méthode et le mode d'exposition

I. Construction de l'identité absolue § 1-50 [114-142]

II. Construction de la matière § 51-67 [142-153]

1. *Totalité relative – Identité relative – Duplicité relative § 51 [142-145] – La matière est le* primum Existens
2. *Les forces, attractive et expansive § 52-53 [145-146]*
3. *La pesanteur, fondement de l'être de l'identité § 54 [146-147]*
4. *Le principe idéel dans la matière – L'objectivité prédominante – Idéal-réalité objective de la matière – Les deux forces dans l'univers matériel – Le principe idéel = A². La nature comme contradiction § 55-61 [147-151]*
5. *A² est la lumière § 62-67 [151-153]*
   Lumière et pesanteur – Identité relative et duplicité relative de la seconde puissance – La cohésion, la force de cohésion

III. Exposition des procès § 68-159 [153-212]

1. *Procès dynamique (magnétisme – électricité) § 68-111[153-182]*
   La matière, aimant infini – La cohésion – Pesanteur et cohésion – L'aimant – Les corps « particuliers » et la cohésion – L'électricité, altération réciproque de la cohésion (duplicité relative) – Conduction de l'électricité – Chaleur et électricité – Conduction calorifique – Pesanteur, cohésion, lumière – Identité absolue et simultanéité des puissances – L'univers matériel (procès de cohésion) et la séparation originaire (l'aimant et la conscience de soi, principes d'individuation : note de Schelling au § 95) – Le système planétaire – Le procès de la métamorphose : identité absolue, cohésion et lumière – Le fer, le carbone, l'azote, l'eau – Identité, pesanteur et lumière – Les phénomènes optiques – Sphère dynamique, activité dynamique, procès dynamique (§ 108, [181])
2. *Procès chimique § 112-139 [182-201]*
   Le procès chimique, exposition totale du procès dynamique – Procès chimique et galvanisme – La cohésion active dans le procès chimique – Substance et accidents : les qualités de la matière, puissances de la cohésion – La métamorphose dans le procès chimique – La totalité dynamique : seule la totalité est le réel – Lumière et pesanteur
3. *Procès organique § 140-159 [202-212]*
   Organisme, duplicité relative, identité absolue – La détermination extérieure de l'organisme : l'irritabilité – L'organisme, secundum Existens *– La nature inorganique n'existe pas – L'organisation comme métamorphose – La différence des sexes comme différence relative*

INDEX

TABLE DES MATIÈRES

Imprimerie de la Manutention à Mayenne – Septembre 2000 – N° 272-00
Dépôt légal : 3ᵉ trimestre 2000